마치의 만화 야구규칙 ver 2.0

일러두기
본 책 속 야구규칙 및 용어의 맞춤법, 띄어쓰기는
『2021 공식야구규칙』(KBO·대한야구소프트볼협회)에 의거하였습니다.

마치의 만화 야구규칙 ver 2.0

1판 1쇄 | 2018년 3월 30일
2판 5쇄 | 2025년 4월 7일

저　자 | 고혁주
감　수 | 전문숙·박준호
발행인 | 김인태
발행처 | 삼호미디어
등　록 | 1993년 10월 12일 제21-494호
주　소 | 서울특별시 서초구 강남대로 545-21 거림빌딩 4층
홈페이지 | www.samhomedia.com
전　화 | (02)544-9456(영업부) (02)544-9457(편집기획부)
팩　스 | (02)512-3593
전　화 | 02-544-9456
팩　스 | 02-512-3593
정　가 | 18,000원

ⓒ 고혁주

ISBN 978-89-7849-612-4 (13690)

출판사의 허락 없이 무단 복제와 무단 전재를 금합니다.
잘못된 책은 구입처에서 교환해 드립니다.

마치의
만화 야구규칙

ver 2.0

고혁주 지음 | 전문숙 · 박준호 감수

INTRO

대한민국에서 야구는 타의 추종을 불허할 만큼 수많은 팬을 보유하고 있는 명실상부 최고의 인기 스포츠입니다. 그러나 야구규칙의 어려움과 복잡함으로 인하여 그 많은 야구 팬 중 야구규칙에 대해 제대로 알고 있는 분은 극히 드뭅니다.

'야구규칙을 좀 더 이해하기 쉽게 설명할 방법은 없을까?'

이 책은 바로 이러한 생각에서 시작되었습니다.
내가 응원하는 팀이 안타깝게 경기에서 패했는데 그때 내려진 판정은 과연 옳은 걸까? 그렇게 판정한 근거는 무엇일까? 너무 궁금하여 온라인상을 헤매고 다녀도 온갖 설전만 난무할 뿐 도무지 속 시원한 답을 찾기가 힘듭니다.

이 책은 정보 부족으로 애태우며 밤잠을 설치는 야구 팬들께는 반가운 안내서가 되어드릴 것이고, 야구 심판을 꿈꾸는 예비 심판님들께는 친절한 학습서가 되어드릴 것입니다.

좀 더 쉬운 야구규칙 해설서를 만들어보자며 호기롭게 시작한 일이었지만, 사실 책을 쓰며 가장 선명하게 깨달은 점은 제가 섣부른 생각을 했다는 것입니다. 이 한 권의 책에 담아내기에 야구는 너무나도 변수가 다양합니다. 그러니 그 모든 걸 풀어서 책에 옮긴다는 건 참으로 어려운 일이지 싶습니다.

'야구규칙을 몰라도 사람들은 이미 다양한 형태로 야구를 즐기고 있는데 굳이 이런 책이 필요할까?'

더디게 집필을 하면서 한 해 두 해 넘길 때마다 이러한 회의감이 들었습니다.
하지만 그때마다 저의 과거를 떠올렸습니다. 처음 야구를 접하고 그 매력에 빠져들어 야구규칙을 제대로 알고자 했을 때 마땅한 방법이 없어 전전긍긍했던 그 시절을 말입니다. 야구를 사랑하는 팬들 중 지난날의 제 경험을 지금 하고 있는 분은 물론 나아가 전문적으로 편제된 난해한 야구규칙서를 보다가 지레 포기해버린 분도 많으리라 생각합니다.
그러한 분들을 위해 분명 가치 있는 일이라 믿으며 계속 작업했고, 마침내 수많은 야구 팬 앞에 이 책을 선보일 수 있게 되었습니다.

이 지면을 빌려 지난한 집필 작업을 마칠 수 있도록 힘을 보태준 분들께 감사 인사를 드립니다.
자신의 일처럼 조언과 격려를 아끼지 않으신 전문숙 심판님,
독선적 사고에 빠지지 않도록 다양한 시각을 제공해주신 박준호 심판님,
끊임없는 열정으로 언제나 저를 자극해주신 지형일 심판님,
답을 찾지 못해 헤맬 때마다 성심성의껏 답변해주신 KBO 장준봉 기록원님,
그 외 많은 규칙 토론에 응해주신 한국야구심판아카데미(UA) 소속 선후배 심판님들께 마음속 깊이 감사의 말씀을 전합니다.

고혁주

책의 구성

야구규칙을 공부하기 위해 공식야구규칙서를 읽어본 분들이 공통적으로 말하는 문제점이 있습니다. 그것은 온통 글로만 서술된 탓에 규칙마다 예시된 경기 상황을 머릿속으로 선명하게 펼치지 못하고, 그렇게 제대로 숙지하지 못한 내용들이 금세 기억에서 사라진다는 점입니다.

야구규칙 대부분은 서로 연계되어 있습니다. A를 알기 위해서는 B를 알아야 하고, B를 알기 위해서는 A를 알아야 하지요. 예컨대 포스 플레이를 알기 위해서는 베이스 점유권을 알아야 하고, 베이스 점유권을 이해하기 위해서는 포스 플레이를 이해해야 합니다.

이처럼 하나의 규칙에 다른 여러 규칙이 상호 연관을 맺는 경우가 많기 때문에 이 책을 처음부터 순서대로 읽어가기보다는 각 장을 오가며 원하는 정보를 습득하길 권합니다.

또한 미래에 심판 혹은 엘리트 야구 선수를 꿈꾸는 분이라면 이 책과 더불어 공식야구규칙서를 준비하여 책에 나온 관련 근거가 규칙서상에도 실재(實在)하는지 항상 확인하는 습관을 갖길 바랍니다.

본격 야구규칙 토론 카페

https://cafe.naver.com/marchbaseball

| 마치의 야구규칙 🔍 |

"책에 미처 수록되지 못한 내용이나
신설 또는 변경된 야구규칙들에 대해
여러분과 많은 얘기 나누고 싶습니다."

이 책의 특징

❶ 일러스트에 기반하여 상황을 설명하므로 명확한 상황 인식 가능

경기 상황을 그림으로 연출하여 좀 더 명확하게 경기 상황을 이해하고 그에 맞는 판정을 배울 수 있습니다.

> ◆ **파울 팁**(foul tip)
>
> 용어의 정의 34 파울 팁이란 타자가 친 공이 날카롭게 방망이에 스친 뒤 직접 포수의 미트 쪽으로 가서 정규로 포구된 것을 말합니다. 포구하지 못한 것은 파울 팁이 아닙니다.
> 파울 팁의 판정 기준은 아래와 같습니다.
>
>
>
> 파울 팁은 야구 기록상 스윙 스트라이크로 처리되는데 제3스트라이크가 파울 팁일 경우 스윙 삼진으로 기록됩니다.

❷ Q & A를 통해 스스로 생각하는 학습 가능

문답식 구성을 통해 예시된 경기 상황을 보고 직접 심판의 입장이 되어 판정을 내려본 후 답을 확인하기 때문에 스스로 생각하는 학습이 가능합니다.

> **1.03-4** 제3스트라이크 헛스윙 후 타자가 공에 맞았을 경우
>
>
>
> 무사 2루, 2스트라이크 상황에서 타자가 헛스윙을 했으나 공이 타자 몸에 맞으며 포수가 공을 잡지 못했습니다. 판정은?
>
>
>
> - 심판 판정
>   상황: 볼 데드, 타자: 삼진 아웃, 2루주자: 2루 잔루
> - 설명
>   타자가 헛스윙을 하며 공에 맞은 것이기 때문에 '몸에 맞는 볼'이 아닌 그냥 헛스윙 스트라이크 삼진이 됩니다. 이때 삼진된 공을 포수가 놓쳤으니 낫 아웃 상황으로 보이지만 공이 타자 몸에 닿는 순간 볼 데드가 되기 때문에 타자는 1루로 뛸 수 없으며 **야구규칙 5.09(a)(6)**에 의거 자동으로 삼진 아웃 처리됩니다. 볼 데드 상태에서는 루상의 주자 역시 진루할 수 없으므로 **야구규칙 5.01(b)**에 의거 2루주자는 2루에 머물러야 합니다.

CONTENTS

차 례

INTRO 4
책의 구성 6

1
스트라이크와 볼

1.01 스트라이크와 볼의 탄생 및 종류 12
1.02 스트라이크 존 18
1.03 스트라이크 아웃 낫 아웃 21
1.04 볼넷, 사구, 고의4구 28
1.05 파울 팁 32

2
파울 볼과 페어 볼

2.01 파울 볼, 페어 볼 38

3
볼 인 플레이와 볼 데드

3.01 볼 인 플레이, 볼 데드 43

4
타자

4.01 타자의 반칙 58
4.02 지명타자 64
4.03 부정위타자 75

5
주자

5.01 포스 플레이 94
5.02 베이스 점유권 102
5.03 어필 플레이 105
5.04 인필드 플라이와 고의낙구 138
5.05 3피트 라인 149

5.06 주루 포기 아웃	159
5.07 추월 아웃	164
5.08 도루	169
5.09 역주	175
5.10 안전진루권	179

6
투수

6.01 와인드업 포지션과 세트 포지션	198
6.02 보크의 판정과 견제구	214

7
야수

7.01 포구와 후속동작	252

8
방해

8.01 타격방해	262
8.02 주루방해	267
8.03 주자의 방해	282
8.04 타자의 방해	297
8.05 심판원의 방해	312
8.06 베이스 코치의 방해	317
8.07 시합 관계자의 방해	321
8.08 관중의 방해	324
8.09 동물의 방해	329
8.10 기타 방해	332

9
득점의 판정

9.01 득점 판정	336

10
선수 교체 규정

10.01 선수 교체 규정	350
10.02 더블 스위치	361

1

스트라이크와 볼
- strike & ball -

1.01

스트라이크와 볼의 탄생 및 종류

스트라이크와 볼의 탄생

최초의 야구규칙이 창안된 1845년까지만 해도 야구는 9회라는 제한이 없었으며 21점을 먼저 선취한 팀이 승리하는 점수제였습니다.
현대 야구에서 21점이라는 점수는 취미 삼아 야구를 하는 동호인들의 경기에서나 있을 법한 점수이지, 프로 경기에서는 거의 볼 수 없습니다.
만약 현재까지도 21점이라는 점수제가 유지되고 있다면 우리는 한 경기를 온전히 관전하기 위해 하루 종일 TV 앞에 앉아 있어야 할지 모릅니다.

※ 참고: 『풀어 쓴 야구기록규칙 | KBO 기록위원회 저』, p475, 경기규칙 및 기록규칙의 변천

스트라이크와 볼의 규정이 없었던 때라 이러한 행태를 제재할 마땅한 방법이 없었습니다.
그러다가 1845년 알렉산더 카트라이트가 최초의 야구규칙을 창안하는데 그중 하나가 타자의 헛스윙 횟수를 제한하는 것입니다.

이때까지도 스트라이크와 볼에 대한 판정은 없었습니다. 그러다가 큰 변화의 계기가 발생합니다.
1858년 최초로 유료 경기를 개최했는데 입장료를 내며 찾아온 관중이 1만 명을 넘은 것입니다. 잠실야구장의 최대 수용 인원이 3만 명임을 감안할 때 당시 인지도가 낮았던 야구 경기를 보기 위해 1만 명 이상의 관중이 모였다는 것은 대단한 일이었습니다.

그전까지 야구는 그라운드 위의 선수들끼리만 즐기는 '그들만의 스포츠'였는데 야구를 통해 상업적 흥행의 가능성이 보이기 시작한 것입니다.

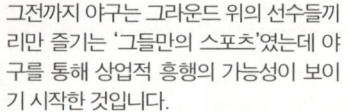

이후 야구 선수를 비롯한 모든 관계자는 돈을 내고 경기장을 찾은 관중에게 좀 더 박진감 넘치는 야구를 보여주기 위해 여러 방안을 고민합니다.
칠 수 있는 공에 배트를 휘두르지 않는 타자를 압박하기 위해 심판은 스트라이크를 선언했고, 칠 수 없는 공을 던지는 투수를 압박하기 위해 9개의 볼을 던지면 타자를 1루까지 출루하게끔 만듭니다.

이렇듯 스트라이크와 볼에 대한 규정이 생겨나면서 투수의 역할에도 큰 변화가 일어납니다.
그전까지는 타자가 공을 잘 치게끔 쉽게 투구해주는 게 전부였으므로 투수와 타자 사이엔 별다른 긴장관계가 없었습니다.

그러나 투수가 자신의 힘만으로 타자를 아웃시킬 수 있게 되자 어떻게 하면 타자의 출루를 막을 수 있을지 혈안이 되기 시작합니다.

이때부터 야구는 그저 치기 좋은 공을 쳐서 어느 팀이 21점에 먼저 도달하느냐를 겨루던 단순한 스포츠를 넘어서 치열한 두뇌 싸움이 가세되었고 경기장의 선수들을 비롯하여 지휘하는 코치진도, 객석의 관중도 모두가 하나 되어 몰두하는 명실상부한 최고 인기 스포츠로 발돋움합니다.

이 모든 변화의 큰 축을 담당한 것이 바로 스트라이크와 볼의 존재입니다.

만약 야구에서 스트라이크와 볼이 존재하지 않았다면 어땠을까요?

아마도 고의적으로 경기 시간을 지연시키는 플레이는 여전히 빈번했을 것이며, 이 지루한 광경을 보기 위해 돈과 시간을 들여 경기장을 찾는 관중은 없었을 것입니다.

스트라이크의 종류

공이 스트라이크 존을 통과했을 경우

용어의 정의 72(b) 가장 대표적인 스트라이크로 투수의 공이 홈 플레이트 위에 설정된 가상의 공간인 스트라이크 존을 통과할 경우 스트라이크입니다.

타자가 헛스윙했을 경우

용어의 정의 72(a) 투수가 던진 공에 타자가 배트를 휘둘렀으나 공을 맞추지 못하고 헛스윙할 경우 스트라이크입니다. 또한 투수의 공이 몸 쪽으로 날아와 타자가 공을 피하려는 과정에서 방망이가 돌아가도 헛스윙 스트라이크 판정을 받습니다.

타자가 친 공이 파울지역에 떨어져 멈췄을 경우

용어의 정의 72(c) 타자가 친 공이

파울지역에 닿으면 파울 스트라이크(foul strike)가 됩니다.

심지어 투수가 던진 공이 타자 몸 쪽으로 날아들어

타자가 공을 피하려다가

우연히 배트에 맞아서 공이 파울지역에 떨어져도 파울 스트라이크가 됩니다.

파울 볼
2스트라이크까지만 적용

단, 파울 스트라이크는 2스트라이크까지만 인정되며 이후에 발생하는 파울 타구는 그냥 파울 볼 처리됩니다.
즉, 2스트라이크 이후에 타자가 무한대로 파울 볼을 친다 해도 아웃되지 않는 것입니다.

🔶 타자가 번트한 공이 파울지역에 떨어졌을 경우

용어의 정의 72(d) 타자가 번트한 공이 파울지역에 떨어져도 파울 스트라이크로 기록됩니다.

용어의 정의 72(d)[주], 야구규칙 5.09(a)(4) 그러나 일반 스윙과 달리 2스트라이크 이후에 번트 파울이 나왔을 경우엔 아웃이 되며 이를 '쓰리번트 아웃'이라고 합니다. 그 이유는 타자가 투수를 지치게 할 목적으로 고의성 번트 파울을 치는 것을 막기 위함입니다.

🔶 타자가 친 공에 타자 자신이 맞았을 경우

용어의 정의 32[주1], 72(e) 자신이 친 타구에 타자석 안에서 타자 자신의 몸에 맞거나 옷에 스쳤을 경우 파울 스트라이크가 되며 2스트라이크까지만 적용됩니다.

🔶 파울 팁이 됐을 경우

용어의 정의 72(g) 타자가 휘두른 배트에 공이 살짝 스친 후 포수의 미트로 들어가는 것을 파울 팁(foul tip)이라 하며 스윙 스트라이크가 기록됩니다. 그러므로 2스트라이크 이후 파울 팁이 발생했을 경우 파울 팁 삼진 아웃이 됩니다.

🔶 스트라이크 존을 통과하는 공에 타자의 몸이 닿았을 경우

용어의 정의 72(f), 야구규칙 5.05(b)(2) 투수가 스트라이크 존으로 공을 던졌는데 타자가 고의든 실수든 배트가 아닌 신체의 일부에 공이 닿으면 스트라이크가 됩니다.

1.02

스트라이크 존

스트라이크 존(strike zone)

투수가 던진 공에

스트라이크 존의 세로 넓이는 타석에서 타격자세를 취한 타자의 어깨 윗부분과 벨트 사이의 중간 부분부터 타자의 무릎 아랫부분까지입니다. 투수가 던진 공이 스트라이크 존의 일부분이라도 걸쳐서 통과하면 스트라이크이고, 걸치지 못한 경우 볼 판정을 받습니다.
용어의 정의 73, 그림 7. 스트라이크 존

타자가 헛스윙하지 않았음에도 이 공이 임의로 설정한 가상의 공간을 통과하면 스트라이크가 선언되는데, 이 가상의 공간을 '스트라이크 존'이라고 합니다.

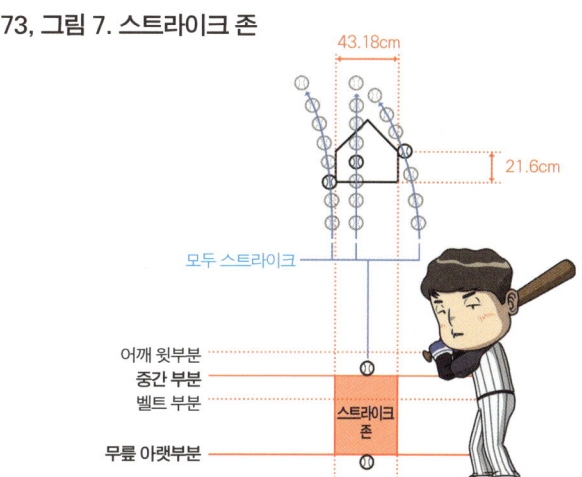

위에서 언급했다시피 스트라이크 존의 가로 기준은 정해져 있으나

세로 높이는 타자의 키에 따라 변할 수 있기 때문에 일정하지 않습니다.

또한 이를 판단하는 심판 역시 사람인지라 심판마다 스트라이크 존에 대한 기준은 조금씩 다를 수 있습니다.

좋아! 그렇다면 보여주마!

나의 필살 타법! 와일드 캣!

용어의 정의 73[주] 타자의 몸을 기준으로 한다지만 스트라이크 존을 좁게 보이기 위해 타자가 몸을 잔뜩 웅크린다고 해서 심판이 스트라이크 존을 좁게 잡아주진 않습니다.
이것은 타자가 일반적인 타격자세를 취했을 때를 기준으로 공간을 설정하기 때문입니다.

아무튼 스트라이크 존은 타자의 키에 따라 다릅니다.

✗ 참고: 『풀어 쓴 야구기록규칙 | KBO 기록위원회 저』, p335, 스트라이크 존과 피처 마운드 높이

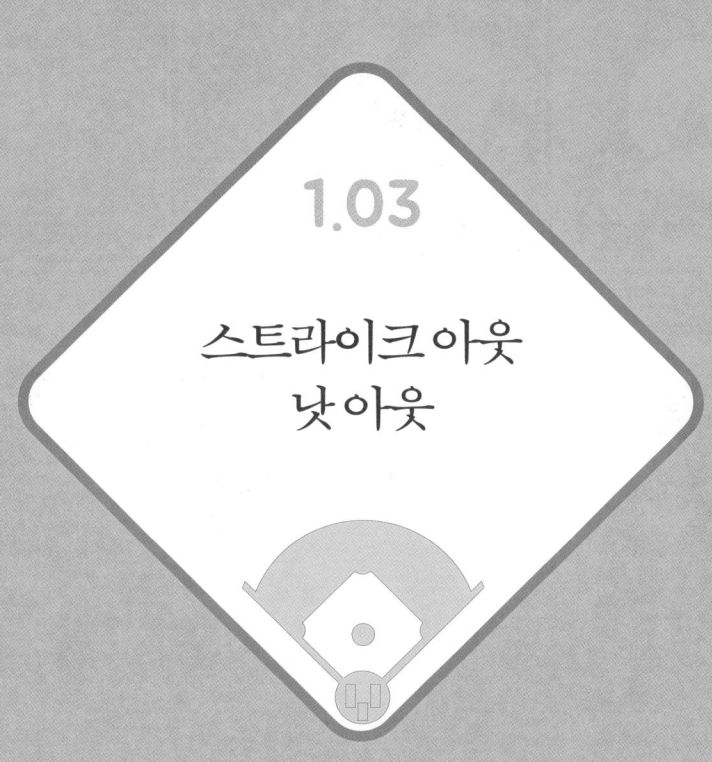

1.03 스트라이크 아웃 낫 아웃

🔸 스트라이크 아웃 낫 아웃 (strike out not out)

야구규칙 5.09(a)(3), 5.05(a)(2) 낫 아웃. 정식 용어는 스트라이크 아웃 낫 아웃입니다. 즉, 스트라이크 아웃인데 아웃은 아니라는 말입니다.
그럼 어떤 상황을 말하는 것인지 자세히 살펴보겠습니다.

투수가 2스트라이크를 잡은 상황에서 공을 던집니다.

이 공이 스트라이크 존을 통과하거나 혹은 타자가 헛스윙을 하면 투수는 삼진을 잡은 것으로 기록됩니다.

하지만 이 공이 땅에 바운드된 후 포수 미트에 들어오거나,

혹은 포수가 공을 잡지 못했을 경우 삼진은 인정되지만 아웃은 인정되지 않습니다.

즉, 포수가 공을 다시 잡아 타자를 직접 태그하거나 공을 1루로 송구하여 1루를 터치해서 아웃시키지 않는 한 타자는 1루까지 뛸 기회를 얻는 것입니다.

낫 아웃의 조건
1. 아웃 카운트 노아웃 또는 1아웃일 때 1루가 비었을 경우
2. 아웃 카운트 2아웃일 때는 1명만 아웃시키면 되므로 1루에 주자가 있더라도 낫 아웃 적용

스트라이크 아웃 낫 아웃의 유래

그렇다면 삼진 아웃이면 아웃이지, 어째서 골치 아프게 낫 아웃이라는 규정이 있는 걸까요? 그 유래를 알아보겠습니다. 앞서 언급했다시피 미국에서 야구가 탄생하고, 그 초창기인 1800년대 중반에는 스트라이크와 볼의 개념이 없었습니다.

 1.03-1 무사 또는 1사 상황에서 1루에 주자가 있는 경우

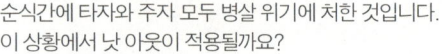

- **심판 판정**
  상황: 볼 인 플레이, 타자: 삼진 아웃
- **설명**
  야구규칙 5.09(a)(3), 5.05(a)(2) 주자가 1루에 있을 때는 위와 같이 포수가 일부러 공을 자기 앞에 떨구어 낫 아웃 상황을 악용할 소지가 있습니다. 그렇기 때문에 무사 혹은 1사 상황에서는 1루에 주자가 있는 경우 낫 아 웃을 적용하지 않으며 타자는 그대로 삼진 아웃됩니다. 단, 2아웃 상황에선 어차피 한 명만 아웃시키면 되기 때문에 포수가 굳이 스트라이크 되는 공을 일부러 떨어뜨려 병살을 유도할 리 없으므로 1루에 주자가 있든 없 든 낫 아웃이 적용됩니다.

  참고: 『풀어 쓴 야구기록규칙ㅣKBO 기록위원회 저』, p330, 한국프로야구의 낫아웃 해프닝

1.03-2 1루주자가 도루를 시도했는데 포수가 제3스트라이크 공을 놓친 경우

- **심판 판정**
  상황: 볼 인 플레이, 타자: 삼진 아웃, 1루주자: 도루 인정
- **설명**
  야구규칙 5.06(a)(1) 낫 아웃은 성립되지 않습니다. 1루주자가 도루를 시도해서 1루가 비었다 해도 1루에 대한 점유권은 여전히 투구 당시 1루를 점유하고 있던 1루주자에게 있으며 타자는 1루에 대한 점유 시도를 할 수 없습니다.

 1.03-3 낫 아웃된 공이 포수에 맞고 볼 데드지역에 들어간 경우

- 심판 판정

  상황: 볼 데드, 타자: 낫 아웃으로 1루까지 안전진루, 2루주자: 3루까지 안전진루

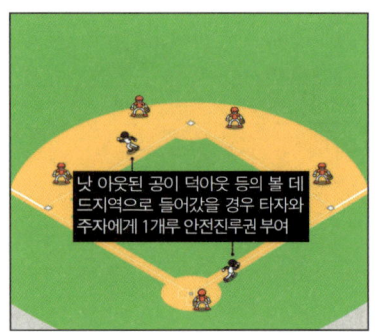

- 설명

  야구규칙 5.06(b)(4)(H)[부기] 일반 야수들의 송구가 볼 데드지역에 들어갔을 때는 2개루 안전진루권이 주어지지만 투수의 투구가 폭투 또는 포수에 닿아 방향이 굴절되어 볼 데드지역에 들어간 경우에는 주자에게 1개루 안전진루권이 주어집니다. 또한 투수가 투수판을 딛고 베이스로 던진 공이 관중석 등 볼 데드지역에 들어갔을 때도 1개루 안전진루권이 주어집니다. 단, 무사 또는 1사 때 주자가 1루에 있다면 낫 아웃이 적용되지 않으므로 투구가 볼 데드지역에 들어가더라도 타자는 삼진 아웃 처리되고 주자에게만 1개루 안전진루권이 주어집니다.

1.03-4 제3스트라이크 헛스윙 후 타자가 공에 맞았을 경우

- 심판 판정

  상황: 볼 데드, 타자: 삼진 아웃, 2루주자: 2루 잔루

- 설명

  타자가 헛스윙을 하며 공에 맞은 것이기 때문에 '몸에 맞는 볼'이 아닌 그냥 헛스윙 스트라이크 삼진이 됩니다. 이때 삼진된 공을 포수가 놓쳤으니 낫 아웃 상황으로 보이지만 공이 타자 몸에 닿는 순간 볼 데드가 되기 때문에 타자는 1루로 뛸 수 없으며 **야구규칙 5.09(a)(6)**에 의거 자동으로 삼진 아웃 처리됩니다. 볼 데드 상태에서는 루상의 주자 역시 진루할 수 없으므로 **야구규칙 5.01(b)**에 의거 2루주자는 2루에 머물러야 합니다.

1.03-5 낫 아웃된 공이 포수나 심판의 마스크 또는 보호 장구에 끼었을 경우

- 심판 판정
  상황: 볼 데드, 타자: 낫 아웃 1루까지 안전진루, 2루주자: 3루까지 안전진루
- 설명
  용어의 정의 15, 야구규칙 5.06(c)(7), 5.09(a)(2)[원주], 5.09(a)(3)[주], 5.05(a)(2) 투구가 포수나 심판원의 마스크 또는 용구에 끼어 멈추었을 땐 볼 데드가 되고 모든 주자는 1개루 안전진루권을 얻게 됩니다. 타자 역시 헛스윙으로 제3스트라이크가 되었으나 1루가 비어 낫 아웃 상황이었으므로 1루까지 안전진루권을 부여합니다.

1.03-6 투구가 배트에 스치지 않고 포수 몸에 직접 닿은 후 포구된 경우

- 심판 판정
  상황: 볼 인 플레이, 타자: 삼진 아웃
- 설명
  용어의 정의 15[원주][주] 투구가 배트에 스치지 않고 포수의 몸에 지니고 있는 마스크, 프로텍터 등에 맞고 튀어나올 때 이 공을 땅에 떨어지기 전에 잡으면 이는 정규의 포구이므로 스윙 스트라이크이며 낫 아웃에 해당하지 않습니다.

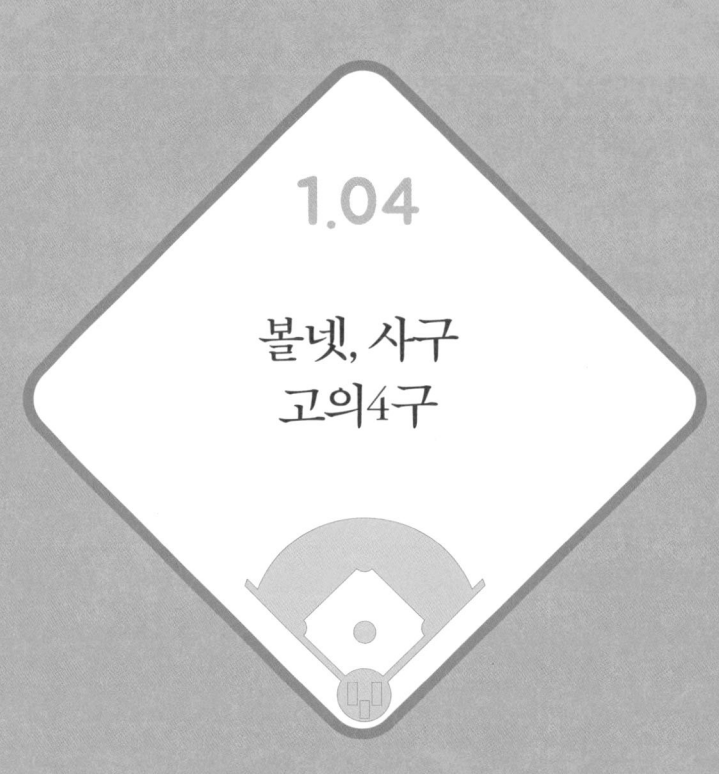

1.04

볼넷, 사구
고의4구

볼넷(4구), 사구(死球), 고의4구

볼넷(base on balls)

용어의 정의 4, 7, 야구규칙 5.05(a)(3), 5.05(b)(1) 볼넷은 투수가 한 타자를 상대로 스트라이크 존을 벗어나는 투구를 4번 하는 것을 말합니다. 국내에서는 '포볼', '4구' 등으로도 불리며 미국에서는 '베이스 온 볼스'라고 합니다. 볼넷이 발생하면 타자에게는 1루까지 안전진루권이 주어집니다.

사구(hit by a pitched ball)

용어의 정의 72(f), 야구규칙 5.05(a)(3), 5.06(c)(1), 5.09(a)(6), 5.05(b)(2) 사구란 투수가 던진 공을 타자가 치려 하지 않았는데 타자의 몸에 맞거나 유니폼, 보호 장구 등에 스친 것을 말하며 타자에게는 1루까지 안전진루권이 주어집니다. 단, 타자가 착용한 장신구(목걸이, 팔찌 등)에 공이 닿았을 경우 투구에 맞지 않은 것으로 간주합니다.

단, 타자가 투구를 피하지 않고 고의로 그 투구에 닿았을 경우에는 사구가 적용되지 않습니다.

고의4구

야구규칙 9.14(b) 고의4구란 의도적인 4구, 즉 일부러 볼넷을 던지는 것을 말합니다. 이때 염두에 둘 것은 3개까지는 정상 투구를 해서 3볼이 됐고 마지막 하나만 의도적인 볼을 던졌더라도 고의4구에 해당합니다. 반대로 말하면 3개는 의도적인 볼을 던지다가 마지막에 정상 투구를 했는데 볼이 됐다면 고의4구가 아닌 그냥 볼넷으로 처리됩니다.

볼넷과 사구의 공통점과 차이점

볼넷과 사구를 합쳐서 '4사구'라고 합니다. 4사구가 발생하면 타자는 1루까지 안전진루권이 주어지며 **야구규칙 9.02(a)(1)(B)(C)**에 의거, 타수에 포함되지 않기 때문에 타율에 변동이 없습니다.
그런데 볼넷과 사구에는 중요한 차이점이 있습니다. 볼넷은 볼 인 플레이(ball in play, 경기가 진행 중인 상태) 상황, 사구는 볼 데드(ball dead, 야구규칙 또는 심판의 '타임' 선언에 의해 경기가 일시 중지된 상태) 상황이라는 것입니다.

1.04-1 도루를 시도했을 때 볼넷과 사구의 차이

- 심판 판정

상황: 볼 인 플레이, 타자: 1루까지 안전진루, 1루주자: 2루 점유 후 태그 아웃

- 설명

야구규칙 5.05(b)(1), 5.06(b)(3)(B)[원주], 5.06(b)(3)(D)[부기] 볼넷 판정을 받은 타자와 그로 인해 밀려나가는 1루주자에겐 각각 한 베이스씩 안전진루권이 주어진 상태이니 1루주자는 2루까지 무사히 갈 수 있지만 주어진 베이스에 닿는 순간 안전진루권은 소멸됩니다. 또한 볼넷은 볼 인 플레이 상태이기 때문에 2루를 터치하고 오버슬라이딩해버린 1루주자에 대한 태그는 정당하며 주자는 태그 아웃 처리됩니다.

야구규칙 5.01(b), 5.06(c)(1) 그러나 위 상황에서 볼넷이 아닌 사구가 발생했다면 볼 인 플레이가 아닌 볼 데드가 되어 도루를 시도했던 1루주자는 타자에 밀려 2루까지 안전진루가 주어지며 오버슬라이딩했더라도 볼 데드 상태이기 때문에 태그에 의한 아웃은 성립되지 않습니다.

빈볼(Bean Ball)

공을 치려는 타자와

맞지 않으려는 투수 사이에는

필연적으로 상대를 제압하려는 승부욕이 투영될 수밖에 없습니다.

이때 투수들이 종종 타자의 몸쪽 깊숙이 투구하는 경우가 있습니다.

이는 타자들의 기세를 꺾기 위함인데 이를 보통 '위협구'라고 합니다. 그러나 이는 스포츠 정신에 위배되는 행위이며 특히 빈볼의 경우 엄격한 제재를 가합니다.

빈볼이란 사람의 머리를 콩(bean)에 비유한 영어에서 유래된 은어인데

투수가 타자의 머리를 향해 위협구를 던지는 것을 말합니다. 심판원은 투수가 고의로 타자를 맞추려 투구했다고 판단할 경우

야구규칙 6.02(c)(9)에 의거 그 투수를 퇴장시키거나

또는 투수와 감독을 한꺼번에 퇴장시킬 수도 있습니다.

1.05

파울 팁

파울 팁(foul tip)

용어의 정의 34 파울 팁이란 타자가 친 공이 날카롭게 방망이에 스친 뒤 직접 포수 쪽으로 가서 정규로 포구된 것을 말합니다. 포구하지 못한 것은 파울 팁이 아닙니다.
파울 팁의 판정 기준은 아래와 같습니다.

파울 팁은 야구 기록상 스윙 스트라이크로 처리되는데 제3스트라이크가 파울 팁일 경우 스윙 삼진으로 기록됩니다.

 1.05-1 배트에 스친 공이 포수의 손이나 미트에 먼저 튕긴 후 잡힌 경우

- 심판 판정
  상황: 볼 인 플레이, 타자: 파울 팁 스트라이크
- 설명
  용어의 정의 15, 34, 야구규칙 5.09(a)(2) [원주] 배트에 날카롭게 스친 타구가 최초에 포수의 신체 또는 용구에 맞고 땅에 닿기 전에 포구되면 파울 팁 스트라이크입니다.

1.05-2 배트에 스친 공이 포수의 손이나 미트를 제외한 다른 부위에 튕긴 후 잡힌 경우

A
- 심판 판정
  상황: 볼 인 플레이, 타자: 파울 팁 스트라이크
- 설명
   용어의 정의 34, 야구규칙 5.09(a)(5)(2)[원주] 2021년 규칙 개정을 통해 배트에 날카롭게 스친 공이 최초에 포수의 미트나 손이 아닌 용구나 몸에 닿은 뒤 포수가 땅에 닿기 전에 잡더라도 파울 팁 스트라이크가 인정됩니다.

 1.05-3 배트에 스친 공이 포수의 미트에 닿고 떠올랐는데 타자의 백스윙에 맞은 경우

A
- 심판 판정
  상황: 볼 데드, 타자: 삼진 아웃
- 설명
   용어의 정의 34, 야구규칙 6.03(a)(4)[원주] 파울 볼이 아닌 일반 스트라이크에 해당합니다. 공이 타자의 배트에 스친 뒤 포수 미트에 닿고 떠올라 아직 확실하게 포구되지 않은 상태에서 타자의 백스윙에 맞게 되면 타자의 고의성이 없는 한 방해를 선언하지 않고 볼 데드로 하며 스트라이크만 추가됩니다. 2스트라이크 이후 이런 상황이 발생하면 제3스트라이크가 되어 타자는 삼진 아웃 처리됩니다.

1.05-4 빗맞은 타구가 허공에 떠올랐다가 포수에게 잡힌 경우

- 심판 판정
  상황: 볼 인 플레이, 타자: 플라이 아웃
- 설명
  용어의 정의 34 배트에 날카롭게 스친 공이 직접 포수의 미트로 간 것이 아니라 허공에 떠올랐다가 포수에게 포구되었으므로 파울 팁이 아니며 타자는 플라이 아웃 처리됩니다.

1.05-5 루상의 주자가 도루를 시도했는데 파울 팁이 된 경우

- 심판 판정
  상황: 볼 인 플레이, 타자: 파울 팁 스트라이크, 1루주자: 도루 인정
- 설명
  용어의 정의 34, 야구규칙 5.09(b)(5) [원주] 파울 팁은 스트라이크이며 볼 인 플레이입니다. 따라서 1루주자의 도루는 유효합니다. 그러나 포수가 포구하지 못했을 경우에는 파울 팁이 아닌 파울 볼이 되므로 주자는 원래 베이스로 돌아가야 합니다.

2

파울 볼과 페어 볼
- foul ball & fair ball -

2.01

파울 볼, 페어 볼

파울지역, 페어지역

용어의 정의 26, 33 본루에서 1루, 본루에서 3루를 지나 펜스까지 이은 연장선을 '파울 라인'이라고 하며, 이 라인의 바깥쪽을 '파울지역', 안쪽을 '페어지역'이라고 합니다.

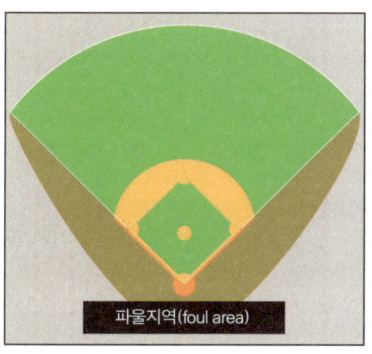
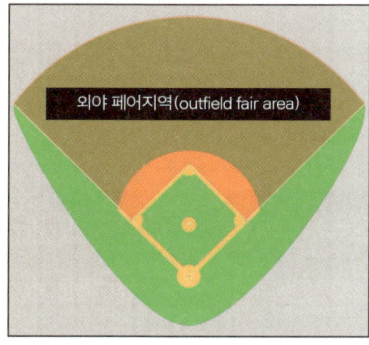
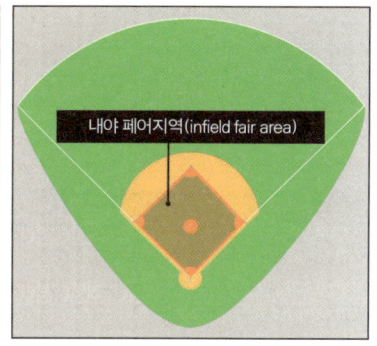

용어의 정의 25(a), 26 파울과 페어를 구분짓는 이 라인을 통상 파울 라인이라 하며 페어지역에 속합니다. 즉, 이 라인에 공이 닿으면 페어 볼이 됩니다.

야구규칙 5.06(c)(5), 5.09보칙:투수가 투구할 당시에 점유하고 있던 베이스로 돌아가는 경우(a) 파울 볼이 선언됐을 때 루상에 주자들이 있다면 모든 주자는 원래의 베이스로 돌아가야 합니다. 주심은 모든 주자가 원래의 베이스에 다시 닿을 때까지 볼 인 플레이로 해서는 안 됩니다.

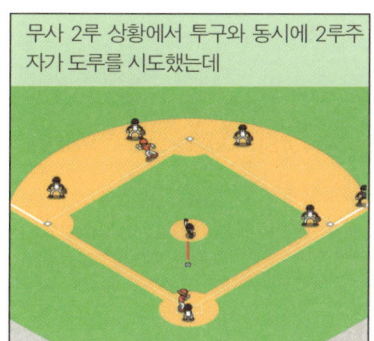

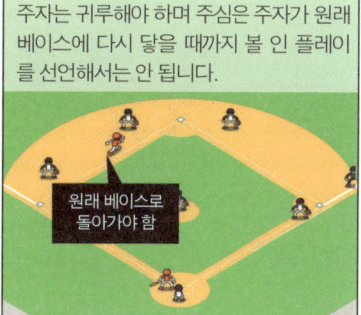

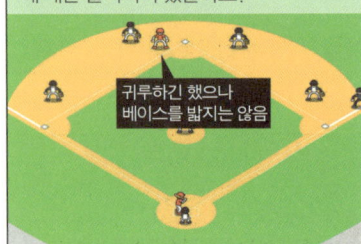

이때 주자가 귀루했으나 베이스를 밟지 않은 채 경기를 재개한다면 리터치 위반에 대한 불이익이 있을까요?

야구규칙 5.06(c)(5)에서 주자가 원래 베이스를 다시 밟을 때까지 주심이 볼 인 플레이를 선언하지 못하게 하는 것은 모든 주자의 안전이 확보된 후 경기를 재개하라는 심판에 대한 권고사항이지, 그 자체로 주자에게 반칙을 선언하고 제재를 가하진 않습니다.

주자가 리터치하지 않았음에도 주심이 경기를 재개시켰다면 그때는 주자가 베이스를 밟은 것으로 간주됩니다.

파울 볼, 페어 볼 (foul ball, fair ball)

페어 볼과 파울 볼을 판정할 때 1, 3루 베이스의 양끝 모서리는 중요한 기준이 됩니다.

내야(파울지역 포함)에 닿은 땅볼 타구가 A, B 안쪽으로 지나가면 페어 볼, 바깥쪽으로 지나가면 파울 볼이 됩니다.

그러나 A, B를 지나지 못한 채 멈추면 공이 멈춘 최종 위치로 파울/페어가 결정됩니다.

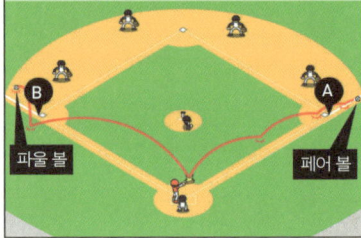

✕ 참고: 『풀어 쓴 야구기록규칙 | KBO 기록위원회 저』, p125, 페어볼과 파울볼의 정의

● 타구가 베이스나 플레이트에 닿았을 때의 판정

용어의 정의 25(c) 타구가 베이스에 닿으면 타구의 방향과 상관없이 페어 볼로 처리됩니다.

용어의 정의 32[원주] 타구가 피처 플레이트에 닿은 후 내야 파울지역으로 나가면 파울 볼로 처리됩니다.

타구가 홈 플레이트에 닿은 후 내야 파울지역으로 나가면 파울 볼로 처리됩니다.

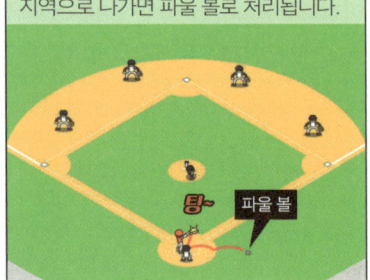

🔴 타구가 본루 위에 멈춘 경우의 판정

타자가 번트 댄 공이 본루 위에 멈추면 판정은 어떻게 될까요?

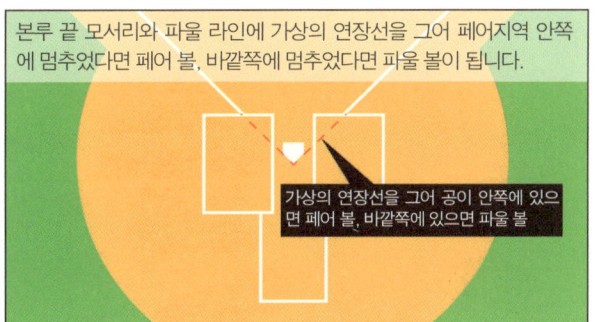
본루 끝 모서리와 파울 라인에 가상의 연장선을 그어 페어지역 안쪽에 멈추었다면 페어 볼, 바깥쪽에 멈추었다면 파울 볼이 됩니다.

가상의 연장선을 그어 공이 안쪽에 있으면 페어 볼, 바깥쪽에 있으면 파울 볼

🔴 타구와 수비수가 닿은 위치에 따른 판정
용어의 정의 25, 32(d)

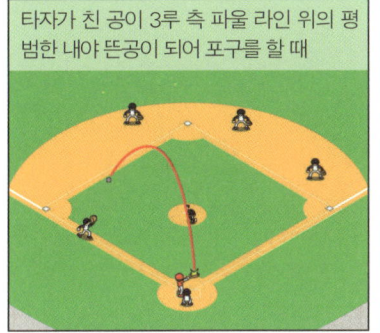
타자가 친 공이 3루 측 파울 라인 위의 평범한 내야 뜬공이 되어 포구를 할 때

파울지역 위의 공이 수비수에 맞고 페어지역으로 들어가면 파울 볼이 됩니다.

파울지역에서 수비수에 닿고 들어 갔다면 파울 볼

페어지역 위의 공이 수비수에 맞고 파울지역으로 나가면 페어 볼이 됩니다.

페어지역에서 수비수에 닿고 나갔다면 페어 볼

수비수의 위치는 중요하지 않으며 공과 수비수의 신체가 최초로 닿았을 때 공의 위치에 따라 판정하게 되는데

몸은 파울지역 팔은 페어지역

신체의 일부가 파울 라인 밖에 있더라도 페어지역에서 공과 신체가 닿았다면 페어 볼이 됩니다.

페어지역에서 수비수에 닿고 나갔으므로 페어 볼

2.01-1 뜬공 타구가 A, B 지점 안쪽을 통과한 후 휘어지며 파울지역에 떨어진 경우

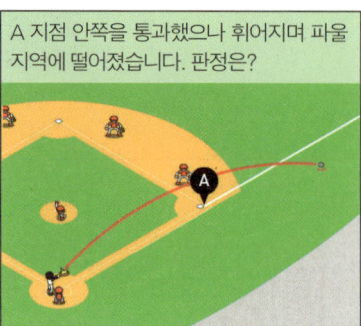

- 심판 판정
  상황: 볼 데드, 타자: 파울 볼
- 설명
  야구규칙 페어 볼·파울 볼 제2도 A, B 두 지점 통과 여부는 타구가 '바운드하면서 내야에서 외야로 넘어갈 때'에 해당하며 위와 같은 최초 낙하 지점이 외야 파울지역일 경우는 A, B 지점 통과 여부와 관계없이 파울 볼 처리됩니다.

2.01-2 타구가 외야 페어지역에 최초로 떨어진 후 내야 파울지역으로 굴러 나간 경우

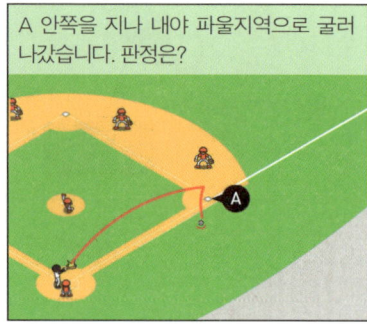

- 심판 판정
  상황: 볼 인 플레이, 타자: 페어 볼
- 설명
  야구규칙 페어 볼·파울 볼 제4도 타구가 최초 낙구된 위치가 외야 페어지역이면 이후 어느 방향으로 굴러 나가더라도 페어 볼에 해당합니다.

3

볼 인 플레이와 볼 데드
- ball in play & ball dead -

3.01

볼 인 플레이, 볼 데드

볼 인 플레이(ball in play)

용어의 정의 62, 야구규칙 5.01(b), 5.12(a) 주심이 '플레이'를 선고하면 볼 인 플레이가 되고, 규칙에 따라 볼 데드가 되거나 심판원이 '타임'을 선고하여 경기를 정지시키지 않는 한 볼 인 플레이 상태는 계속됩니다.

볼 데드(ball dead)

용어의 정의 62, 야구규칙 5.01(b), 5.12(a) 심판원이 경기를 중지시킬 때는 '타임'을 선언해야 합니다. 주심이 '플레이'를 선언하였을 때 정지 상태는 끝나고 경기는 재개됩니다. 타임의 선언부터 플레이의 선언까지는 볼 데드입니다.

볼 데드가 되었을 때 공격 측 선수는,

- 아웃될 수 없습니다.
- 진루할 수 없습니다.
- 앞쪽 베이스를 밟았다면 이전 베이스로 돌아갈 수 없습니다.
- 득점할 수 없습니다.

✕ 참고: 『풀어 쓴 야구기록규칙 | KBO 기록위원회 저』, p327, 데드볼과 볼데드

볼 데드 상태에서도 플레이가 인정되는 경우

용어의 정의 62, 야구규칙 5.01(b), 5.12(a) 볼 데드가 되더라도 볼 인 플레이 중에 일어난 행위(보크, 악송구, 방해, 홈런 또는 경기장 밖으로 나간 페어 타구 등)의 결과로 1개 베이스 또는 그 이상의 진루가 허용됩니다.

- 볼 데드 상태에서도 아웃되는 경우: 안전진루 중 추월 아웃 인정
- 볼 데드 상태에서도 진루하는 경우: 안전진루에 의한 진루 가능
- 볼 데드 상태에서도 득점하는 경우: 안전진루에 의한 득점 가능

Q 3.01-1 강한 땅볼 타구가 글러브에 끼인 경우

- 심판 판정
  상황: 볼 인 플레이, 타자주자: 1루로 진루 시도 가능
- 설명
  볼 인 플레이 상태이며 모든 선수는 정상적인 플레이가 가능합니다.

  참고: 『풀어 쓴 야구기록규칙 | KBO 기록위원회 저』, p137, 야수의 글러브 송구와 타구판정 관계

Q 3.01-2 타자가 공을 쳤는데 공이 찢겨져 둘로 갈라진 경우

- 심판 판정
  상황: 볼 인 플레이
- 설명
  야구규칙 3.01[부기] 경기 중 공이 부분적으로 떨어져 나갔을 경우 볼 인 플레이이며, 찢긴 조각 중 큰 부분을 들고 그 플레이가 끝날 때까지 플레이를 계속해야 합니다.

3.01-3 볼 인 플레이 중에 주자가 베이스에서 떨어져 있다가 태그당하였을 경우

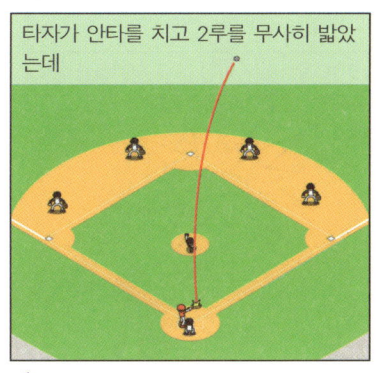  

● 심판 판정
 상황: 볼 인 플레이, 타자주자: 태그 아웃
● 설명
 경기가 여전히 진행 중인 볼 인 플레이 상태이기 때문에 수비수의 태그는 유효하며 타자는 아웃 처리됩니다. **야구규칙 5.09(b)(4)[예외]** 단, 타자주자가 1루로 뛰어갈 때는 곧 돌아오는 것을 조건으로 오버런 또는 오버슬라이딩을 하더라도 태그 아웃되지 않습니다. **야구규칙 5.09(b)(4)[주1]** 볼넷 상황에서도 마찬가지로 타자가 1루로 진루할 때 즉시 돌아올 것을 조건으로 1루에 닿은 뒤 지나쳐 달리는 것이 허용됩니다.

 3.01-4 주자가 도루를 시도했는데 볼넷이 선언된 경우

● 심판 판정
 상황: 볼 인 플레이, 타자: 볼넷으로 1루 출루, 2루주자: 3루 점유
● 설명

3.01-5 파울 플라이 타구에 대한 처리

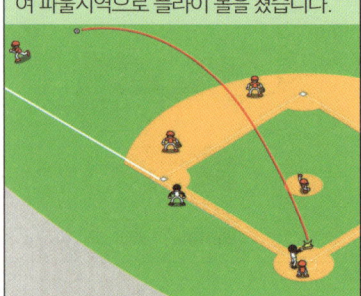

- 심판 판정

  상황: 볼 인 플레이, 타자: 희생플라이, 3루주자: 득점 인정

- 설명

  야구규칙 5.06(c)(5) 1구 타격 때 타구가 파울지역에 떨어져서 파울 볼이 선언되면 볼 데드 상태가 되고 모든 주자는 원래의 베이스로 돌아가야 합니다. 주심은 모든 주자가 원래의 베이스에 다시 닿을 때까지 볼 인 플레이로 해서는 안 됩니다.

  야구규칙 9.08(e)[주1] 2구 타격 때 수비수가 파울지역에서 플라이 볼을 잡았지만 공이 포구됨과 동시에 파울 볼, 페어 볼에 관계없이 경기는 볼 인 플레이 상태로 진행되며 3루주자의 리터치는 정규의 플레이이므로 득점이 인정됩니다.

3.01-6 공이 유니폼 속에 들어간 경우

- 심판 판정
  상황에 따라 볼 데드 또는 볼 인 플레이 판정, 타자: 1루 점유
- 기록원 판정
  타자: 내야 안타 또는 수비 실책에 의한 출루
- 설명
  공이 유니폼 속에 들어갈 경우 용어의 정의 15에 의거 포구로 보지 않습니다.
  이 경우 MLB 심판 매뉴얼 2페이지: 6. Ball going into player's uniform에서는 타구나 송구가 선수 혹은 코치의 유니폼, 포수의 장구 속에 들어갈 경우 볼 데드를 선언하고 그에 따른 후속 조치를 취하도록 되어 있습니다.
  다만, 이 틈을 이용해 주자가 추가 진루를 시도하고 수비수도 신속히 공을 꺼내어 이에 대응할 수 있는 상황이라면 볼 인 플레이로 진행합니다.

✕ 참고: 『MLB 심판 매뉴얼』, p2, 6. BALL GOING INTO PLAYER'S UNIFORM
✕ 참고: 『풀어 쓴 야구기록규칙 I KBO 기록위원회 저』, p296, 유니폼 속에 들어간 공과 실책의 상관관계

3.01-7 볼 데드가 되어 진루할 수 없는 경우

무사 2루, 볼카운트 3-2 상황에서 투수가 공을 던졌고, 2루주자는 도루를 시도합니다.

투구는 타자에게 맞아 사구가 되었고

2루주자는 3루를 무사히 밟았습니다. 판정은?

A

- 심판 판정

  상황: 볼 데드, 타자: 1루까지 안전진루, 2루주자: 2루로 귀루

- 설명

야구규칙 5.06(c)(1) 사구가 발생하면 볼 데드가 되며 타자에게는 1루까지 출루할 안전진루권이 주어지고 타자의 출루로 밀려가는 모든 주자에게도 1개루 안전진루권이 주어집니다.

그러나 2루주자는 타자에게 밀려가는 상황도 아니며 **야구규칙 5.01(b)** 에 의거, 볼 데드 상태에서 주자는 진루할 수 없기 때문에 2루주자의 도루는 취소되고 2루로 귀루해야 합니다.

용어의 정의 2 볼 데드 상태가 되면 모든 주자는 원래의 베이스로 돌아가야 하고 주심은 모든 주자가 원래의 베이스에 다시 닿을 때까지 볼 인 플레이로 해서는 안 됩니다.

3.01-8 볼 데드가 되어 이전 베이스로 귀루할 수 없는 경우

타자가 3루수 방향으로 강습 타구를 쳤는데

타구가 불규칙 바운드되어 3루수의 안면에 맞은 후 굴절되었습니다.

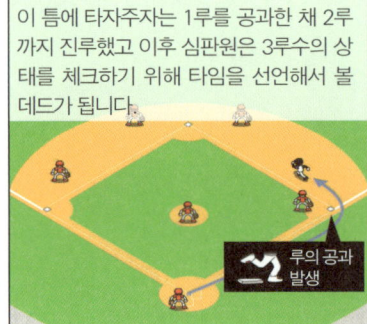
이 틈에 타자주자는 1루를 공과한 채 2루까지 진루했고 이후 심판원은 3루수의 상태를 체크하기 위해 타임을 선언해서 볼 데드가 됩니다.

- 심판 판정
  상황: 볼 데드, 타자주자: 귀루 불인정
- 설명 **야구규칙 5.01(b), 5.09(c)(2)[부기]②** 공과 여부에 관계없이 볼 데드 상태에서는 한 번 앞쪽 루를 밟게 되면 이전 루를 되밟을 수 없을 뿐만 아니라 심판원이 경기를 재개한 후라도 귀루는 인정되지 않기 때문에 주자는 2루에 머물러야 합니다.
  용어의 정의 2 이때 타자주자의 1루 공과가 명백하다면 경기 재개 후 수비수가 1루에서 어필하면 타자주자는 어필 아웃 처리됩니다.

3.01-9 볼 데드가 되어 득점할 수 없는 경우

- 심판 판정
  상황: 볼 데드, 3루주자: 득점 불인정 3루로 귀루, 타자: 파울 볼 처리 후 다시 타격
- 설명 **야구규칙 5.01(b), 5.06(c)(5), 5.09보칙:투수가 투구할 당시에 점유하고 있던 베이스로 돌아가는 경우(a)** 파울 볼이 선언되면 볼 데드가 되어 모든 주자는 진루도 득점도 할 수 없고 투구 당시 점유하고 있던 베이스로 돌아가야 합니다.

3.01-10 선수나 심판원이 사고로 플레이를 할 수 없을 경우

타자가 좌중간의 플라이 볼을 쳤는데

공을 쫓던 두 명의 수비수가 충돌하여 포구에 실패하며 운동장에 쓰러졌습니다. 판정은?

A
- 심판 판정
  상황: 볼 인 플레이
- 설명
  <u>야구규칙 5.12(b)(8)</u> 심판원은 선수가 충돌이나 타구 등에 맞아 사고를 당했다 해도 플레이가 진행되고 있는 도중에 '타임'을 선언하여서는 안 되며 모든 플레이가 완료된 후 '타임' 선언 후 상태를 체크해야 합니다.
  <u>야구규칙 5.12(b)(8)[주]</u> 다만, 선수의 생명과 관계되는 중대하고 긴박한 사태라고 심판원이 판단하였을 때는 플레이가 진행 중이더라도 타임을 선언할 수 있습니다. 그 선언으로 볼 데드가 되었을 경우 심판원은 플레이가 어떤 상황으로 진행되었을 것인가를 판단하여 볼 데드 이후의 조치를 취해야 합니다.

3.01-11 선수나 시합 관계자가 타임을 요청하고 심판이 승인했을 경우

무사 1루 상황에서 투수가 뭔가 미심쩍은 모습을 보이자

1루 측 주루 코치가 타임을 요청했고

1루 심판이 타임을 받아들였는데

이를 인지하지 못한 투수는 투구를 했고

타자가 공을 쳐서 1루로 출루했고, 1루주자는 3루로 진루했습니다. 판정은?

- 심판 판정

  상황: 볼 데드, 타자 및 1루주자: 모든 행위는 노 플레이로 하고 다시 타격
- 설명

  '타임'을 요청한 코치의 의사를 심판원이 수용하였으므로 볼 데드가 되며 '타임'이 선언된 이후 벌어진 모든 플레이는 노 플레이가 됩니다.

  야구규칙 5.12(b)(4)[주] 감독이나 코치는 플레이가 진행되고 있지 않을 때 '타임'을 요청할 수 있습니다. 투수가 투구동작에 들어갔거나 주자가 뛰고 있을 때처럼 플레이가 시작되려 하거나 플레이를 하고 있을 때는 '타임'을 요청하면 안 됩니다. 이럴 때는 감독의 요청이 있더라도 심판원은 '타임'을 선언하여서는 안 됩니다. '타임'이 발효되는 것은 '타임'이 요청되었을 때가 아니라 심판원이 '타임'을 선언한 순간부터입니다.

3.01-12 기상이 악화되거나 조명시설 등이 고장난 경우

- 심판 판정

  상황: 볼 데드, 타자: 모든 플레이를 취소시키고 타격 이전 상태에서 다시 타격하도록 지시
- 설명

  야구규칙 5.12(b)(1)(2) 날씨, 어둠 등으로 더 이상 경기를 계속하는 것이 불가능하거나 조명시설의 고장 때문에 심판원이 플레이를 진행하기가 어렵거나 불가능하게 되었을 경우 심판원은 타임을 선언할 수 있습니다.

  야구규칙 5.12(b)(2)[부기][주1] 플레이의 진행 중 조명시설에 이상이 생길 당시 끝나지 않은 플레이는 무효로 합니다. 더블 플레이 및 트리플 플레이를 하고 있는 동안 조명시설에 이상이 생겼다면 비록 최초의 아웃이 성립된 뒤라도 그 플레이는 완성된 것으로 보지 않습니다. 조명시설이 고쳐지면 고장으로 무효가 된 플레이가 시작되기 전의 상태에서 다시 시작하여야 합니다.

야구규칙 5.12(b)(2)[부기][주2] 단, 볼넷 또는 페어 볼이 볼 데드지역에 들어갔거나 수비수의 실책 등으로 타자 및 주자에게 안전진루권이 주어진 상태에서라면 조명에 이상이 생겼을 경우에도 그 플레이는 유효합니다.
야구규칙 5.12(b)(2)[부기][주3] 조명시설에 이상이 생겼을 때 즉시 타임을 선언하느냐, 혹은 볼 인 플레이로 하느냐는 심판원의 판단에 맡깁니다.

3.01-13 볼 데드 상태에서도 아웃되는 경우

- 심판 판정
  상황: 볼 데드, 타자주자: 주루반칙으로 3아웃, 1루주자: 득점 불인정
- 설명
  야구규칙 5.09(b)(9)[주1] 타자가 홈런을 치면 볼 데드 상태가 되고 모든 주자에게 본루까지 안전진루권이 주어지지만 볼 데드 상태라 해도 선행주자를 추월했다면 후위주자가 아웃되므로 타자주자는 주루반칙으로 아웃됩니다. 이는 수비수가 악송구를 던져 공이 관중석에 들어가는 등 다른 형태의 안전진루 상황에서도 마찬가지로 적용됩니다.

3.01-14 볼 데드 상태에서도 진루가 가능한 경우

- 심판 판정
  상황: 볼 데드, 1루주자: 3루로 안전진루, 타자주자: 2루로 안전진루
- 설명
  야구규칙 5.05(a)(6) 페어 볼이 일단 땅에 닿은 뒤 바운드하여 볼 데드지역에 들어갈 경우 인정 2루타(오토매틱 더블)가 되며 타자와 주자 모두에게 2개루 안전진루권이 주어집니다.
  이때 타구가 볼 데드지역에 들어갔다가 튕겨 나와도 마찬가지로 2개루 안전진루권이 주어집니다.
  이처럼 볼 데드 상태에서도 안전진루에 의한 진루는 가능합니다.

 3.01-15 볼 데드 상태에서도 득점이 가능한 경우

- 심판 판정
  상황: 볼 데드, 타자: 2루까지 안전진루, 2루주자: 본루까지 안전진루
- 설명
  야구규칙 5.06(b)(4)(G) 최초로 공을 잡은 내야수의 송구가 볼 데드지역에 들어가면 투수의 투구 직전 주자들이 점유했던 베이스를 기준으로 2개루 안전진루권이 주어집니다. 타자는 본루를 기준으로 2루까지 안전진루하고, 2루주자는 본루까지 안전진루가 주어져 득점하게 됩니다. 이처럼 볼 데드 상태에서도 안전진루에 의한 득점은 가능합니다.

4

타자

- batter -

4.01 타자의 반칙

타자의 반칙

Q 4.01-1 타자의 발이 타자석 선을 밟은 채 발끝이 밖으로 벗어나 있는 경우

타자가 타자석 선을 밟은 채 발끝이 타자석 밖으로 벗어나 있습니다. 판정은?

A

- 심판 판정
  주심은 타자가 타자석 안으로 완전히 들어오도록 지시해야 함
- 설명
  야구규칙 5.04(b)(5) 타자석을 그린 선까지 타자석에 포함되며 타자는 타자석 안에 양쪽 발을 두는 것이 정규의 위치입니다. 다만, 타자석 밖으로 발이 벗어났다는 것만으로 타자에게 별도의 페널티가 주어지지는 않습니다.

Q 4.01-2 타자의 발이 타자석 밖으로 완전히 벗어나서 타격한 경우

타자가 번트를 댐과 동시에 앞발이 타자석 밖으로 벗어났습니다. 판정은?

A

- 심판 판정
  상황: 볼 데드, 타자: 반칙타격 아웃
- 설명
  야구규칙 5.04(b)(5), 5.06(c)(4), 6.03(a)(1) 타자는 타자석 안에 양쪽 발을 두는 것이 정규의 위치입니다. 방망이에 공이 닿는 순간 타자의 발이 한쪽이라도 타자석 밖으로 나와 있었다면 타자는 반칙타격이 되며 페어 볼이건 파울 볼이건 타자는 아웃이 선언됩니다.

✕ 참고: 『풀어 쓴 야구기록규칙 | KBO 기록위원회 저』, p237, 부정타격 논란에 휩싸인 박OO의 타격, 타석을 벗어난 번트로 아웃된 서OO과 김OO

4.01-3 한쪽 발이 타자석 밖으로 완전히 벗어난 채 스윙했지만 공에 닿지 않은 경우

타자가 스윙을 하며 한쪽 발이 타자석 밖으로 벗어났지만 배트가 공에 닿지 않았습니다. 판정은?

- 심판 판정
  상황: 볼 인 플레이, 타자: 스윙 스트라이크
- 설명
  야구규칙 6.03(a)(1)[원주] 한쪽 발이 타자석 밖으로 벗어난 채 공을 치면 반칙타격에 해당하지만 단순히 발만 빠져나왔다거나 또는 발이 빠져나온 채 헛스윙을 했다면 스트라이크가 하나 추가될 뿐 반칙타격으로 선언되지는 않습니다.

 4.01-4 타자가 타자석에서 점프하며 타격한 경우

2사 2, 3루 상황에서 수비 측이 고의4구를 하기 위해 공을 밖으로 던졌으나

타자가 점프를 하며 번트를 성공시켰는데 이때 타자의 양발이 타자석 안쪽 허공에 있었거나

또는 한쪽 발이 타자석 바깥쪽 허공에 있었다면 두 경우에 대한 판정은?

- 심판 판정
  상황: 볼 데드, 타자: 반칙타격 아웃
- 설명
  야구규칙 6.03(a)(1)[원주] 규칙서 원문 그대로 해석하면, 타자가 타자석에서 점프하며 투구를 치면 반칙타격으로 위의 두 경우 모두 타자 아웃이 됩니다.
  그러나 실제 경기 현장에서의 심판 판정은 이 규칙을 엄격히 적용하지 않습니다. 야구는 시간 지연을 막고 경기 자체의 흐름이 끊기지 않는 원만한 진행을 최우선시합니다. 그 때문에 타자가 타석을 완전히 벗어나거나 타석 밖으로 확실히 발을 내디딘 채 타격하지 않는 이상, 점프타격은 자연스러운 타격동작으로 간주하여 엄격히 룰을 적용하지 않고 볼 인 플레이 상태로 이어갑니다. 굳이 비유하자면 고의4구 때 포수가 다소 일찍 포수석을 벗어나도 문제 삼지 않는 것과 마찬가지로 일종의 묵인 플레이로 간주하는 것입니다.

✗ 참고: 『풀어 쓴 야구기록규칙 I KBO 기록위원회 저』, p238, 개구리 점프로 안타를 만든 이OO
✗ 참고: 『윤병웅의 야구 기록과 기록 사이 또 하나의 야구정서법』, 개구리 타법

4.01-5 바운드된 투구를 타자가 친 경우

- 심판 판정
  상황: 볼 인 플레이
- 설명
  야구규칙 5.05(a)(1)[원주] 바운드한 투구를 타자가 쳤을 때는 떠 있는 공을 쳤을 때와 똑같이 취급합니다. 즉, 바운드된 공을 쳐서 페어지역에 떨어지면 페어 볼, 파울지역에 떨어지면 파울 볼이 됩니다.

4.01-6 배트를 던지며 타격한 경우

- 심판 판정
  상황: 볼 인 플레이
- 설명
  야구규칙상 배트를 던지며 타격하는 것에 대해 제재를 가하는 조항은 없으며 자연스런 스윙의 여세로 보고 그 스윙을 인정해 줍니다. 즉, 배트를 던져서 타격한 타구가 페어지역에 떨어지면 페어 볼, 파울지역에 떨어지면 파울 볼이 됩니다.
  다만 **야구규칙 6.03(a)(4)**에 의거 주자 있을 때 타자가 배트를 던져 포수 미트에 닿게 되면 볼 데드가 선언되고 타자는 수비방해로 아웃됩니다.
  주자 없을 때 타자가 배트를 던져 포수 미트에 닿게 되면 그 투구가 스트라이크 존에 들어오던 투구였느냐 아니냐에 따라 스트라이크 또는 볼로 판정하게 됩니다.

4.01-7 투수가 투구동작에 들어갔는데 타자가 타임을 요청한 경우

- **심판 판정**

  상황: 볼 인 플레이, 타자: 스트라이크

- **설명**

  야구규칙 5.04(b)(2) 투수가 세트 포지션으로 들어가거나 와인드업을 시작하였을 경우 심판원은 타자가 어떠한 이유로든 '타임'을 요청해도 받아줘서는 안 되며 타자가 타자석을 벗어나도 투구에 대해 정상적인 판정을 내려야 합니다. 즉, 공이 스트라이크 존을 통과했다면 스트라이크, 벗어났다면 볼을 선언해야 합니다.

  다만 투수가 정당한 이유 없이 꾸물거리고 있다고 주심이 판단했을 때는 타자의 '타임'을 받아들이고 잠시 타자석을 벗어나는 것을 허용할 수 있습니다.

4.01-8 투수가 투구동작에 들어갔는데 타자가 타임을 요청해서 투수가 멈춘 경우

- 심판 판정

  상황: 볼 데드, 투수: 보크 아니며 무효 처리 후 다시 투구
- 설명

  야구규칙 5.04(b)(2) [원주] 주자가 베이스에 있는 상황에서 와인드업을 시작하거나 세트 포지션에 들어간 투수가 타자석을 벗어나는 타자에게 현혹당해 투구를 끝마치지 못하더라도 심판원은 보크를 선언해서는 안 됩니다. 투수와 타자 모두 규칙 위반을 하고 있을 때에는 심판원은 '타임'을 선언하고 투수나 타자 다 같이 새로 시작해야 합니다.

4.02

지명타자

지명타자(DH, designated hitter)

야구규칙 5.11 지명타자란 간단히 말해 투구에 집중해야 하는 투수를 대신해서 타석에 서는 타자를 말합니다.

본래 야구는 9명이 수비를 하고, 수비한 9명이 타석에 서는 것이 원칙이었기 때문에 투수 역시 타격을 해야 했습니다. 하지만 체력 소모가 많고 공격력이 약했으므로 투수 대신 타격만 전담하는 타자를 새로 가세했는데, 이 제도에 따른 것이 지명타자입니다.

※타순에 번호가 있듯 수비위치도 정해진 번호가 있습니다.

지명타자 비적용 시

수비번호	8	6	5	3	4	1	7	9	2
타순	1	2	3	4	5	6	7	8	9

투수

지명타자 적용 시

수비번호	8	6	5	3	4	DH	7	9	2
타순	1	2	3	4	5	6	7	8	9

지명타자

투수
수비번호: 1
타순: 無

지명타자의 탄생 배경

※ 참고: 『풀어 쓴 야구기록규칙 | KBO 기록위원회 저』, p82, 지명타자 제도

야구는 미국에서 시작되었으며 1875년 현재의 내셔널리그가 창설되었고, 이후 1901년에 아메리칸리그가 결성되어 지금의 메이저 양대 리그의 체제가 갖추어집니다.

야구도 그렇지만 상대를 제압해야 하는 스포츠들은 치열한 공방이 이어질수록 관중이 더 열광하고 환호하게 마련인데, 내셔널리그보다 뒤늦게 출범한 아메리칸리그는 인기도 떨어지는 데다 오랜 기간 극심한 투고타저 현상으로 점수가 잘 나지 않는 지루한 경기가 이어졌습니다.

이에 아메리칸리그에서는 타격에 활력을 불어넣기 위해 지명타자 제도를 내셔널리그 측에 제안합니다. 하지만 아쉬울 것이 없는 내셔널리그 측에서는 흥행 잘되고 있는데 굳이 새로운 시도를 할 필요가 없었으므로 '야구의 오랜 전통을 훼손한다'는 이유로 거절합니다. 결국 지명타자 제도는 1973년부터 아메리칸리그에서만 시행됩니다.

국내 야구 최정상의 투수로 활약하다가 2013년 메이저리그로 건너가 코리안 몬스터로 불리며 데뷔 첫해부터 돌풍을 일으켰던 류OO 투수.

그런데 류OO 선수의 경기에서, 국내 경기에서는 볼 수 없었던 낯선 광경이 펼쳐집니다. 타석에 들어선 류OO 선수의 모습 말입니다. 그건 류OO 선수의 소속팀인 LA 다저스가 지명타자 제도가 도입되지 않은 내셔널리그에 속해 있기 때문입니다. 즉, 투수도 타석에 서야 하는 것입니다.

이렇듯 미국에서는 지명타자 제도가 도입된 리그와 그렇지 않은 리그가 존재하는데 만약 두 리그의 팀들이 경기를 벌일 경우에는 **야구규칙 5.11(a)**에 의거 홈팀이 속해 있는 리그의 관례를 적용합니다.

일본도 미국과 마찬가지로 양대 리그를 운영 중인데 그중 하나인 퍼시픽리그에서는 1975년 지명타자 제도를 도입했으나 센트럴리그에서는 도입하지 않았고 미국과 같은 방식으로 리그를 운영하고 있습니다.

	미국	일본
지명타자 O	아메리칸리그	퍼시픽리그
지명타자 X	내셔널리그	센트럴리그

지명타자의 운용

지명타자의 신고

야구규칙 5.11(b)(1)(B) 지명타자를 쓰고 싶을 땐 경기 시작 전 제출하는 타순표에 지명타자가 표시되어 있어야 합니다. 만약 이 타순표에 지명타자가 표시되지 않았다면 경기 중에 지명타자를 기용할 수 없습니다.

선발투수 교체 시

야구규칙 5.11 지명타자는 어느 특정 투수를 대신해 타석에 서는 게 아니라 마운드에 오르는 전체 투수를 대신해 타석에 섭니다. 그렇기 때문에 투수를 교체한다고 해서 지명타자까지 교체할 필요는 없습니다.

※ 참고: 『풀어 쓴 야구기록규칙 | KBO 기록위원회 저』, p60, 경기개시 전 교체 가능여부를 놓고 논란을 빚은 지명타자의 부상

지명타자의 교체 및 소멸

Q 4.02-1 지명타자 타순에 대타 또는 대주자를 기용할 경우

양팀이 라인업 교환을 모두 마친 뒤 경기 시작 전에 지명타자로 예정되었던 선수가 캐치볼 도중 부상을 당했습니다.

정상적인 플레이가 어려울 것으로 판단한 소속팀에서 지명타자의 교체를 요청했습니다. 교체가 가능할까요?

- 심판 판정

    교체 불가

- 설명

    야구규칙 5.11(b)(3)(A) 지명타자에도 대타를 기용할 수 있습니다. 이때 그 대타자 또는 그와 교체된 선수가 지명타자가 됩니다. 그러나 경기 전에 제출된 타순표에 기재된 지명타자는 상대팀 선발투수가 교체되지 않는 한 그 투수에 대하여 적어도 한 번은 타격을 끝내야 합니다. 즉, 부상 등으로 정상 플레이가 어려운 상태라 해도 선발투수를 한 번은 상대해야 하는 것입니다.

1992년 8월 해태와 빙그레의 경기에서 지명타자로 예정되었던 해태 박철우 선수가 턱에 공을 맞아 당장 병원에 가야 할 상황이었으나 빙그레 측에서 규칙 위반을 들어 교체를 허락하지 않았고, 박철우 선수는 아픈 턱을 부여잡고 맥없이 삼진을 당한 후에야 병원에 실려갈 수 있었습니다. 지명타자는 상대 선발투수와 한 번은 승부를 해야 한다는 규정 때문이었죠.

부상으로 교체된 사례도 있긴 합니다.
1995년 6월 23일 LG의 한대화 선수는 자신이 친 타구에 두 번에 걸쳐 연이어 왼쪽 다리를 맞으면서 부상을 당합니다.
결국 타석에 서는 것조차 어려운 지경이 되자 최훈재 선수가 대타로 기용되었습니다.

하지만 이 역시도 주심의 재량으로 이루어진 것이 아니라 상대팀이었던 쌍방울 레이더스의 동의가 있었기 때문에 가능한 일이었습니다. 만약 상대팀에서 규정을 근거로 교체를 허락하지 않았다면 어떤 결정이 내려졌을지는 모를 일이었죠.

물론 **야구규칙 5.12(b)(3)**에 명시된 바와 같이 선수의 안전을 우선하는 조항이 있긴 하지만 이 역시 해석하기 나름인지라 선수 교체를 강제할 만한 것은 못 됩니다.

4.02-2 야구규칙 5.11(b)(4)(A) 지명타자가 수비에 나갔을 때

아래와 같은 타순 구성하에서

수비번호	❽	❻	❺	❸	❹	DH	❼	❾	❷	❶
타순	1	2	3	4	5	6	7	8	9	無

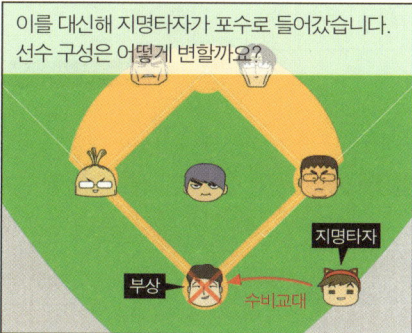

- **설명**

지명타자가 수비에 가담하면 야구규칙 5.11(b)(1)(A)의 '지명타자는 수비로 출장하지 않는다'는 규칙에 위배되므로 지명타자의 제도는 소멸되며 아래와 같이 9번 타순은 비게 됩니다.

지명타자에서 포수로 변경

수비번호	❽	❻	❺	❸	❹	DH 2	❼	❾	❷	❶
타순	1	2	3	4	5	6	7	8	9	無

부상으로 out

이때 비어 있는 9번 타순에 다른 타자를 교대로 넣어서 지명타자 제도를 유지하면 되지 않느냐 의아해할 수 있습니다.

수비번호	❽	❻	❺	❸	❹	❷	❼	❾		❶
타순	1	2	3	4	5	6	7	8	9	無

새로운 타자를 지명타자로 넣는다면?

그러나 지명타자는 **야구규칙 5.11(b)(2)**에 의거 타순표대로 위치가 고정되며 타순을 바꿀 수 없습니다.
타순표 제출 때 6번 타순을 지명타자로 기재했는데 9번 타순이 비어 있다 해서 그곳에 지명타자를 넣으면 지명타자 타순이 6번에서 9번으로 변경되는 것이므로 이는 규칙위반에 해당됩니다.
그러므로 대체 타자를 넣을수 없으며 **야구규칙 5.11(b)(4)(A)**에 의거 교체로 물러난 9번타자의 비어 있는 타순에 투수가 들어갑니다.

수비번호	❽	❻	❺	❸	❹	❷	❼	❾		❶
타순	1	2	3	4	5	6	7	8	9	無
									↑투수가 타순에 들어가야 함	

 4.02-3 **야구규칙 5.11(b)(4)(B)** 등판 중의 투수가 다른 수비위치로 나갔을 때

아래와 같은 타순 구성하에서

수비번호	❽	❻	❺	❸	❹	DH	❼	❾	❷	❶
타순	1	2	3	4	5	6	7	8	9	無

경기 종반 투수가 난타를 당하기 시작했으나 교체할 투수가 없자

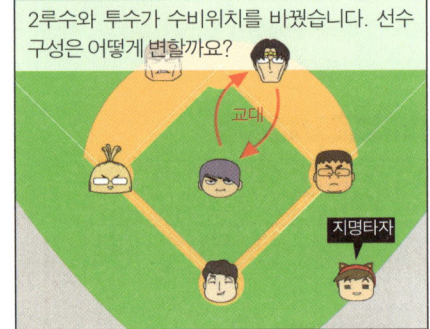

2루수와 투수가 수비위치를 바꿨습니다. 선수 구성은 어떻게 변할까요?

 야구규칙 5.11(b)(1)(A)에 의거 지명타자는 투수를 대신하여 타격하는 타자인데 투수가 2루수로 수비위치를 옮김으로써 더 이상 대신해서 타격을 할 수가 없습니다.

수비번호	❽	❻	❺	❸	4→1	DH	❼	❾	❷	1→4
타순	1	2	3	4	5	6	7	8	9	無

투수에서 2루수로 바뀌었으므로 대신 타격해줄 수 없음

그렇다면 새로운 투수를 대신해서 지명타자 역할을 계속할 수 있을까요?

수비번호	❽	❻	❺	❸	❶	DH	❼	❾	❷	❹
타순	1	2	3	4	5	6	7	8	9	無

 대신 타격?

그렇게 되면 타순표상에 6번 타순에 기재되어 있던 지명타자가 5번 타순에서 타격해야 하므로 이는 야구규칙 5.11(b)(2)에 의거 지명타자의 타순은 바꿀 수 없다는 규칙에 위배됩니다. 따라서 지명타자는 자연히 소멸됩니다.

수비번호	❽	❻	❺	❸	❶	DH	❼	❾	❷	❹
타순	1	2	3	4	5	6	7	8	9	無

지명타자 소멸

그리고 야구규칙 5.11(b)(5)(B)에 의거 비어 있는 6번 타순엔 2루수로 바뀐 원래 투수가 타격하게 됩니다.

수비번호	❽	❻	❺	❸	❶		❼	❾	❷	❹
타순	1	2	3	4	5	6	7	8	9	無

6번 타순에서 타격

 4.02-4 야구규칙 5.11(b)(4)(E) 타순표에 기재된 야수가 투수로 되었을 때

아래와 같은 타순 구성하에서

수비번호	❽	❻	❺	❸	❹	DH	❼	❾	❷	❶
타순	1	2	3	4	5	6	7	8	9	無

경기 종반 투수가 부상을 당하자

투수를 경기에서 빼고 2루수를 투수로 세웠습니다.
교체 / 제외 / 지명타자

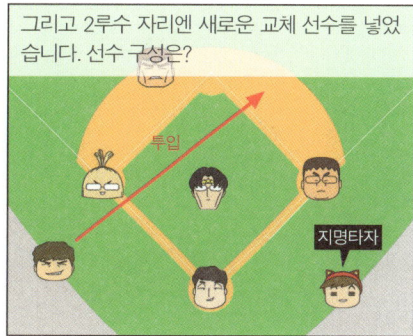
그리고 2루수 자리엔 새로운 교체 선수를 넣었습니다. 선수 구성은?
투입 / 지명타자

 야구규칙 5.11(b)(1)(A)에 의거 지명타자는 투수를 대신하여 타격하는 타자인데 2루수가 투수로 들어갔다고 해서 6번 타자였던 지명타자가 5번 타순에 서게 되면 타순이 바뀌는 것이므로 야구규칙 5.11(b)(2)에 위배됩니다.

수비번호	❽	❻	❺	❸	4→1	DH	❼	❾	❷	❹
타순	1	2	3	4	5	6	7	8	9	無

대신 타격?

따라서 지명타자는 소멸되고

수비번호	❽	❻	❺	❸	❶	DH	❼	❾	❷	❹
타순	1	2	3	4	5	6	7	8	9	無

지명타자 소멸

그리고 **야구규칙 5.11(b)(5)(E)**에 의거 비어 있는 6번 타순엔 2루수로 들어온 교체 선수가 타격하게 됩니다.

수비번호	❽	❻	❺	❸	❶		❼	❾	❷	❹
타순	1	2	3	4	5	6	7	8	9	無

6번 타순에서 타격

Q 4.02-5 지명타자를 운용하는 중에 투수를 대주자로 넣으려는 경우

수비번호	❽	❻	❺	❸	❹	DH	❼	❾	❷	❶
타순	1	2	3	4	5	6	7	8	9	無

7번타자가 페어 볼을 치고

1루로 전력 질주하던 중 다리에 극심한 통증을 느꼈습니다.

우왓!

1루에 도달한 타자가 통증을 호소하자 감독은 대주자로 교체하기 위해 타임을 요청했는데

타임!

이미 교체 선수를 모두 기용한 탓에 선수가 없자 투수를 대주자로 넣기 위해 오른쪽과 같은 구상을 해보았습니다. 이러한 교체 운용이 가능할까요?

투수를 대주자로 넣어도 되나?

부상당한 7번타자를 뺀 후

수비번호	❽	❻	❺	❸	❹	DH	❼	❾	❷	❶
타순	1	2	3	4	5	6	7	8	9	無

타순표에 들어 있지 않은 투수를 7번타자의 대주자로 넣으면

수비번호	❽	❻	❺	❸	❹	DH	❼	❾	❷	❶
타순	1	2	3	4	5	6	7	8	9	無

지명타자 제도 소멸로 다음 수비부터 지명타자를 좌익수로 기용

수비번호	❽	❻	❺	❸	❹	DH7	7-1	❾	❷
타순	1	2	3	4	5	6	7	8	9

교체 불가능합니다.

지명타자는 투수를 대신하는 타자이기 때문에 지명타자의 타순이 투수의 타순입니다. 그래서 지명타자가 존재하는 한 투수는 **야구규칙 5.11(b)(4)(D), 5.11(b)(5)(D)**에 의거 지명타자의 대타자, 대주자만 가능합니다.

그러나 지명타자 제도가 소멸되면 투수가 다른 선수의 대타자로 들어갈 수도 있습니다. 예를 들어 지명타자가 다른 야수를 대신하여 수비에 가담하면 지명타자 제도는 소멸되고 투수는 교체되어 나간 야수의 타순을 이어받는 것입니다.

즉, 공격 때 투수는 지명타자의 대타자, 대주자만 가능하고, 수비 때는 지명타자가 소멸됐을 경우 투수가 다른 선수의 대타자도 가능합니다.

Q 4.02-6 상대 선발투수에 대해 한 번도 타석에 서지 않고 지명타자를 소멸시키는 경우

수비번호	❽	❻	❺	❸	❹	DH	❼	❾	❷	❶
타순	1	2	3	4	5	6	7	8	9	無

교체 가능합니다.

야구규칙 5.11(b)(3)(A) 지명타자는 상대팀 선발투수가 교체되지 않는 한 그 투수에 대하여 적어도 한 번은 타격을 끝내야 합니다. 다만 이는 지명타자가 존재하고 그 지명타자에 대해 대타를 쓸 때의 규칙입니다. 위의 경우는 지명타자가 소멸된, 즉 대타를 쓸 대상 자체가 사라진 경우입니다. 그러므로 대타에 대한 의무사항이 적용될 수 없기 때문에 상대팀 선발투수를 상대하지 않았더라도 지명타자의 소멸은 가능합니다.

✖ 참고: 『풀어 쓴 야구기록규칙 | KBO 기록위원회 저』, p81, Key point

Q 4.02-7 공수 교대로 공격에 들어가기 직전 투수를 타순에 넣으려는 경우

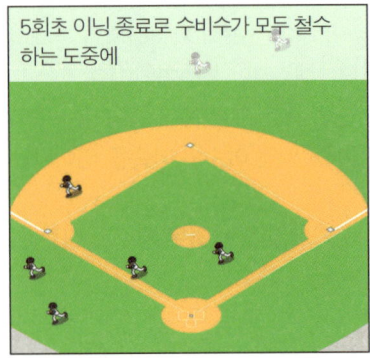

야구규칙 5.11(b)(4)(D) 불가합니다.

이닝 종료로 수비에서 공격 이닝으로 바뀌었고, 여전히 지명타자가 존재하는 상태이기 때문에 투수는 지명타자 외에 다른 선수의 대타자 또는 대주자가 될 수 없습니다. 심판원은 이와 같은 교체는 불가함을 알려주어야 합니다.

4.03

부정위타자

부정위타자 (improper batter)

타자가 타순을 착각하여 다른 타자의 순서에 본인이 섰을 경우 이를 부정위타자라 합니다.

야구규칙 6.03(b)(7)[원주] 부정위타자가 타석에 섰다는 것을 심판원이 알게 되면 심판원은 부정위타자가 타자석 안에 있다는 사실을 어느 누구에게도 알려서는 안 됩니다. 이 규칙은 양팀 감독 및 선수들이 끊임없는 주의를 기울이도록 하기 위해 만들어진 것입니다.

> **수비 측 어필이 있을 때까지 심판이 침묵해야 하는 세 가지**
> - 부정위타자 야구규칙 6.03(b)(7)[원주]
> - 베이스 공과(空過) 야구규칙 5.09(c)(2)[주2]
> - 리터치반칙 용어의 정의 65[주], 야구규칙 5.09(c)(1)

Q&A

Q 4.03-1 부정위타자의 타격 중에 어필이 들어온 경우

A

● 심판 판정

상황: 볼 데드, 원래 순서의 타자가 볼카운트 1스트라이크를 인계받은 후 이어서 타격

● 설명

야구규칙 6.03(b)(2) 부정위타자가 타격을 완료하기 전에 어필이 들어올 경우 정위타자는 부정위타자의 볼카운트를 이어받아 타석에 서야 합니다.

부정위타자: 정위타자와 교체한 후 자신의 타순 때 다시 나와야 함

정위타자: 부정위타자의 볼카운트를 그대로 이어받은 후 타석에 서야 함

4.03-2 부정위타자가 타격을 완료한 뒤 어필이 들어온 경우

- 심판 판정
  상황: 볼 데드, 안타 취소가 되며 정위타자에게 아웃을 선고한 후 정위타자의 다음 타자가 타격
- 설명

야구규칙 6.03(b)(3) 타격이 완료된 후 수비 측이 어필하면 부정위타자가 아니라 원래 타순의 정위타자에게 아웃이 선고되고, 부정위타자가 한 모든 플레이는 무효가 되며 그 플레이로 인해 발생한 다른 주자의 진루나 득점도 무효 처리됩니다.

야구규칙 6.03(b)(4) [주2] 마찬가지로 부정위타자가 타격으로 아웃이나 병살 플레이가 되었다 해도 수비 측의 어필이 들어왔다면 그 모든 아웃조차도 무효 처리되고 오직 정위타자 1명에게만 아웃이 선언됩니다.

야구규칙 6.03(b)(4) 그러나 부정위타자의 타격 도중에 보크, 도루, 폭투, 포일 등으로 루상의 주자가 진루한 것은 부정위타자의 타격 결과에 의한 것이 아닌 다른 요인으로 진루한 것이기 때문에 모두 인정됩니다.

4.03-3 부정위타자가 타격을 완료한 뒤 투수가 다음 타순 때 다른 플레이를 한 후 어필이 들어온 경우

부정위타자가 타석에 나와 안타로 출루했습니다.

수비 측에서 부정위타자였다는 사실을 모른 채 다음 타자에게 투구를 했거나

1루에 견제구를 던지고 나서 부정위타자에 대한 어필을 했습니다. 판정은?

A

 심판 판정

상황: 볼 데드, 부정위타자를 정위타자로 인정

- 설명

야구규칙 6.03(b)(4)[주1], 6.03(b)(5), 6.03(b)(7) 투수가 다른 플레이를 한 후이기 때문에 1루에 있는 주자의 타격은 정당한 것이 되며 정위타자로 인정됩니다. 따라서 1루주자는 그대로 1루에 머무를 수 있으며 그 주자의 다음 타순으로 타석이 이어지게 됩니다.

 4.03-4

타순	1	2	3	4	5	6	7	8	9
이름	A	B	C	D	E	F	G	H	I

정위타자

A타자 타순 때 B타자가 타순을 착각하여 타석에 섰고,

볼카운트 2볼 1스트라이크 상황에서 수비 측이 부정위타자를 어필하였습니다. 판정은?

타순	1	2	3	4	5	6	7	8	9
이름	A	B	C	D	E	F	G	H	I

정위타자와 교체한 후 자기 타순 때 다시 타격

야구규칙 6.03(b)(7) [예제1] 부정위타자로 올라갔던 B타자는 아웃되지 않고 A타자와 교체하며,

A타자는 B타자의 볼카운트 2볼 1스트라이크를 인계받아 타석에 섭니다.

부정위타자의 볼카운트 2B-1S를 이어받아 타격

 4.03-5

타순	1	2	3	4	5	6	7	8	9
이름	A	B	C	D	E	F	G	H	I

정위타자

A타자 타순 때 B타자가 타순을 착각하여 타석에 섰고,

부정위타자인 B타자가 2루타를 치자 수비 측에서 어필하였습니다. 판정은?

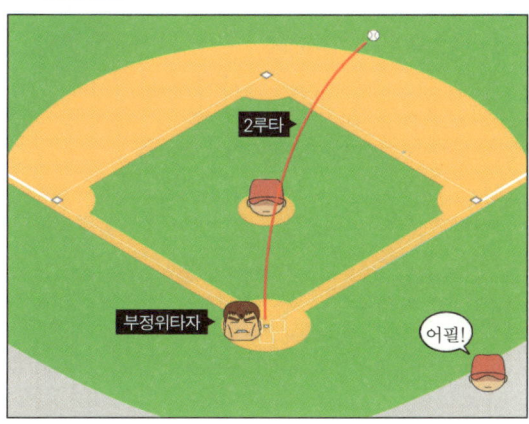

2루타

부정위타자   어필!

타순	1	2	3	4	5	6	7	8	9
이름	A	B	C	D	E	F	G	H	I

정위타자 아웃

야구규칙 6.03(b)(7) [예제2] 정위타자인 A타자가 아웃되고,

부정위타자였던 B타자가 친 2루타는 취소되며, 아웃된 정위타자의 다음 타순인 B타자가 다시 타격에 임합니다.

 4.03-6

타순	1	2	3	4	5	6	7	8	9
이름	A	B	C	D	E	F	G	H	I

정위타자

A타자 타순 때 B타자가 타순을 착각하여 타석에 섰고,

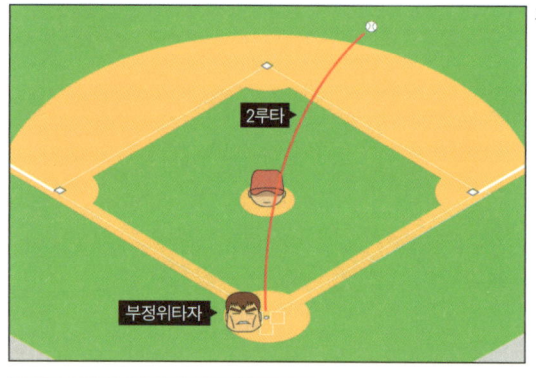

부정위타자인 B타자가 2루타를 쳤습니다.

B타자가 2루까지 출루해 있는 상황에서 C타자가 타석에 서자

투수가 1구를 투구했고, 뒤이어 앞선 타자가 부정위타자였음을 수비 측에 어필하였습니다. 판정은?

야구규칙 6.03(b)(7)[예제2]② C타자를 상대로 이미 1구를 투구하였으므로 부정위타자였던 B타자는 정위타자로 인정되고, C타자의 타석도 정규의 타석으로 인정되어 계속 타격을 이어갑니다.

 4.03-7

타순	1	2	3	4	5	6	7	8	9
이름	A	B	C	D	E	F	G	H	I

볼넷 출루

A, B타자가 모두 볼넷으로 출루했고,

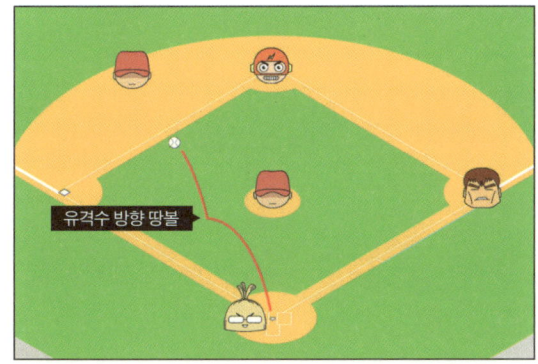

C타자가 유격수 방향 땅볼을 쳐서,

A주자는 3루로, C타자주자는 1루로 진루했지만 B주자는 2루에서 포스아웃되었습니다.

타순	1	2	3	4	5	6	7	8	9
이름	A	B	C	D	E	F	G	H	I

정위타자

이때 D타자가 서야 할 타순에

E타자가 나왔고, 투수가 폭투를 해서

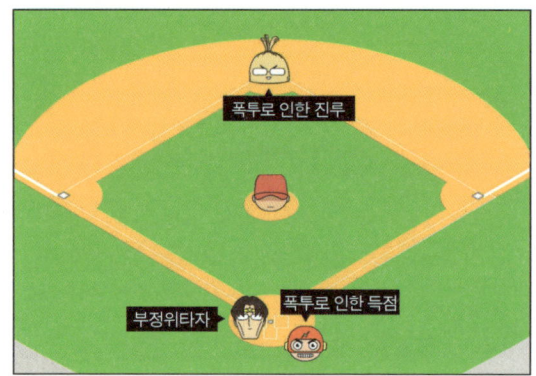

C주자는 2루로, A주자는 홈을 밟아 득점했습니다.

다음 투구 때 E타자는 2루수 앞 땅볼을 쳐서 아웃되었지만 C주자는 3루까지 진루했습니다. 그러자 수비 측에서 E타자가 부정위타자라며 어필했습니다. 판정은?

타순	1	2	3	4	5	6	7	8	9
이름	A	B	C	D	E	F	G	H	I

야구규칙 6.03(b)(7)[예제3]① A주자의 득점과 C주자의 2루 진루는 투수의 폭투에 의한 것이므로 인정되고, E타자는 타격 완료 후 어필이 제기되었으므로 정위타자였던 D타자가 아웃 처리되며,

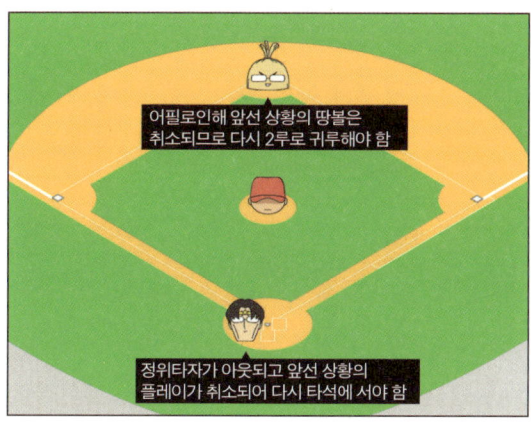

타격에 의한 플레이는 모두 취소되어 3루까지 진루했던 C주자는 2루로 돌아가야 하며, E타자의 땅볼 아웃도 취소됩니다.

정위타자인 D타자가 아웃되었으므로 다음 타순인 E타자가 다시 타석에 서야 합니다.

 4.03-8

타순	1	2	3	4	5	6	7	8	9
이름	A	B	C	D	E	F	G	H	I

정위타자

D타자 타순에 E타자가 착각하여 부정위타자로 타석에 섰고,

루상에는 C가 2루주자로 있습니다.

E타자는 2루수 앞 땅볼을 쳐서 아웃되고, 2루에 있던 C주자는 3루까지 진루합니다.

타순	1	2	3	4	5	6	7	8	9
이름	A	B	C	D	E	F	G	H	I

이어서 조금 전에 타순을 지나친 D타자가 올라왔고,

투수가 1구를 던지고 나자 수비 측에서 앞선 E타자가 부정위타자라고 어필을 합니다. 판정은?

타순	1	2	3	4	5	6	7	8	9
이름	A	B	C	D	E	F	G	H	I

투수가 투구했으므로 정위타자로 인정

E가 정위타자가 됐으니 F와 교체

야구규칙 6.03(b)(7)[예제3]② D타자를 향해 1구를 던졌으므로 E타자는 정위타자로 인정되고, E타자 다음인 F타자가 타석에 서야 하므로 D타자와 교체합니다.

3루까지 진루했던 C주자는 3루에 계속 머무를 수 있으며 F타자는 D타자의 볼카운트를 이어받아 타격합니다.

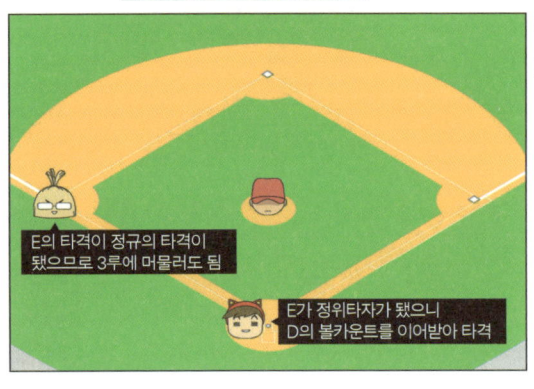

E의 타격이 정규의 타격이 됐으므로 3루에 머물러도 됨

E가 정위타자가 됐으니 D의 볼카운트를 이어받아 타격

 4.03-9

타순	1	2	3	4	5	6	7	8	9
이름	A	B	C	D	E	F	G	H	I

정위타자

1, 2, 3번 타자가 모두 출루한 2사 만루 상황에서 F타자가 나올 차례였는데

H타자가 나와서 3루타를 쳤고, 이로 인해 3득점을 하자 수비 측에서 어필하였습니다. 판정은?

3루타

부정위타자

어필!

타순	1	2	3	4	5	6	7	8	9
이름	A	B	C	D	E	F	G	H	I
						✗			

정위타자 아웃
다음 이닝에 G타자부터 시작

야구규칙 6.03(b)(7)[예제4]① 부정위타자인 H타자가 타격을 끝낸 후 어필이 들어왔으므로 정위타자인 F타자가 3아웃으로 이닝이 종료되어 다음 이닝엔 G타자부터 타순이 시작되며,

앞선 H타자의 3루타는 취소되고, 그로 인해 득점했던 3점도 모두 무효 처리됩니다.

3루타 및 그에 따른 득점까지 모두 취소

 4.03-10

타순	1	2	3	4	5	6	7	8	9
이름	A	B	C	D	E	F	G	H	I

정위타자

1,2,3번 타자가 모두 출루한 2사 만루 상황에서 F타자가 나올 차례였는데

H타자가 나와서 3루타를 쳤고, 이로 인해 3득점을 했습니다.

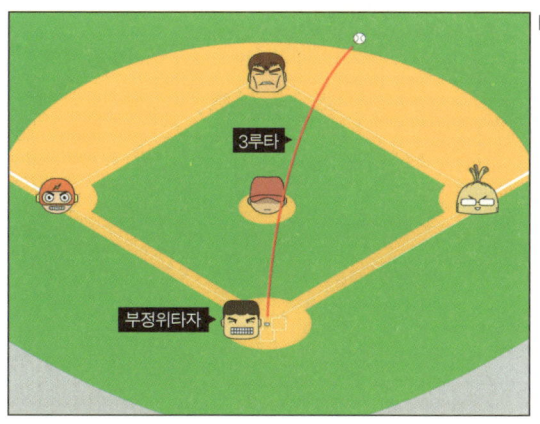

3루타
부정위타자

타순	1	2	3	4	5	6	7	8	9
이름	A	B	C	D	E	F	G	H	I

곧이어 타순을 건너뛴 G타자가 타석에 섰는데,

Q 4.03-11

1,2,3번 타자가 모두 출루한 2사 만루 상황에서 F타자가 나올 차례였는데

H타자가 나와서 3루타를 쳤고, 이로 인해 3득점을 했습니다.

투수가 1구를 던지자 수비 측에서 앞선 H타자가 부정위타자였음을 어필하였습니다. 판정은?

A

타순	1	2	3	4	5	6	7	8	9
이름	A	B	C	D	E	F	G	H	I

1구 투구 후 어필이 들어왔으므로 정위타자의 다음 타순인 I와 교체

야구규칙 6.03(b)(7) [예제4]② 투수가 1구를 던졌기 때문에 앞선 3득점은 인정되고 H타자는 정위타자로 인정되므로 3루에 머무를 수 있으며,

H타자의 다음 타순인 I타자가 G타자의 볼카운트를 이어받아 타석에 서야 합니다.

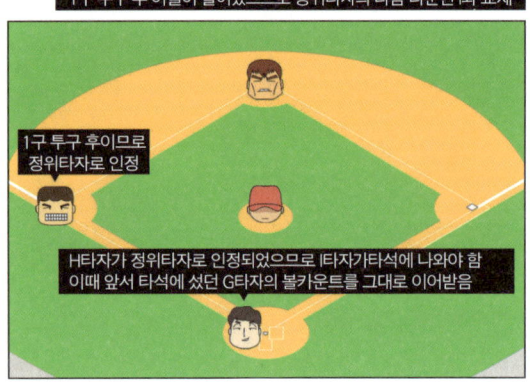

타순	1	2	3	4	5	6	7	8	9
이름	A	B	C	D	E	F	G	H	I

곧이어 타순을 건너뛰었던 G타자가 타석에 섰는데

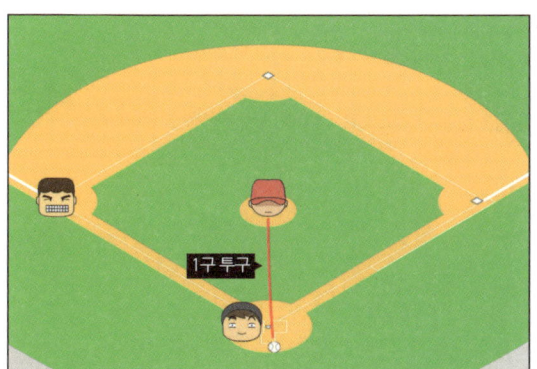

투수가 G타자를 향해 1구를 투구한 후,

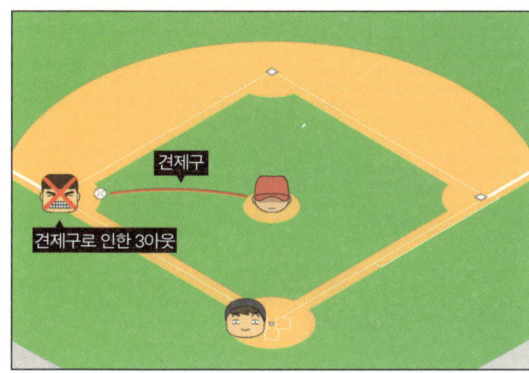

다음 투구 때 3루로 견제구를 던져 H타자를 아웃시켜 3아웃으로 이닝이 종료되었습니다. 수비 측의 어필이 없는 상황에서 다음 이닝에 선두타자로 나올 타자는 누구일까요?

타순	1	2	3	4	5	6	7	8	9
이름	A	B	C	D	E	F	G	H	I

1구 투구 후에 견제구 아웃되었더라도 정위타자 인정

야구규칙 6.03(b)(7) [예제5] ① G에게 1구를 투구함으로써 부정위타자였던 H타자가 정위타자가 되며 3루타는 인정된 채 이닝이 종료되고,

다음 이닝엔 H타자 다음 타순인 I타자가 선두타자로 나와야 합니다.

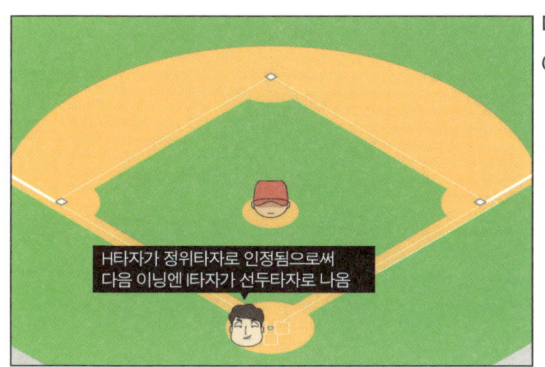

4.03-12

타순	1	2	3	4	5	6	7	8	9
이름	A	B	C	D	E	F	G	H	I

1,2,3번 타자가 모두 출루한 2사 만루 상황에서 F타자가 나올 차례였는데

H타자가 나와서 3루타를 쳤고, 이로 인해 3득점을 했습니다.

타순	1	2	3	4	5	6	7	8	9
이름	A	B	C	D	E	F	G	H	I

곧이어 타순을 건너뛰었던 G타자가 타석에 섰는데

투수가 G타자를 향해 1구를 투구한 후,

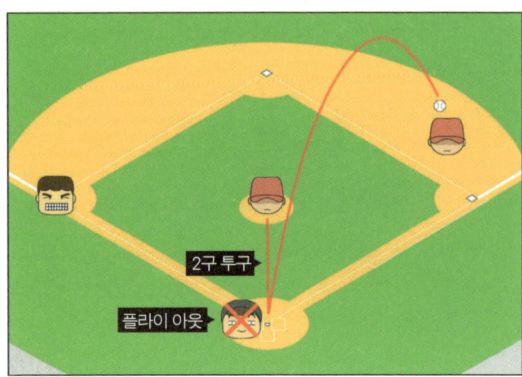

다음 투구 때 G타자가 1루 측 플라이 아웃으로 이닝이 종료되었습니다. 수비 측은 어필 없이 공격에 들어갔습니다. 다음 공수교대 때 선두로 나올 타자는 누구일까요?

타순	1	2	3	4	5	6	7	8	9
이름	A	B	C	D	E	F	G	H	I

야구규칙 6.03(b)(7)[예제5]② 공수교대 전에 어필이 없었으므로 G의 타격행위는 정당화됩니다.

공수교대 전에 어필이 없었으므로 G타자는 정위타자로 타격을 끝낸 것으로 인정

따라서 다음 공격 때 H가 정규의 선두타자가 됩니다.

G타자가 정위타자로 인정됨으로써 다음 이닝엔 H타자가 선두타자로 나옴

 4.03-13

타순	1	2	3	4	5	6	7	8	9
이름	A	B	C	D	E	F	G	H	I

정위타자

A타순에 D가 부정위타자로 올라와

볼넷을 얻은 뒤

볼넷

부정위타자

타순	1	2	3	4	5	6	7	8	9
이름	A	B	C	D	E	F	G	H	I

A가 다음 타자로 타석에 나와

유격수 플라이 볼로 1아웃이 되었습니다.

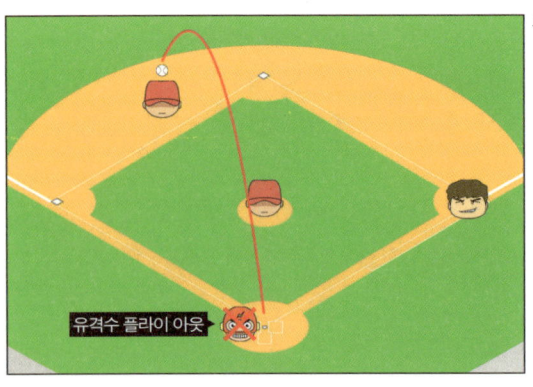

다음 타자로 B가 타석에 나와

볼넷을 얻어 출루했고

다음 타자인 C가 나와

플라이 볼로 2아웃이 되었습니다. 이제 D가 정규의 다음 타자가 되어야 하는데, 2루주자로 나가 있습니다. 이때 누가 정규의 다음 타자가 될까요?

타순	1	2	3	4	5	6	7	8	9
이름	A	B	C	D	E	F	G	H	I

D가 정규의 다음 타자이지만 이미 2루에 출루해 있음

야구규칙 6.03(b)(7) [예제6] D의 타순은 잘못되었으나 이미 정당화되었고, 베이스에 있으므로

D를 빼놓고 그다음 타순인 E를 정위타자로 합니다.

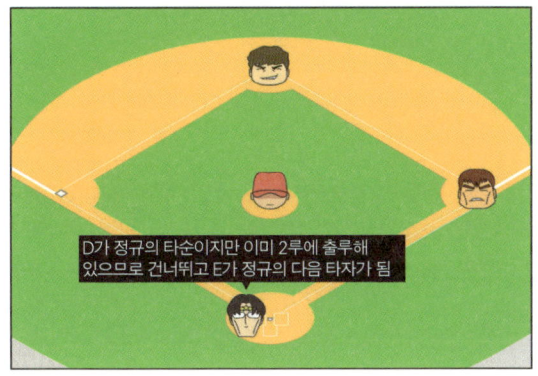

D가 정규의 타순이지만 이미 2루에 출루해 있으므로 건너뛰고 E가 정규의 다음 타자가 됨

 4.03-14 공격 중 지명타자가 타순에 있는 상태에서 투수를 다른 타자의 대타로 내세운 경우

수비번호	8	6	5	3	4	DH	7	9	2	1
타순	1	2	3	4	5	6	7	8	9	無

6번 타순에 지명타자를 운용중인 상황에서

수비번호	8	6	5	3	4	DH 2	7	9	2	1
타순	1	2	3	4	5	6	7	8	9	無

out ↓ in

5회말 무사 9번 타순(포수)때 감독은 지명타자를 포수로 세우고 공격력이 약한 9번타자 대신 투수를 대타로 세우기 위해 통보없이 교체하여 타석에 세웠습니다.

교체된 타자(투수)는 2루타를 쳤습니다.

그러자 상대팀 감독은 대타로 나선 투수가 부정선수라며 어필하였습니다. 심판원의 조치는?

타임! 저 타자는 부정선수요!

A

야구규칙 5.10(j)(2), 6.03(b)(1) 공격 중에 지명타자가 존재하는 상태였으므로 투수가 대타자로 설 수 있는 타순은 지명타자의 타순 뿐입니다. 그러므로 교체 통보없이 투수가 타석에 섰다면 이는 포수를 대신하여 타석에 선 것이 아니라 지명타자를 소멸시키고 지명타자 대신 타석에 선 것이 됩니다.

수비번호	❽	❻	❺	❸	❹	DH	❼	❷	❶
타순	1	2	3	4	5	6	7	8	9	無

지명타자 소멸

즉, 9번 타순때 4번 타순(지명타자의 대타)의 타자가 선 것이므로 이는 부정선수가 아니라 부정위 타자에 해당합니다. 부정위 타자에 대해서는 심판이 알려줄 수 없도록 규정되어 있으므로 심판원은 부정선수가 아니라는 사실만 전달합니다. 만약 수비 팀이 부정위 타자임을 인지하고 어필한다면 2루타는 취소되고 원래의 정위타자인 9번타자(포수)가 아웃되고 다음 타순인 1번타자부터 타석에 서야 합니다.

수비번호	❽	❻	❺	❸	❹	❶	❼	❾	❷
타순	1	2	3	4	5	6	7	8	9

부정위 타자 : 2루타 취소   정위 타자 아웃

✕ 참고: 『풀어 쓴 야구기록규칙 | KBO 기록위원회 저』, p91, 한국프로야구의 부정위타자 사건 1, 2

5

주자
- runner -

5.01
포스 플레이

포스 플레이 (force play)

> **용어의 정의 30** 포스 플레이란 '타자가 주자가 됨에 따라 기존의 주자가 그 베이스에 대한 점유권을 빼앗긴 데서 생기는 플레이'다.

포스 아웃 (force out)

무사 1루 상황에서

타자가 페어 땅볼을 치면 1루주자는 타자 주자에게 베이스를 내줘야 하기 때문에 2루를 향해 무조건 뛰어야 합니다.

이처럼 후위주자에게 베이스를 비워주기 위해 강제로 진루해야 하는 상황을 '포스 플레이'라고 합니다.

야구규칙 5.09(b)(6) 포스 플레이 상태의 주자는 직접 태그로도 아웃이 가능하지만 베이스 태그만으로도 아웃이 됩니다.

이를 포스 아웃이라 하며 포스 아웃은 반드시 공을 손에 쥔 채 해야 합니다. 공을 발로 밟은 채 베이스를 터치한다거나

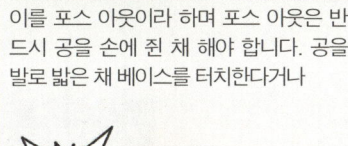

용어의 정의 15, 75, 야구규칙 5.09(a)(11)[주] 손이 아닌 가슴팍으로 공을 받고서 한 것은 성립되지 않습니다.

태그 아웃 (tag out)

야구규칙 5.09(b)(4) 주자가 베이스에서 몸이 떨어져 있을 때 수비수가 공을 쥔 손으로 주자의 몸을 터치하여 아웃시키는 것을 태그 아웃이라 합니다.

용어의 정의 75 단, 공을 쥐지 않은 손이나 다른 신체 부위로 태그하는 것은 태그 아웃이 성립되지 않습니다. 반드시 글러브든 맨손이든 공을 쥔 손으로 터치해야만 합니다.

단, 글러브 끈에 태그되는 것은 **용어의 정의 75**에 의거 정규의 태그에 해당하지 않습니다.

✕ 참고: 『풀어 쓴 야구기록규칙 | KBO 기록위원회 저』, p234, 정규의 태그에 관한 정의

포스 플레이와 태그 플레이의 판단

자, 대충 이해가 되었죠?
이제 과연 어떤 상황에서 태그를 해야 하고 어떤 상황에서 포스 아웃을 시켜야 할 것인지만 남았습니다!

요점은 두 가지입니다.

● 포스 아웃시켜야 할 상황 → 타자가 주자가 됨에 따라 다른 주자들이 강제 진루해야 하는 상황인가?

무사 1루 상황에서

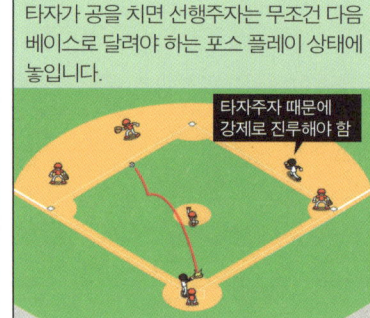
타자가 공을 치면 선행주자는 무조건 다음 베이스로 달려야 하는 포스 플레이 상태에 놓입니다.
타자주자 때문에 강제로 진루해야 함

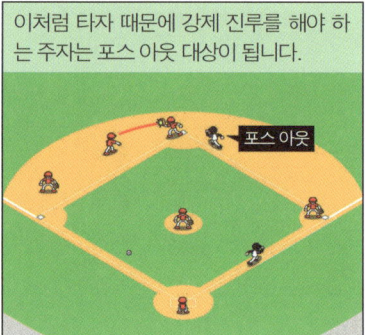
이처럼 타자 때문에 강제 진루를 해야 하는 주자는 포스 아웃 대상이 됩니다.
포스 아웃

● 태그 아웃시켜야 할 상황 → 되돌아갈 베이스가 있는가?

무사 2루 상황에서

타자가 3루수 앞 땅볼을 치자 2루주자는 진루 시도를 했다가

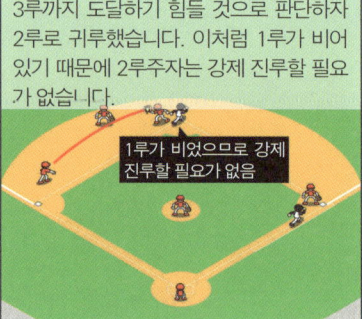
3루까지 도달하기 힘들 것으로 판단하자 2루로 귀루했습니다. 이처럼 1루가 비어 있기 때문에 2루주자는 강제 진루할 필요가 없습니다.
1루가 비었으므로 강제 진루할 필요가 없음

✗ 참고: 『풀어 쓴 야구기록규칙 | KBO 기록위원회 저』, p293, 태그상황을 포스상황으로 착각한 박OO

5.01-1 주자와의 충돌로 수비수가 공을 떨어뜨린 경우

무사 2루 상황에서 2루주자가 도루를 시도하자 투구를 받은 포수가 3루로 송구하였습니다.

공을 받은 3루수는 주자에게 태그를 시도했으나

2루주자를 태그함과 동시에 그 충돌로 공을 놓쳤고 주자는 3루를 밟았습니다.

이때 허공에 떠 있던 공을 3루수가 다시 포구하였습니다. 판정은?

- 심판 판정
  상황: 볼 인 플레이, 2루주자: 3루 점유
- 설명

용어의 정의 15, 야구규칙 5.09(b)(4)[주2] 2루주자가 3루수의 태그를 방해할 고의성이 명백하지 않는 한 2루주자와의 충돌로 3루수가 공을 놓친 것은 제대로 공을 잡지 못한 것으로 보고 2루주자는 아웃되지 않습니다.
또한 태그 직후 허공에 떠오른 공이 지면에 닿기 전에 다시 잡았다 해도 이미 정규의 태그에 해당하지 않으므로 2루주자의 3루 점유는 인정됩니다.

5.01-2 수비수가 주자의 뒷주머니에 넣어둔 장갑을 태그한 경우

타자가 기습 번트를 댔고 타구는 1루 방향으로 굴러갔습니다.

공을 포구한 1루수는 타자주자에게 태그를 시도했으나

타자주자의 뒷주머니에 놓아둔 장갑에 글러브가 스치기만 했고 타자주자는 1루를 밟았습니다. 판정은?

- 심판 판정

  상황: 볼 인 플레이, 타자주자: 태그 아웃
- 설명

  용어의 정의 75, 79 주자 태그는 선수의 신체, 옷, 착용 중인 용구에 닿는 것도 포함됩니다. 따라서 뒷주머니에 넣어둔 장갑이라도 수비수에게 태그되면 신체에 태그된 것과 동일한 효과를 갖습니다.

  단, KBO에서는 2021년부터 선수가 착용하고 있는 목걸이, 팔찌 등의 장신구는 신체의 일부로 간주하지 않기로 개정되었습니다.

5.01-3 후위주자가 선행주자의 베이스를 차지한 경우

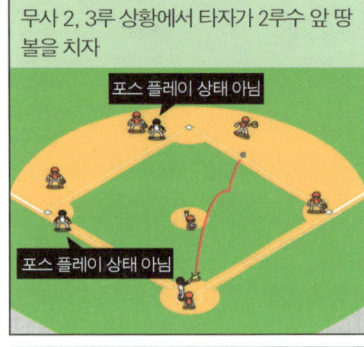

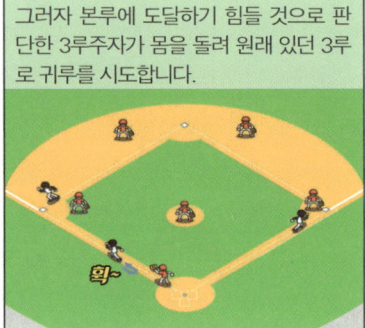

- 심판 판정

  상황: 볼 인 플레이, 3루주자: 태그 플레이 대상
- 설명

  야구규칙 5.06(a)(2), 5.09(b)(6) 포스 플레이가 아닌 상황에서 볼 인 플레이 중에 두 주자가 같은 베이스에 닿아 있다면 그 베이스를 차지할 권리는 선행주자에게 있으며 후위주자는 태그당하면 아웃입니다. 즉, 2루주자가 3루를 밟고 있다 해도 3루에 대한 실질적 점유권은 여전히 3루주자에게 있는 것입니다. 이러한 이유로 3루주자는 본루로 달려야 할 의무가 없기 때문에 반드시 태그를 해야만 아웃이 가능합니다.

5.01-4 포스 플레이 상황에서 후위주자가 먼저 아웃된 경우

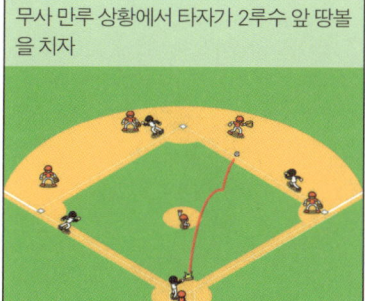
무사 만루 상황에서 타자가 2루수 앞 땅볼을 치자

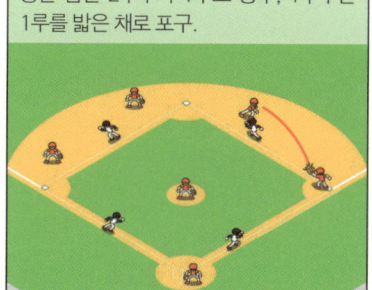
공을 잡은 2루수가 1루로 송구, 1루수는 1루를 밟은 채로 포구.

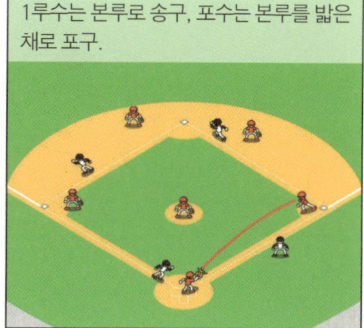
1루수는 본루로 송구, 포수는 본루를 밟은 채로 포구.

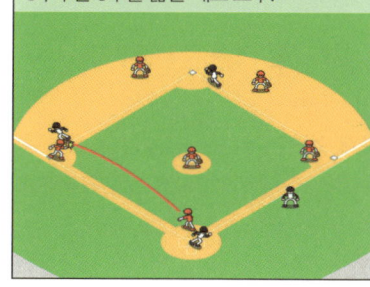
3루주자 본루 터치, 포수는 3루로 송구, 3루수는 3루를 밟은 채로 포구.

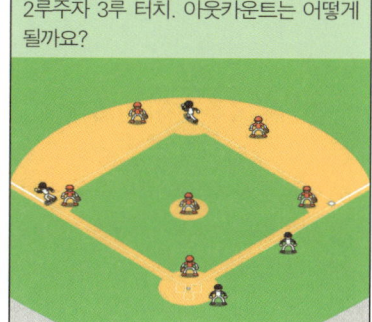
2루주자 3루 터치. 아웃카운트는 어떻게 될까요?

- 심판 판정
  상황 : 볼 인 플레이, 타자주자: 1아웃
- 설명
  야구규칙 5.09(b)(6) 타자주자만 1아웃되며 나머지 주자들의 진루와 득점은 인정됩니다.
  진루 의무가 사라진 주자들은 몸을 직접 태그당해야만 아웃이 되는데 위 상황에서는 베이스 태그만 한 후 곧바로 송구하였으므로 다른 주자들의 진루는 인정됩니다.

만루 상황에서 수비수가 페어 타구를 잡아

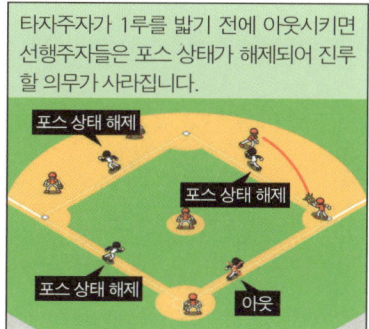
타자주자가 1루를 밟기 전에 아웃시키면 선행주자들은 포스 상태가 해제되어 진루할 의무가 사라집니다.

5.01-5 진루할 의무가 있는 주자가 목표한 베이스를 지나쳤을 경우

 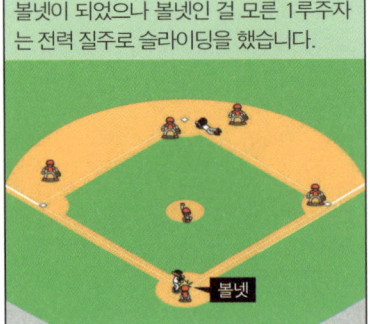 

A
- 심판 판정
  상황: 볼 인 플레이, 타자주자: 1루 안전진루, 1루주자: 신체가 태그되야만 아웃
- 설명
  야구규칙 5.09(b)(6)[원주1] 볼넷으로 타자주자에 밀려 1루주자는 2루까지 안전진루하는 상황이지만 2루를 슬라이딩으로 닿는 순간 2루를 점유한 것이 되어 안전진루권도 소멸되고 포스 상태도 해제됩니다. 그러므로 오버슬라이딩한 주자에 대해서는 신체를 태그해야만 아웃이 성립됩니다.

5.01-6 진루할 의무가 있는 주자가 앞 베이스를 밟은 후 이전 베이스 방향으로 돌아가려 한 경우

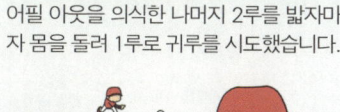

- 심판 판정

    상황: 볼 인 플레이, 타자주자: 1루 점유, 1루주자: 포스 아웃

- 설명

    야구규칙 5.09(b)(6), 5.09(b)(6)[주][예] 포스 아웃입니다. 진루할 의무가 있던 베이스에 닿은 주자가 어떤 이유로든 원래 점유하고 있던 베이스로 돌아가려 할 경우 다시 포스 상태에 놓이게 되며 앞서 2루를 밟았던 것은 무효가 됩니다.

    주자가 도달하여야 할 베이스를 수비수가 먼저 터치하면 그 주자는 포스 아웃됩니다.

    ✕ 참고: 『풀어 쓴 야구기록규칙 | KBO 기록위원회 저』, p140, 재(再)포스 상태

5.02

베이스 점유권

베이스 점유권

야구규칙 5.06(a)(2) 두 주자가 동시에 같은 베이스를 차지할 수는 없다. 인 플레이 중에 두 주자가 같은 베이스에 닿고 있다면 그 베이스를 차지할 권리는 선행주자에게 있으며 후위주자는 태그당하면 아웃된다.

Q 5.02-1 태그 플레이 상황에서 한 베이스를 두 명의 주자가 같이 밟고 있는 경우

무사 2루 상황에서 타자가 유격수 앞 땅볼을 쳤고

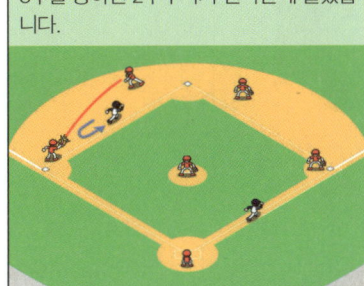

3루를 향하던 2루주자가 런다운에 걸렸습니다.

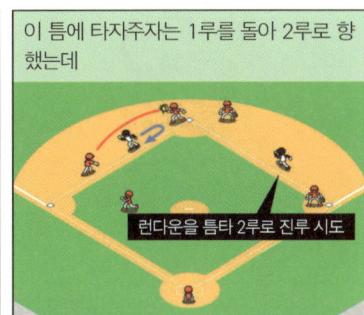

이 틈에 타자주자는 1루를 돌아 2루로 향했는데

런다운을 틈타 2루로 진루 시도

타자주자가 2루에 도달하는 순간 런다운에 걸렸던 2루주자 역시 2루로 귀루해서 2명의 주자가 2루를 같이 밟았습니다.

1루를 돌아 2루로 달려온 타자주자

런다운에 걸렸다가 2루로 귀루한 주자

이 경우 베이스 점유권이 누구에게 있을까요?

원래 내 자리였거든!

구질구질하기는… 내가 먼저 밟았으니 내 꺼야!

A

- 심판 판정
  상황: 볼 인 플레이, 2루주자: 베이스 점유권 인정
- 설명
  야구규칙 5.06(a)(2)
  태그 플레이의 경우 베이스 점유권은 선행주자가 갖게 됩니다. 즉, 타자주자는 2루를 밟고 있더라도 태그하면 아웃이 됩니다.

당첨! 너 일루 와!

두 명의 주자가 같은 베이스를 밟고 있을 경우엔 선행주자에게 점유권 인정

5.02-2 포스 플레이 상황에서 한 베이스를 두 명의 주자가 같이 밟고 있는 경우

- 심판 판정
  상황: 볼 인 플레이, 타자주자: 베이스 점유권 인정
- 설명
  용어의 정의 30, 야구규칙 5.06(b)(2) 1루수가 공을 놓치는 순간 포스 플레이 상태가 되어 1루주자는 1루에 대한 점유권을 잃게 되므로 무조건 2루로 가야 합니다. 그리고 공을 쥔 수비수가 2루를 터치하거나 1루주자를 태그하면 1루주자는 아웃 처리됩니다.

5.03

어필 플레이

⚾ 베이스 공과(空過)

베이스 공과란 루상의 주자가 자신이 달리던 스피드를 주체하지 못했다거나 또는 다른 곳에 한눈을 팔며 달리다가 의도치 않게 베이스를 밟지 못하고 지나치는 것을 말합니다.

⚾ 심판만 봤을 경우

주자가 반칙했으니 심판이 이를 바로잡아줘야 하는 게 아닌가 생각할 수도 있겠지만 수비수가 베이스나 주자를 태그하지 않았으니 아웃을 선언할 수 없으며 반대로 주자가 베이스를 밟지도 않았으니 세이프를 선언할 수도 없습니다. 즉, 수비수나 주자가 아웃/세이프를 선언할만한 어떤 플레이를 하기 전까지 심판원은 이 상황에 대해 함구해야 합니다.

> **수비 측 어필이 있을 때까지 심판이 침묵해야 하는 세 가지**
>
> 부정위타자 **야구규칙 6.03(b)(7)[원주]**, 베이스 공과 **야구규칙 5.09(c)(2)[주2]**, 리터치반칙 **용어의 정의 65[주]**, **야구규칙 5.09(c)(1)**

● 수비수도 봤을 경우

⚾ 어필 플레이 (appeal play)

용어의 정의 2 어필(appeal)이란 수비팀이 공격팀의 규칙 위반행위를 지적하여 심판원에게 아웃을 요청하는 행위이다.

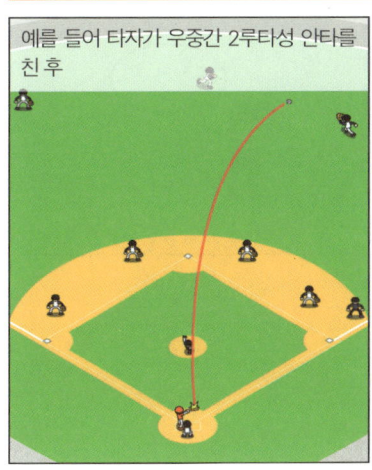
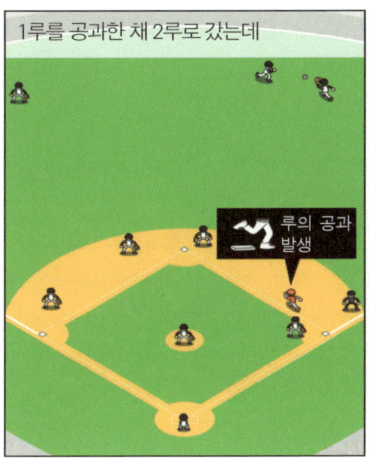
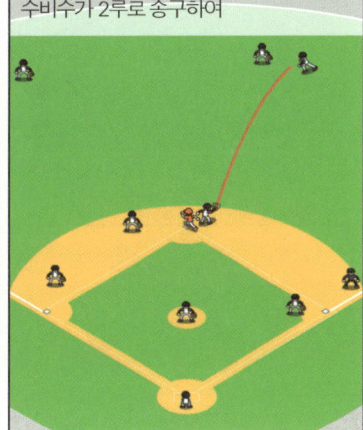

| 타자주자를 직접 태그한 후 어필하거나 | 1루로 송구하여 | 타자주자가 공과했던 1루 베이스를 터치한 뒤 심판에게 어필하면 어필 플레이가 성립되어 타자주자는 어필 아웃이 됩니다. |

| 이때 중요한 것은 타자주자가 공과를 했을 때 | 수비수가 공을 들고 공과한 베이스를 터치하는 것이 | 어필을 위한 목적임을 심판원에게 말 또는 행동으로 분명히 표현해야 한다는 것입니다. 주자가 베이스를 공과하고 지나 갔는데 |

공을 쥔 수비수가 우연히 그 베이스를 밟았다거나 아무것도 모른 채 손에 공을 쥐고 베이스 위에 맥없이 서 있다고 해서 어필 플레이가 성립되지는 않습니다.

야구규칙 5.09(c)(1)~(4)[원주] 수비수가 공과에 대한 어필을 목적으로 이러한 행동을 한 것인지 아니면 우연히 공을 들고 베이스를 밟은 것인지 심판원이 알 수 없으므로 수비수는 어필 의사가 있을 때 반드시 말 또는 행동으로 표현해야 합니다.

볼 데드 상태에서의 어필 플레이 방법

타자가 2루수 앞 평범한 땅볼을 쳤고

공을 잡은 2루수가 1루로 송구하였으나 악송구가 되어 공이 관중석으로 들어가버렸습니다.

볼 데드가 선언되고 타자주자에겐 2루까지 안전진루권이 주어졌으나 타자주자는 1루를 공과한 채 2루로 갔습니다.

타자주자의 공과를 확인한 1루수는 어필을 하려 합니다. 이때는 어떤 식으로 어필 플레이를 해야 할까요?

공이 관중석으로 들어가 볼 데드로 경기가 일시 중단된 상태이기 때문에 이때 수비 측은 어떠한 플레이도 할 수 없으며 주심이 다시 '플레이'를 선언하여 경기를 재개할 때까지 기다려야 합니다.

경기가 재개된 후 투수가 1루로 송구하여 어필하게 되면 그제야 비로소 어필 아웃이 가능해집니다.

야구규칙 5.01(b)에 의거 '볼 데드가 되었을 때 각 선수는 아웃될 수 없다'는 규칙 때문에 볼 데드 상태에서는 어필 플레이를 할 수 없습니다.

타자가 우중간 2루타를 친 후

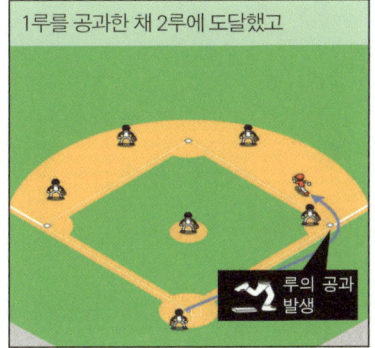
1루를 공과한 채 2루에 도달했고

이를 목격한 수비 측 감독이 타임을 요청한 후 주자의 공과를 어필했습니다. 심판원은 어떤 조치를 취해야 할까요?

어필은 공을 쥔 수비수가 해야 하며 또한 **야구규칙 5.01(b)** '볼 데드가 되었을 때 각 선수는 아웃될 수 없다'는 규칙에 의거, 볼 인 플레이 상황에서만 가능합니다. 수비 측 감독에게 어필은 경기 재개 후 볼 인 플레이 때 정규의 방법으로 하라고 지시한 후 돌려보내야 합니다.

이때도 심판원은 플레이에 영향을 미치지 않도록 공과 여부에 대한 언급은 삼가야 합니다.

5.03-1 어필 의도의 플레이가 명백한 경우

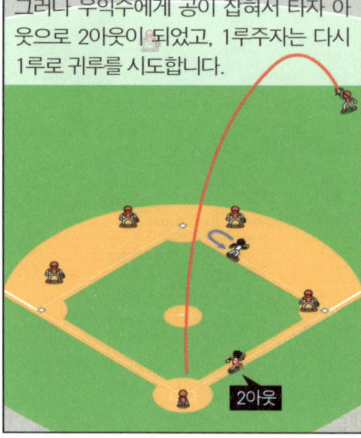

- 심판 판정

  상황: 이닝 종료, 타자주자: 뜬공 아웃, 1루주자: 어필 아웃

- 설명

   야구규칙 5.09(b)(5) 비록 1루수가 공을 받아 1루를 터치한 후 심판원에게 아무런 말을 하지 않았더라도 정황상 수비수들의 플레이가 어필을 위한 것임이 명백하다고 심판원이 판단했다면 심판원은 별다른 어필 표시가 없더라도 어필 아웃을 인정합니다.

5.03-2 어필 대상을 착각한 경우

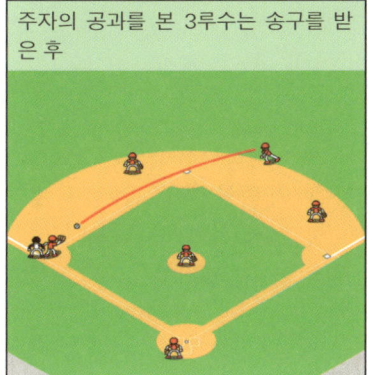

A

- 심판 판정

  상황: 볼 인 플레이, 어필 불인정, 모든 주자 득점 인정

- 설명

  야구규칙 5.09(c)(1)~(4)[원주][주1][예]

  대상을 잘못 지목하였으므로 어필 아웃은 성립되지 않고 모든 주자의 득점은 인정됩니다.

  그러나 나머지 주자들에 대해서도 어필 기회는 여전히 존재합니다.

  즉, 수비수는 그 베이스를 통과한 주자의 수만큼 어필을 반복해서 어필 아웃을 얻어낼 수 있습니다.

5.03-3 오버런이나 오버슬라이딩을 한 주자가 아웃된 걸로 착각하여 베이스를 벗어난 경우

타자가 내야 땅볼을 친 후

전력 질주하여 1루에서 간신히 세이프가 되었습니다. 그러나…

자신이 아웃된 것으로 착각하고 즉시 귀루하지 않고 덕아웃으로 들어가려 했습니다. 그러자 1루수는 1루를 터치한 후 심판에게 어필하였습니다.
판정은?

- 심판 판정
  상황: 볼 인 플레이, 타자주자: 어필 아웃
- 설명
  야구규칙 5.09(b)(11), 5.09(c)(3) 1루를 오버런한 후 아웃으로 착각한 타자주자가 즉시 1루로 귀루하지 않고 덕아웃이나 수비위치로 가려 했을 경우 야수가 주자 또는 해당 베이스를 태그하고 어필하면 아웃이 됩니다.
  야구규칙 5.09(b)(2)[원주] 또한 위 상황에서 주자가 주로를 벗어난 것이 주루 의사를 포기한 것이라고 심판원이 판단하였을 경우엔 수비 측의 어필이 없어도 아웃 선언이 이뤄질 수 있습니다.

5.03-4 본루를 공과한 주자가 본루에 다시 닿으려는 시도를 하지 않았을 경우

2사 3루 때 타자가 유격수 앞 땅볼을 치자 3루주자는 본루로 달렸고,

유격수는 공을 잡아 빠르게 본루로 송구했습니다.

공을 받은 포수가 태그를 시도하자 주자는 태그를 피하긴 했으나 본루에 닿지 못하고 오버런이 되었습니다.

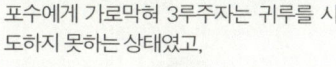

포수에게 가로막혀 3루주자는 귀루를 시도하지 못하는 상태였고,

그 상태로 대치 상황이 이어지자…

3루주자의 귀루 시도가 없으리라 판단한 포수는 본루를 밟으며 심판원에게 어필했습니다. 판정은?

- 심판 판정

  상황: 볼 인 플레이, 3루주자: 어필 아웃

- 설명

  <mark>야구규칙 5.09(b)(12), 5.09(c)(4)</mark> 주자가 본루를 공과하며 오버런 또는 오버슬라이딩을 한 후 다시 닿으려는 시도를 하지 않을 경우 야수는 공을 가지고 본루를 밟은 채 심판에게 어필하면 아웃이 인정됩니다.

  다만 이 규칙은 주자가 귀루를 시도하지 않아 포수가 주자를 쫓아가 태그해야 할 상황에서만 적용되며 주자가 본루로 귀루를 시도할 경우엔 <mark>야구규칙 5.09(b)(12)[원주]</mark>에 의거 어필 플레이는 적용되지 않으며 포수가 정상적으로 주자를 태그해야만 아웃이 성립됩니다.

  <mark>야구규칙 5.09(b)(2)[원주]</mark> 또한 위 상황에서 주자가 귀루를 시도하지 않는 것을 주루 의사를 포기한 것이라고 심판원이 판단하였을 경우엔 수비 측의 어필이 없어도 심판원의 판단하에 아웃 선언이 이뤄질 수 있습니다.

5.03-5 주자가 베이스를 공과했지만 곧바로 귀루를 시도한 경우

- 심판 판정

  상황: 볼 인 플레이, 타자주자: 세이프

- 설명

  야구규칙 5.09(b)(12) 베이스를 공과한 주자가 즉시 귀루를 시도했을 때는 공과로 보지 않기 때문에 어필 플레이에 해당하지 않습니다.

  야구규칙 5.06(b)(3)(D)[부기][주] 단, 공과한 주자가 즉시 귀루하지 않고 본루를 향해 달려가다가 도중에 돌아서서 귀루를 시도했다면 이때는 야수가 주자 또는 베이스를 태그하고 어필하면 아웃이 됩니다.

리터치와 어필 플레이

좌중간 타구가 나오자 안타를 예상한 1루 주자가 달렸으나

수비수가 뜬공을 잡아 타자가 아웃되면 **용어의 정의 65[주]**에 의거

1루주자는 기존에 머물렀던 1루를 다시 밟아야 합니다. 이를 '리터치(retouch)', '터치 업(touch-up)' 또는 '태그 업(tag-up)'이라 합니다.
'온 더 베이스(on the base)' 상황이라고도 합니다.

만약 주자의 리터치보다 수비수의 송구가 더 빨라서

공을 가진 수비수가 1루를 먼저 밟고 어필하거나 주자를 직접 태그한 후 어필하면

야구규칙 5.09(b)(5), 5.09(c)(1)에 의거 주자는 어필 아웃이 됩니다.

※ 참고: 『풀어 쓴 야구기록규칙 | KBO 기록위원회 저』, p226, 리터치(Retouch)

5.03-6 플라이 타구 때 리터치가 빨랐던 경우

무사 3루 상황에서 타자가 외야 깊숙한 우익수 플라이 볼을 쳤고,

우익수가 여유 있게 포구를 시도하자

마이 볼~

3루주자는 희생플라이를 노리고 3루를 밟은 채 대기하였으나

리터치

공이 수비수에 닿기 전에 베이스를 벗어나 본루를 향해 달렸고

뜬공이 수비수에 닿기 전 출발

그 직후 우익수는 공을 포구하였습니다.

펑!

3루주자는 무사히 본루를 밟았으나…

3루주자의 리터치가 빨랐다고 판단한 우익수는 3루로 공을 던져 심판원에게 어필하였습니다. 판정은?

어필!

- 심판 판정

  상황: 볼 인 플레이, 타자주자: 뜬공 아웃, 3루주자: 어필 아웃

- 설명

  용어의 정의 65[주], 야구규칙 5.09(b)(5), 5.09(c)(1) 3루주자는 어필 아웃입니다. 페어 플라이 볼이 수비수에 닿은 후 또는 파울 플라이 볼이 정규로 포구된 뒤 주자는 다음 베이스로 진루를 시도할 수 있으며 본래 베이스를 리터치하기 전에 몸 또는 그 베이스에 태그당한 경우 어필 아웃이 됩니다.

  단, 이 아웃은 어필 플레이이므로 수비 측의 어필 없이 경기가 그대로 진행됐다면 주자는 리터치반칙으로 아웃되지 않으며 득점도 인정됩니다.

5.03-7 플라이 타구 때 루상의 주자가 가속도를 붙이기 위해 베이스 뒤에서 도움닫기를 해서 달린 경우

무사 3루 때 타자가 좌중간 방향의 플라이 볼을 쳤고,

희생플라이를 노리기에는 공이 멀리 뻗지 못하고 잡힐 것 같자 3루주자는 좀 더 가속도를 붙여 달리기 위해 3루보다 몇 걸음 뒤로 물러나서

달릴 준비를 하다가

공이 잡힐 즈음 스타트를 해서 공이 포구되는 것과 동시에 3루를 밟고

본루로 뛰어들어 세이프가 됩니다. 이를 본 중견수는 3루로 송구하여 어필하였습니다. 판정은?

- 심판 판정

   상황: 볼 인 플레이, 타자: 뜬공 아웃, 3루주자: 어필 아웃
- 설명

   야구규칙 5.09(c)(1)[원주] 베이스 뒤에서부터 출발하여 뛰면서 베이스를 밟고 지나가는 것은 정규의 리터치 방법이 아닙니다. 수비수가 공을 쥐고 3루 베이스를 터치한 후 심판에게 어필하면 3루주자는 아웃됩니다.

5.03-8 플라이 타구가 수비수에 닿자마자 주자가 달린 경우

무사 3루 상황에서 타자가 좌중간 방향의 뜬공을 쳤고 3루주자는 리터치 상태였습니다.

타구가 중견수의 글러브에 닿는 것을 보고 3루주자는 본루로 달리기 시작했는데

그 순간 공이 글러브에서 튀어올랐고 중견수는 이를 다시 잡았습니다.
3루주자는 멈추지 않고 그대로 본루를 밟았는데 이는 정상적인 리터치일까요?

- 심판 판정
  상황: 볼 인 플레이, 타자: 뜬공 아웃, 3루주자: 득점 인정
- 설명

용어의 정의 15[원주] 플라이 타구의 포구 여부에 상관없이 주자는 야수가 최초로 플라이 볼에 몸이 닿는 순간부터 베이스를 출발할 수 있습니다.

만약 '잡는' 순간부터라고 가정했을 때 뜬공이 수비수 글러브에 들어가는 것을 보고 주자가 스타트하려 했으나

이 수비수가 공을 움켜쥐지 않은 채 글러브로 공을 팅기며 주자 앞까지 다가온다면

공이 포구된 것이 아니니 주자는 달릴 수 없게 되겠죠?

5.03-9 뜬공 아웃 때 리터치를 하지 않고 다음 베이스로 간 경우

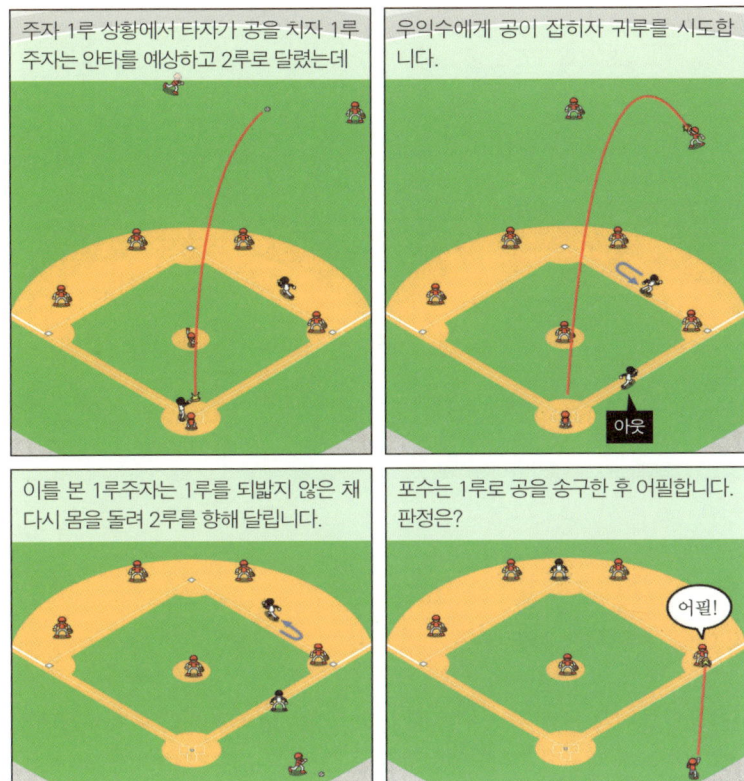

- 심판 판정
  상황: 볼 인 플레이, 타자주자: 뜬공 아웃, 1루주자: 어필 아웃
- 설명
  야구규칙 5.09(b)(5), 5.09(c)(1) 수비수의 송구가 악송구가 되었다 해도 1루주자에겐 여전히 1루 베이스에 대한 리터치 의무가 남아 있으므로 1루를 되밟지 않은 1루주자는 어필로 아웃됩니다.

5.03-10 역주할 때 지나온 베이스를 되밟지 않은 경우

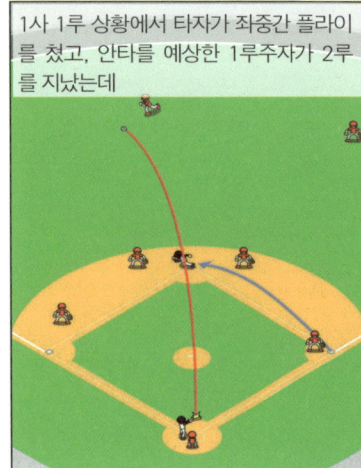

- 심판 판정
  상황: 볼 인 플레이, 타자주자: 뜬공 아웃, 1루주자: 어필 아웃
- 설명
  야구규칙 5.06(b)(1), 5.09(c)(2) 어필 아웃입니다. 주자가 진루할 때 1, 2, 3루를 순서대로 밟아야 하듯 귀루를 할 때도 역순으로 베이스를 다시 밟아야 하기 때문에 2루를 되밟지 않은 주자의 공과 어필로 아웃됩니다.

5.03-11 역주한 베이스를 진루할 때 다시 밟지 않은 경우

1사 1루 상황에서 타자가 좌중간 플라이 타구를 쳤고, 1루주자는 2루를 지나는 중

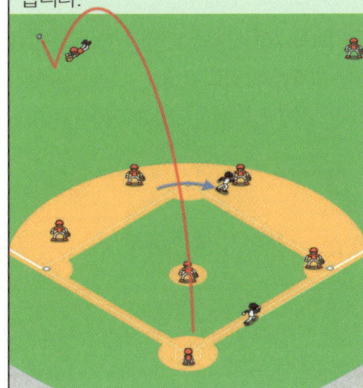

플라이 타구가 잡힐 것 같자 2루를 되밟고 역주하였으나 중견수는 포구에 실패하였습니다.

그러자 1루주자는 다시 몸을 돌려 3루로 뛰었는데 2루를 밟지 않았습니다.

이를 본 좌익수는 공을 잡아, 2루로 송구했고 2루수가 어필하였습니다.
판정은?

- 심판 판정
  상황: 볼 인 플레이, 타자주자: 1루 점유, 1루주자: 2루 공과 어필 아웃
- 설명
  야구규칙 5.06(b)(1), 5.09(c)(2) 어필 아웃입니다. 볼 인 플레이 때 주자가 진루 또는 역주할 때는 반드시 각 베이스에 순서대로 닿아야 합니다. 역주하며 이전 베이스를 밟았다면 진루할 때 다시 그 베이스를 밟고 진루해야 합니다.

5.03-12 베이스에 따른 어필 인정 여부

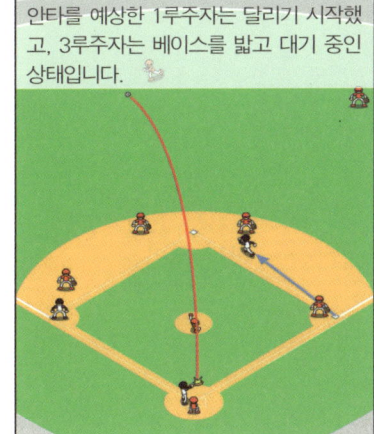

1사 1, 3루 때 타자가 좌중간 뜬공을 치자 안타를 예상한 1루주자는 달리기 시작했고, 3루주자는 베이스를 밟고 대기 중인 상태입니다.

1루주자는 2루를 돌아 3루 근처까지 왔는데 중견수가 공이 땅에 떨어지기 전에 잡아내자 3루주자는 태그 업했고,

1루주자는 다시 귀루를 시도합니다. 중견수는 2루로 송구했고, 1루주자가 2루에 도달하기 전에 2루에서 어필했습니다. 어필 아웃일까요?

- 심판 판정
  상황: 볼 인 플레이, 타자주자: 플라이 볼 아웃, 3루주자: 득점, 1루주자: 플레이 계속 진행
- 설명
  야구규칙 5.09(c)[문][답] 1루주자는 빠른 리터치로 인해 1루 귀루를 해야 합니다. 이때 2루를 되밟고 지나가야 되지만 진루의 기점은 1루이기 때문에 2루에서의 어필은 받아들여지지 않습니다. 공을 1루로 송구하여 베이스 터치하거나 주자를 직접 태그하기 전까지 플레이는 계속 이어집니다.

5.03-13 역주할 때 지나온 베이스를 되밟지 않은 경우

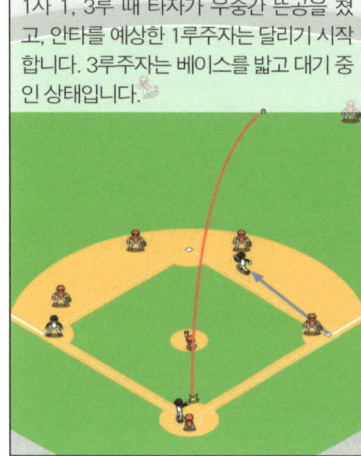
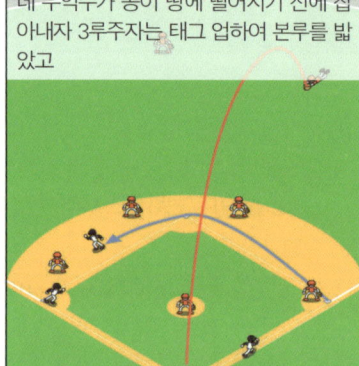
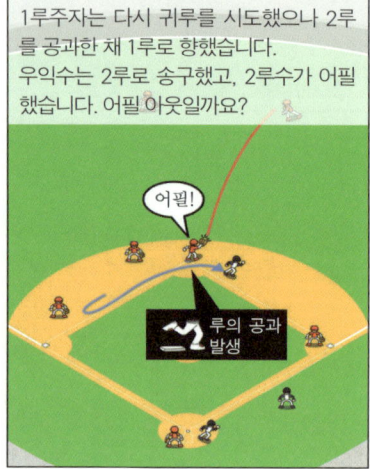

- 심판 판정
  상황: 볼 인 플레이, 타자주자: 뜬공 아웃, 3루주자: 득점, 1루주자: 어필 아웃
- 설명
  야구규칙 5.06(b)(1), 5.09(c)(2), 5.09(c)[문][답] 1루주자가 귀루해야 할 곳은 진루 기점인 1루입니다. 따라서 1루로 송구하여 어필해도 아웃이지만 귀루할 땐 지나온 베이스를 되밟을 의무 또한 있기 때문에 공과한 2루에서 어필해도 아웃이 성립됩니다.

5.03-14 희생플라이 때 본루를 밟은 후 리터치가 빠르지 않았나 우려되어 귀루를 시도한 경우

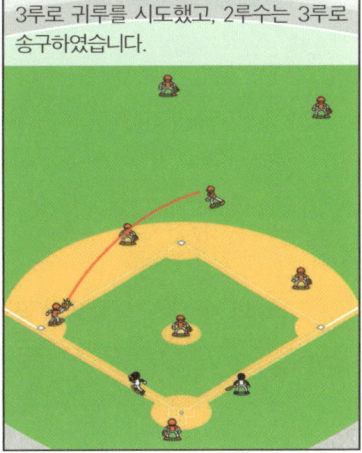
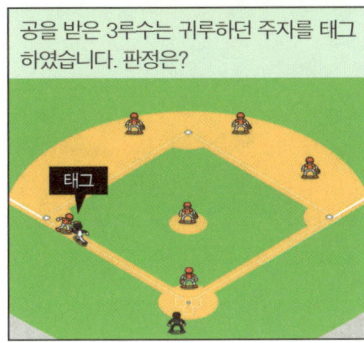

- 심판 판정

  상황: 볼 인 플레이, 타자주자: 희생플라이, 3루주자: 득점 인정

- 설명

  야구규칙 5.08(a) [부기] 주자가 일단 정규로 본루에 닿았으면 그 주자의 후속행위 때문에 득점이 무효가 되지는 않습니다. 즉, 희생플라이에 의한 득점이 인정됩니다.

주자가 베이스를 공과한 이후 귀루 기회가 소멸되는 경우

5.03-15 볼 데드 상황에서 공과한 베이스에 대한 귀루 기회가 소멸되는 경우

타자가 유격수 앞 땅볼을 쳤고,

유격수가 1루로 송구했는데 악송구가 되어 덕아웃으로 공이 들어갔고 타자주자는 2루까지 안전진루권을 얻었습니다.

그러나 타자는 1루를 공과한 채 2루를 밟았습니다.

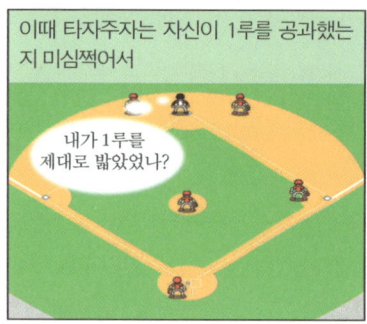
이때 타자주자는 자신이 1루를 공과했는지 미심쩍어서
"내가 1루를 제대로 밟았었나?"

다시 1루를 되밟기 위해 귀루를 시도합니다. 이것은 인정될까요?

- 심판 판정

  상황: 볼 데드, 타자주자: 귀루 불인정

- 설명

  야구규칙 5.09(c)(2)[부기]② 볼 데드 상태에서는 한 번 앞쪽 베이스를 밟게 되면 이전 베이스로 되돌아갈 수 없으며 경기가 재개된 후에도 귀루가 불가하므로 볼 인 플레이 상태에서 수비수가 1루 어필을 하면 타자주자는 아웃됩니다.

  다만, **야구규칙 5.09(c)(2)[원주][예]**에 의거 2루를 밟기 전에 1루로 귀루하여 되밟은 후 2루로 간다면 정상적인 주루로 인정됩니다.

5.03-16 주자가 본루를 공과했을 때 귀루 기회가 소멸되는 경우-1

무사 2루 상황에서 타자가 우익수 방향 안타를 치자

2루주자는 3루를 돌아 본루를 지났으나 본루를 공과했고,

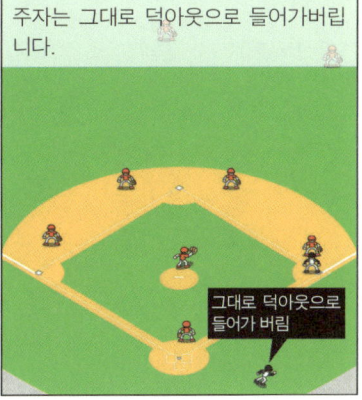
주자는 그대로 덕아웃으로 들어가버립니다.

심판원은 타임을 선언하고 투수에게 새 공을 주고 '플레이'를 선언했습니다.

이때 덕아웃으로 들어온 주자에게 코치가 본루를 공과한 사실을 알려주고 나가서 본루를 밟고 오라 지시합니다. 주자가 본루를 다시 밟는 것은 가능할까요?

- 심판 판정

  상황: 볼 인 플레이, 2루주자: 귀루 불인정

- 설명

  야구규칙 5.09(c)(2) [주3] 베이스를 밟지 않은 주자는 볼 데드 때 투수가 새 공이나 원래의 공을 갖고 정규의 투수판에 위치하면 본루를 다시 밟는 것이 허용되지 않습니다. 경기 재개 후 수비 측에서 어필하면 주자는 아웃되며 득점은 취소됩니다.

5.03-17 주자가 본루를 공과했을 때 귀루 기회가 소멸되는 경우-2

- 심판 판정

  상황: 볼 데드, 타자주자: 귀루 불인정

- 설명

  야구규칙 5.09(c)(2)[주3] 본루를 밟지 않은 주자는 볼 데드 때 투수가 새 공이나 원래의 공을 갖고 정규의 투수판에 위치하면 본루를 다시 밟는 것이 허용되지 않습니다. 경기 재개 후 수비 측에서 어필하면 타자주자는 아웃되며 득점은 취소됩니다.

  야구규칙 4.01(e)(3)[원주] 위와 같은 상황이 생기는 걸 방지하기 위해서 심판원은 플레이가 종료될 때까지 투수에게 새로운 공을 주어서는 안 되며 경기장 밖으로 홈런을 쳤을 때 심판원은 홈런을 친 타자주자가 본루를 지나가는 것을 확인한 후 투수나 포수에게 새 공을 주어야 합니다.

  ✕ 참고: 『풀어 쓴 야구기록규칙 | KBO 기록위원회 저』, p165, 홈런치고 본루를 공과한 송지만, 홈런치고 본루 공과한 또 한 명의 타자, 알칸트라

5.03-18 홈런 상황에서 공과한 베이스에 대한 귀루 기회가 소멸되는 경우

타자가 홈런을 친 후

2루를 공과하고,
루의 공과 발생

그대로 3루를 지나자

3루 주루 코치가 2루를 밟지 않았음을 알려주고 돌아가서 2루를 밟으라 지시합니다.
2루를 안 밟았어! 다시 가서 밟고 와!

그러자 타자주자는 3루를 지나 2루로 돌아가서

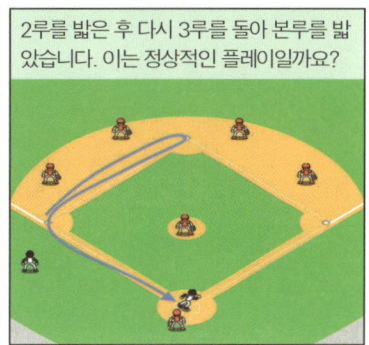
2루를 밟은 후 다시 3루를 돌아 본루를 밟았습니다. 이는 정상적인 플레이일까요?

- 심판 판정

  상황: 볼 데드, 타루주자: 귀루 불인정

- 설명

경기 재개 후 수비 측이 어필하면 홈런은 취소되고 타자는 1루타 후 아웃된 것으로 기록합니다.
어필!

야구규칙 5.01(b), 5.09(c)(2)[원주][예] 볼 데드 상태에서는 앞쪽 루를 밟고 나면 공과한 베이스로 다시 돌아가는 것이 허용되지 않기 때문에 3루를 이미 밟은 주자는 2루로 되돌아가서 밟는다 해도 무의미한 플레이가 됩니다.

만약 3루를 밟기 전에 타자가 2루로 되돌아가 베이스를 밟았다면 정상적인 플레이가 됐겠으나 이미 3루를 밟은 이상 2루를 공과한 사실은 여전히 유효합니다. 심판이 경기를 재개시키면 투수는 2루에 송구하여 타자를 어필 아웃시킬 수 있으며 이때 타자의 진루는 정상적으로 밟은 1루까지만 인정되어 홈런이 아닌 단타 처리됩니다.

5.03-19 선행주자가 공과한 베이스를 후위주자가 밟아서 귀루 기회가 소멸되는 경우

- 심판 판정

  상황: 볼 인 플레이, 타자: 2루타, 2루주자: 득점, 3루주자: 귀루 불인정

- 설명

  야구규칙 5.09(c)(2)[부기]① 후위주자가 본루을 밟고 나면 선행주자는 공과한 베이스를 다시 밟을 수 없으며, 다시 밟는다 해도 무의미한 플레이가 됩니다. 그렇기 때문에 3루주자가 돌아가서 본루를 밟았다 해도 수비측이 본루에 송구하여 어필하면 3루주자는 아웃됩니다.

어필 기회의 소멸

 5.03-20 투수가 다음 타자에게 투구한 후 어필 시도한 경우-1

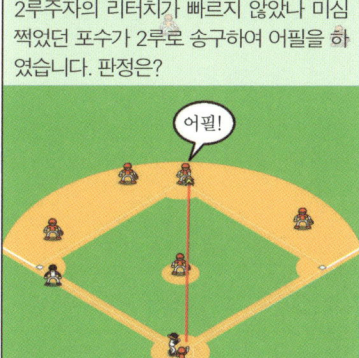

- 심판 판정

  상황: 볼 인 플레이, 포수의 어필은 성립되지 않음

- 설명

  야구규칙 5.09(b)(5), 5.09(c) 어필은 투수가 다음 투구를 하기 전 또는 다른 플레이를 하거나 플레이를 시도하기 전에 해야 합니다. 투수가 투구를 하고 나면 어필 기회가 소멸되므로 어필은 인정되지 않습니다.

5.03-21 투수가 다음 타자에게 투구한 후 어필 시도한 경우-2

타자가 유격수 앞 땅볼을 쳤으나

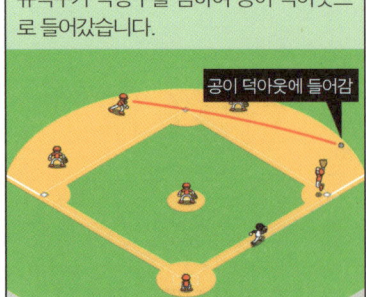
유격수가 악송구를 범하여 공이 덕아웃으로 들어갔습니다.

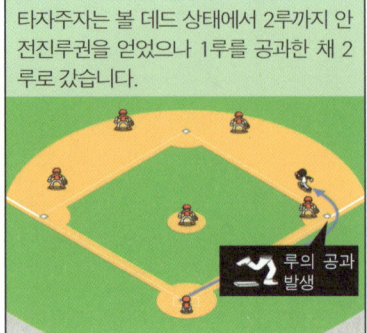
타자주자는 볼 데드 상태에서 2루까지 안전진루권을 얻었으나 1루를 공과한 채 2루로 갔습니다.

다시 경기가 재개된 후 투수는 주자의 공과 사실을 모른 채 다음 타자를 향해 1구를 투구했는데

1루수는 주자의 공과 사실을 알리며 포수에게 송구할 것을 요구했습니다. 어필은 인정될까요?

- 심판 판정

  상황: 볼 인 플레이, 수비수의 어필은 성립되지 않음

- 설명

  야구규칙 5.09(b)(5), 5.09(c) 주자의 공과가 발생했더라도 투수가 다음 타자를 향해 투구하거나 또는 어필과는 무관한 다른 플레이를 했을 경우 어필권은 소멸됩니다.

5.03-22 투수가 투수판에서 발을 풀지 않고 어필을 위해 송구한 경우

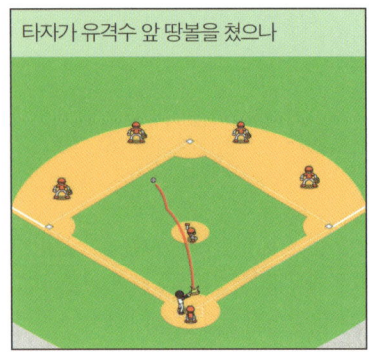
타자가 유격수 앞 땅볼을 쳤으나

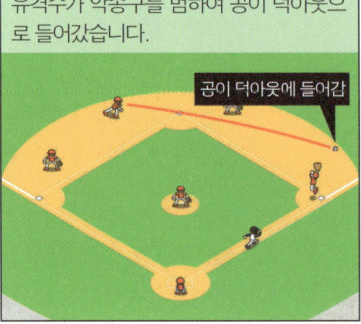
유격수가 악송구를 범하여 공이 덕아웃으로 들어갔습니다.

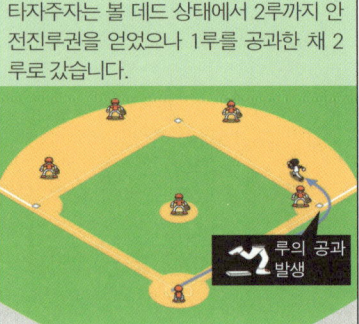
타자주자는 볼 데드 상태에서 2루까지 안전진루권을 얻었으나 1루를 공과한 채 2루로 갔습니다.

- 심판 판정
  상황: 볼 인 플레이, 2루주자: 어필 아웃
- 설명
  투수판에서 중심발을 풀지 않은 채 비어 있는 베이스에 송구를 하면 야구규칙 6.02(a)(4)에 의거 보크에 해당합니다. 그리고 야구규칙 5.09(c)(1)~(4)[어필플레이][원주]에 의거 어필 기회도 소멸되지만 그것이 어필 플레이를 위한 송구였음이 명백할 경우에는 야구규칙 5.09(c)(1)~(4)[어필플레이] '어필하는 행위는 소멸의 기준이 되는 플레이 또는 플레이를 시도한 것으로 보아서는 안 된다'라는 조항에 의거 보크로 보지 않습니다.
  따라서 야구규칙 5.09(c)(2)[원주][예]에 의거 어필 아웃은 성립됩니다.

5.03-23 어필 플레이를 위해 던진 공이 악송구가 된 경우

- 심판 판정

  상황: 볼 인 플레이, 1루: 어필 기회 소멸
- 설명

  야구규칙 5.09(c)(1)~(4)[어필플레이][원주][주2][예] 투수가 어필 플레이를 위해 던진 공이 악송구가 되었을 때 다시 공을 주운 1루수가 곧바로 1루를 밟고 어필했다면 어필 아웃이 인정되지만, 3루로 달리는 주자를 보고 1루수가 3루 송구를 했기 때문에 어필 플레이 전에 다른 플레이를 시도한 것이 되어 어필권은 소멸됩니다.

5.03-24 어필 플레이를 위해 던진 공이 볼 데드지역에 들어간 경우

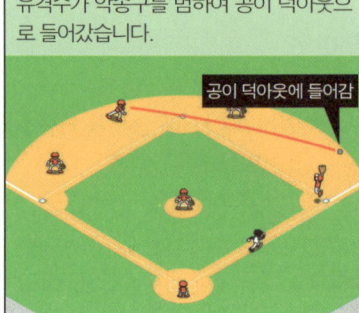
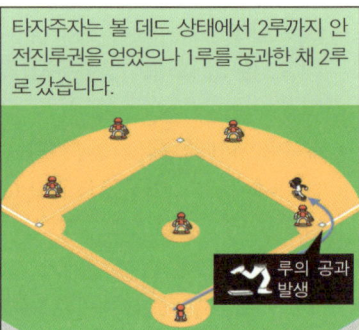

- 심판 판정

  상황: 볼 데드, 1루: 어필 기회 소멸, 2루주자: 본루까지 안전진루
- 설명

  야구규칙 5.06(b)(4)(G), 5.09(c)(1)~(4)[어필플레이], 5.07(e) 같은 베이스에서 한 주자에 대해 연속으로 어필할 수는 없습니다.

  어필을 위해 투수가 던진 공이 덕아웃에 들어가는 순간 그 베이스에서 해당 주자에 대한 어필 기회는 소멸되므로 또다시 어필을 시도할 수 없습니다.

5.03-25 어필 대상이 있는데 이닝 종료로 생각하고 모든 내야수(투수 포함)가 그라운드를 벗어난 경우

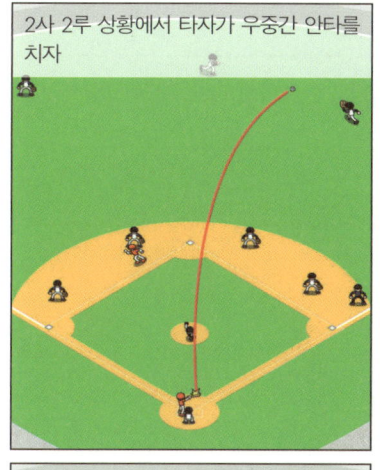

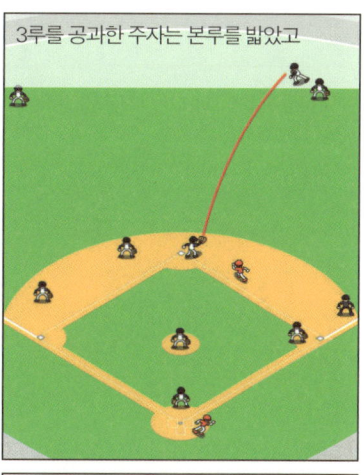
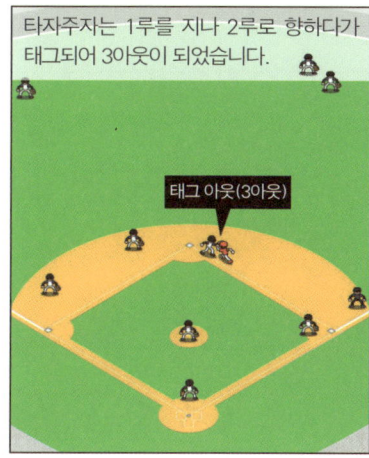

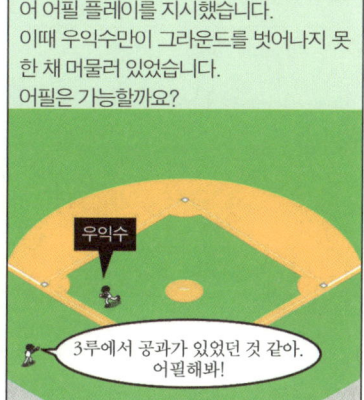

- 심판 판정

  상황: 이닝 종료, 2루주자: 득점 인정, 수비수 어필 불가

- 설명

  야구규칙 5.09(c)(1)~(4) [어필플레이] 이닝의 초 또는 말이 끝났을 때는 수비 측 선수들이 그라운드를 떠나기 전에 어필하여야 합니다. 여기서 말하는 '수비팀이 그라운드를 떠날 때'라는 것은 벤치 또는 클럽하우스로 가기 위해 투수와 모든 내야수가 페어지역을 벗어난 때를 가리키기 때문에 외야수가 남아 있더라도 수비 측 선수들이 그라운드를 벗어난 것으로 보며 어필은 허용되지 않습니다.

  ※ 참고: 『풀어 쓴 야구기록규칙 | KBO 기록위원회 저』, p87, 지나버린 어필시기로 1점을 손해 본 해태

제4아웃

야구규칙 5.09(c)(1)~(4)[어필플레이] 어필 플레이는 명백한 '제4아웃'이 있음을 심판원으로부터 인정받을 수 있다. 제3아웃이 성립된 플레이에 다른 주자와 결부된 어필 플레이가 있어서 심판원으로부터 인정받았을 경우 그 판정은 제3아웃을 결정하는 데 우선권을 갖는다. 어필 플레이로 제3아웃이 성립된 후라도 수비 측은 그보다 유리한 어필 플레이가 있다면 그쪽을 택해 먼저의 제3아웃과 바꿀 수 있다.

 5.03-26 2아웃 이후 2개 이상의 어필 플레이가 있는 경우-1

2사 2루 때 타자가 우익수 방향으로 뜬공을 쳤으나

우익수가 포구에 실패하여 공이 뒤로 굴러갔습니다.

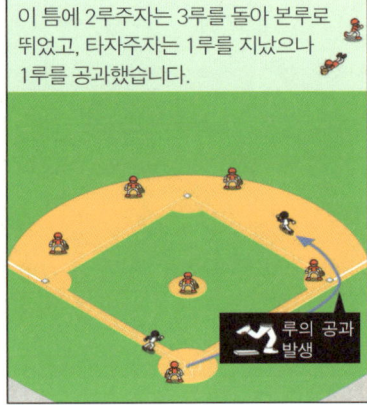

이 틈에 2루주자는 3루를 돌아 본루로 뛰었고, 타자주자는 1루를 지났으나 1루를 공과했습니다.

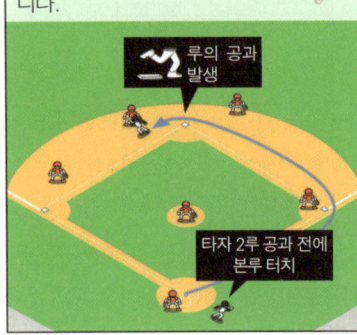

2루주자는 본루를 무사히 밟았지만, 타자주자는 2루마저 공과한 채 3루로 향했습니다.

공을 잡은 수비수는 2루에 송구하여 타자주자를 어필 아웃시켰습니다. 2루주자의 득점은 인정될까요?

- 심판 판정
  상황: 이닝 종료, 2루주자: 득점 인정, 타자주자: 어필 아웃
- 설명

  야구규칙 5.09(c)(1)~(4)[어필플레이][원주][문][답] 2루주자는 타자주자가 어필 아웃되기 전에 본루를 밟았으므로 득점이 인정됩니다.

  단, 수비수가 2루 대신 1루로 먼저 송구하여 어필했다면 타자주자가 1루에 도달하지 못한 채 제3아웃이 된 것이므로 야구규칙 5.08(a)[부기]에 의거 2루주자의 득점은 인정되지 않습니다.

  또한 위의 상황처럼 2루에서 어필하여 제3아웃을 시킨 후라도 1루에 곧바로 송구하여 다시 한 번 어필하면 '제4아웃'이 성립되며 앞의 제3아웃과 바꿀 수 있습니다. 이때도 득점은 인정되지 않습니다.

  (어필에 의한 제3아웃이 성립된 후라도 이보다 유리한 제4아웃을 앞의 제3아웃과 바꿀 수 있음!)

✕ 참고: 『풀어 쓴 야구기록규칙 | KBO 기록위원회 저』, p98, *플레이 선택권(야수) 1. 제 4아웃의 인정

5.03-27 2아웃 이후 2개 이상의 어필 플레이가 있는 경우-2

1사 1, 2루 때 타자가 우익수 방향의 뜬공을 쳤고 안타를 예상한 1, 2루의 주자는 전력으로 달렸으나

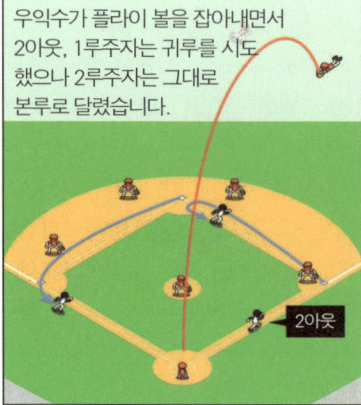
우익수가 플라이 볼을 잡아내면서 2아웃, 1루주자는 귀루를 시도 했으나 2루주자는 그대로 본루로 달렸습니다.

2루주자는 본루를 밟았고

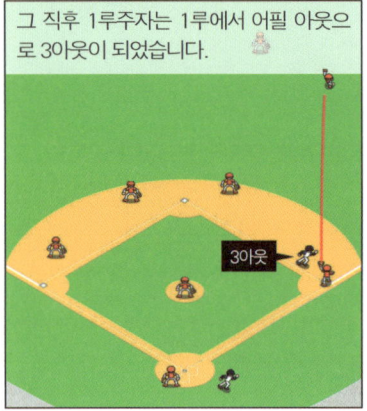
그 직후 1루주자는 1루에서 어필 아웃으로 3아웃이 되었습니다.

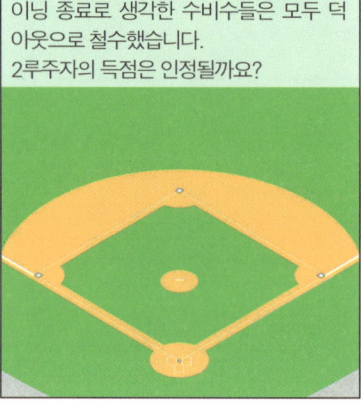
이닝 종료로 생각한 수비수들은 모두 덕아웃으로 철수했습니다.
2루주자의 득점은 인정될까요?

- 심판 판정
  상황: 이닝 종료, 타자주자: 플라이 볼 아웃, 1루주자: 어필 아웃, 2루주자: 득점 인정
- 설명
  야구규칙 5.09(c)(1)~(4)[어필플레이][원주][문][답] 타자 플라이 아웃 때 2루주자가 리터치하지 않은 것에 대한 수비 측의 어필이 없다면 제3아웃이 되기 전에 2루주자가 본루를 밟은 게 되어 득점이 인정됩니다.
  그러나 1루주자에 대한 어필로 제3아웃이 되었더라도 수비수들이 철수하지 않고 곧바로 2루주자에 대한 어필을 했다면 '제4아웃'이 되고 앞서의 제3아웃과 바꿀 수 있기 때문에 2루주자는 아웃되고 득점은 취소됩니다.
  (어필에 의한 제3아웃이 성립된 후라도 이보다 유리한 또 다른 어필 아웃을 앞의 제3아웃과 바꿀 수 있음!)

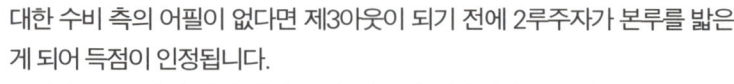

✕ 참고: 『풀어 쓴 야구기록규칙 | KBO 기록위원회 저』, p99, 날아간 제4아웃

5.03-28 제4아웃은 어필 플레이 때만 성립되는가?

2사 2, 3루 상황에서 타자가 3루수 앞 땅볼을 치자 모든 주자가 달렸고,

3루주자는 본루를 무사히 밟았으나 2루주자가 런다운에 걸렸습니다.

이때 1루로 전력 질주하던 타자주자가 다리에 극심한 통증을 느끼며 쓰러졌습니다.

그 사이 2루주자는 태그되어 제3아웃이 되었고,

쓰러져 있던 타자주자는 엉거주춤 다시 1루로 뛰어가려 했지만 송구보다 늦어 제4아웃이 되었습니다.

수비 측은 제4아웃과 제3아웃을 바꿔달라고 합니다. 이 요청은 정당할까요? 득점의 판정은?

- 심판 판정

  상황: 이닝 종료, 3루주자: 득점 인정, 2루주자: 태그 아웃, 타자주자: 4아웃 불인정

- 설명

  야구규칙 5.09(c)(1)~(4) [어필플레이] 제4아웃은 어필 플레이만 해당됩니다.
  제3아웃이 성립된 플레이에 다른 주자와 결부된 어필 플레이가 있어야만 제4아웃이 가능하며 어필은 **용어의 정의 2**에 의거 공과나 빠른 리터치처럼 주자가 주루반칙을 했을 경우 아웃을 요청하는 행위입니다.
  그러나 위 상황에서 타자주자는 반칙을 한 것이 아니라 정규의 주루행위 중이었으므로 어필의 범주에 들지 않습니다.

5.04

인필드 플라이와 고의낙구

인필드 플라이 (infield fly)

무사 1, 2루 상황에서 타자가 페어 볼을 치면

야구규칙 5.09(b)(6)에 의거 1, 2루주자는 강제 진루해야 하며, 이를 '포스 플레이'라고 합니다.

그러나 뜬공이 수비수에게 잡혀 타자가 아웃되면 주자들은 용어의 정의 65에 의거 원래 베이스로 귀루해야 합니다. 이를 '리터치'라고 합니다.

만약 주자의 귀루보다 수비수의 송구가 빠를 경우 용어의 정의 2, 야구규칙 5.09(b)(5)에 의거 아웃됩니다. 이를 '어필 아웃'이라고 합니다.

그렇다면 주자 1, 2루 상황에서 타자가 공을 쳤는데

2루수 머리 위로 뜬 평범한 플라이 타구가 되었다고 가정해보겠습니다.

이런…

2루수는 자리를 잡았고,

1, 2루에 있던 주자들은 뜬공 아웃을 예상하여 원래 베이스를 벗어나지 않습니다.

마이 볼~

인필드 플라이!

마이 볼을 외치긴 했지만 만약 내가 공을 놓친다면…

포스 플레이 상황이니 주자들은 어쩔 수 없이 뛰어야겠지?!

앗!
이런 망할!

그렇다면 일부러 공을 떨어뜨리고…

공을 잡은 후…

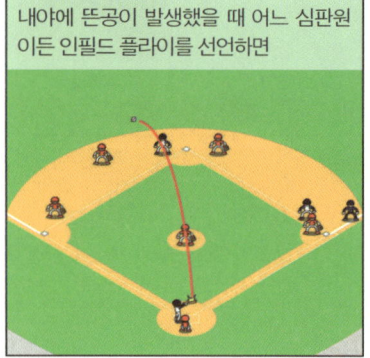

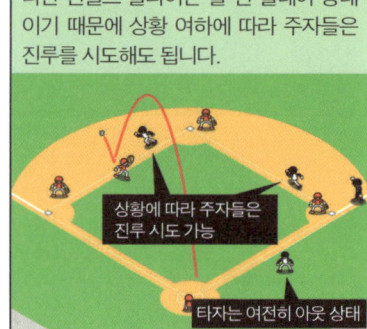

인필드 플라이 선언의 조건 용어의 정의 40

- 아웃카운트 노아웃 또는 1아웃일 때(2아웃 때는 1명만 잡으면 되므로 선언하지 않음)
- 주자 1·2루 또는 1·2·3루일 때(타자주자에 의한 강제 진루가 발생할 가능성이 있을 경우)

⚾ 인필드 플라이 이프 페어 (infield fly if fair)

용어의 정의 40 이처럼 파울 라인 부근으로 떠오른 타구에 대해 페어 볼이 될지 파울 볼이 될지 명확한 판단이 서지 않을 경우 심판원은 '인필드 플라이 이프 페어'를 선언합니다. 이때 페어 볼이면 인필드 플라이를 적용하여 타자는 아웃되고, 파울 볼이면 인필드 플라이에 해당하지 않으므로 타자는 다시 타석에 서게 됩니다.

5.04-1 뜬공 타구가 내야지역을 벗어난 경우

- 심판 판정
  상황: 볼 인 플레이, 타자주자: 인필드 플라이 아웃
- 설명
  용어의 정의 40[원주] 정당한 판정입니다. 인필드 플라이 선언은 내야지역 뜬공에 선언하는 것이 아니라 '내야수가 쉽게 잡을 수 있는 공'에 선언하는 것입니다. 따라서 타구가 내야지역을 벗어났다 해도 내야수가 쉽게 포구 가능한 플라이 볼이라고 심판원이 판단했다면 인필드 플라이를 선언할 수 있습니다.

5.04-2 뜬공 타구가 내야지역을 벗어났는데 외야수가 포구한 경우

- 심판 판정
  상황: 볼 인 플레이, 타자주자: 인필드 플라이 아웃
- 설명
  용어의 정의 40[원주] 정당한 판정입니다. 외야수가 내야 근처까지 달려와서 잡았다 해도 그 타구를 '내야수도 쉽게 잡을 수 있는 뜬공'이었다고 심판원이 판단했다면 인필드 플라이를 선언할 수 있습니다.

5.04-3 내야 뜬공 타구에 심판원이 인필드 플라이를 선언하지 않은 경우

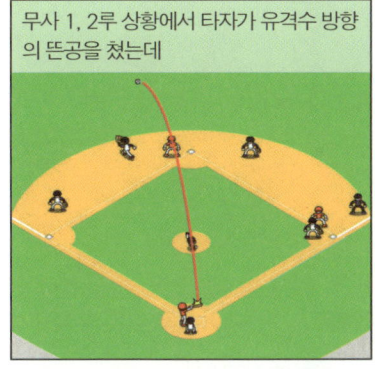

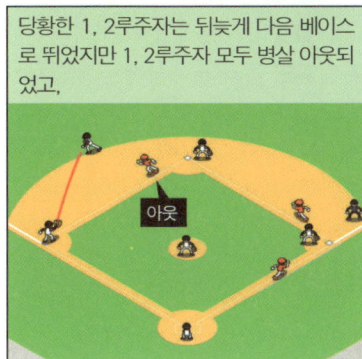
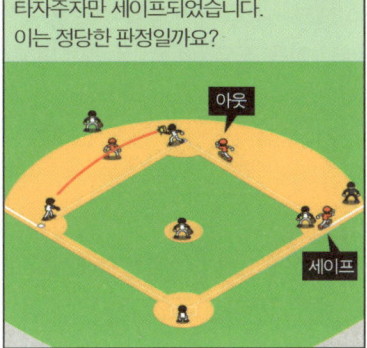

A
- 심판 판정
  상황: 볼 인 플레이, 2루주자: 포스 아웃, 1루주자: 포스 아웃, 타자: 1루 점유
- 설명
  용어의 정의 40[원주], [주1] 정당합니다. 인필드 플라이에 대한 판단은 절대적으로 심판의 몫이며 심판원이 선고해야만 효력이 발생합니다.

5.04-4 주자 1루 상황에서 내야 뜬공 타구에 심판원이 인필드 플라이를 선언하지 않은 경우

1사 주자 1루 상황에서 내야 높이 뜬 타구가 발생했습니다. 이는 인필드 플라이 대상일까요?

A
- 심판 판정
  상황: 볼 인 플레이
- 설명
  용어의 정의 40 1루에만 주자가 있을 경우는 인필드 플라이가 적용되지 않습니다.

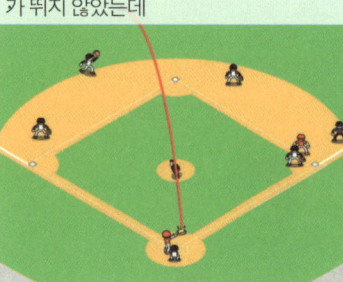  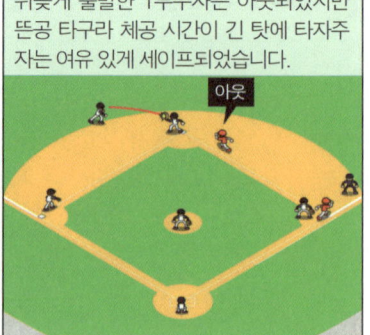

이렇게 결과만 놓고 봤을 때 수비 입장에서 내야 플라이를 잡아도 1아웃에 주자 1루, 내야 플라이를 놓쳐도 1아웃에 주자 1루가 되는 것이니 굳이 고의로 내야 플라이를 놓칠 필요가 없겠죠. 오히려 잡을 수 있는 공을 일부러 놓쳤다가 주자와 타자 모두 세이프되는 불상사가 생길 수도 있을 겁니다. 그렇기 때문에 고의적인 낙구를 저지를 리 없다고 보고 주자가 1루에만 있을 경우는 내야 뜬공이 발생해도 인필드 플라이 대상에서 제외시키는 것입니다.

5.04-5 인필드 플라이 이프 페어로 선언된 공이 파울지역에 닿고 페어지역으로 들어온 경우

- 심판 판정

  상황: 볼 인 플레이, 타자: 인필드 플라이 아웃

- 설명

  용어의 정의 25(f) [원주], 40 [원주] 최초에 파울지역에 떨어졌더라도 타구가 굴절되어 내야 페어지역으로 들어가면 페어 볼에 해당하므로 볼 인 플레이 상태가 되어 타자는 인필드 플라이 아웃으로 처리됩니다.

5.04-6 인필드 플라이를 선언한 공이 불규칙 바운드로 파울지역으로 벗어난 경우

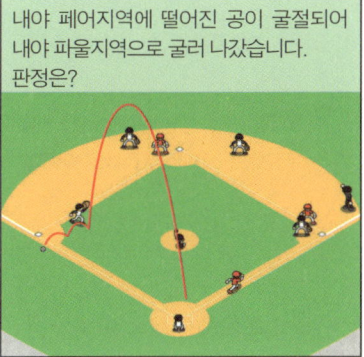

- 심판 판정

  상황: 볼 데드, 타자: 파울 볼 처리 후 다시 타격

- 설명

  용어의 정의 25(f)[원주], 40[원주] 페어지역에 떨어진 공이 내야 파울 라인 밖으로 벗어났으므로 인필드 플라이 대신 파울 볼이 적용되어 타자는 다시 타격해야 합니다.

  인필드 플라이라는 용어 속에는 이미 '이프 페어'의 의미까지 포함되어 있습니다. 그럼에도 굳이 '이프 페어'를 덧붙여 선언하는 것은 파울 볼이 될 수 있음을 환기시켜주기 위함입니다.

5.04-7 인필드 플라이 이프 페어가 선언된 상태에서 수비방해가 발생한 경우-1

- 심판 판정
  상황: 볼 데드, 타자: 인필드 플라이 아웃, 1루주자: 수비방해 아웃
- 설명
  용어의 정의 40[주2] 인필드 플라이 이프 페어가 선언된 타구가 페어지역으로 들어오면 인필드 플라이가 성립되므로 타자는 아웃입니다. 이후 볼 인 플레이 상태에서 수비방해를 범한 1루주자도 **야구규칙 5.09(b)(3)**에 의거 아웃됩니다.

5.04-8 인필드 플라이 이프 페어가 선언된 상태에서 수비방해가 발생한 경우-2

- 심판 판정
  상황: 볼 데드, 타자: 파울 볼 처리되고 다시 타격, 1루주자: 수비방해 아웃
- 설명
  용어의 정의 40[주2] 인필드 플라이 이프 페어가 선언된 타구가 파울지역으로 벗어나면 인필드 플라이는 성립되지 않고 일반 파울 플라이 타구에 해당합니다. 이때 주자에 의한 수비방해가 발생하면 **야구규칙 5.09(b)(3)**에 의거 주자는 수비방해로 아웃되며 볼 데드가 됩니다. 이후 파울 플라이 타구가 수비수에 포구되더라도 **야구규칙 5.01(b)** '볼 데드가 되었을 때 각 선수는 아웃될 수 없다'는 규칙에 의거 타자의 파울 플라이 아웃은 성립되지 않습니다.
  따라서 타자는 파울 볼 처리 후 다시 타석에 서게 됩니다.

고의낙구 (intentional drop)

※ 참고: 『풀어 쓴 야구기록규칙 | KBO 기록위원회 저』, p135, 고의낙구

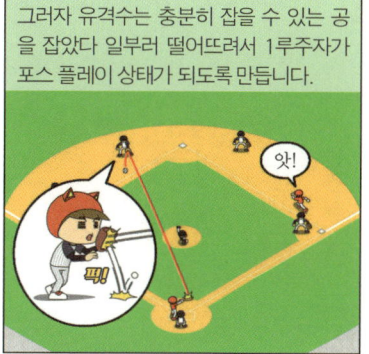

무사 또는 1사에 주자 1루, 1·2루, 1·3루 또는 1·2·3루일 때 내야수가 페어의 플라이 볼 또는 라인 드라이브 타구를 글러브나 손으로 막은 후 고의로 떨어뜨렸을 경우 타자만 아웃시키고 볼 데드로 하니, 주자는 투구 당시의 베이스에 머물러야 합니다.

고의낙구는 번트 뜬공과 라인 드라이브 타구에도 적용됩니다.

인필드 플라이 아웃 상황이라면 우선적으로 인필드 플라이 규칙이 적용되지만 그외의 경우엔 고의낙구 규칙이 적용됩니다.

고의낙구 선언의 조건 야구규칙 5.09(a)(12)

- 아웃카운트 노아웃 또는 1아웃일 때(2아웃 때는 1명만 잡으면 되므로 선언하지 않음)
- 주자가 1루, 1·2루, 1·3루, 1·2·3루에 있을 때(타자주자에 의한 강제 진루가 발생할 가능성이 있을 경우)

※ 1루에 주자가 없을 때는 포스 플레이 상황이 성립되지 않으므로 고의낙구를 선언하지 않음

인필드 플라이와 고의낙구의 차이

	상황	조건	번트 뜬공 또는 직선타
인필드 플라이	볼 인 플레이	무사 또는 1사 / 주자 1·2루 또는 만루	비적용
고의낙구	볼 데드	무사 또는 1사 / 1루에 주자가 있는 모든 경우	적용

Q 5.04-9 주자 1루 상황에서 내야 뜬공을 수비수가 일부러 잡지 않은 경우

A

- **심판 판정**

  상황: 볼 인 플레이

- **설명**

  야구규칙 5.09(a)(12)[부기] 수비수에 닿지 않고 떨어진 것은 고의낙구가 아닙니다. 따라서 볼 인 플레이 상황이므로 주자들은 플레이를 계속 이어나가야 합니다.

  또한 공이 수비수에 닿고 떨어졌더라도 그 과정에서 수비수의 고의성이 없었다고 심판원이 판단하면 고의낙구는 선언되지 않으며 이 판단은 오직 심판원만이 할 수 있습니다.

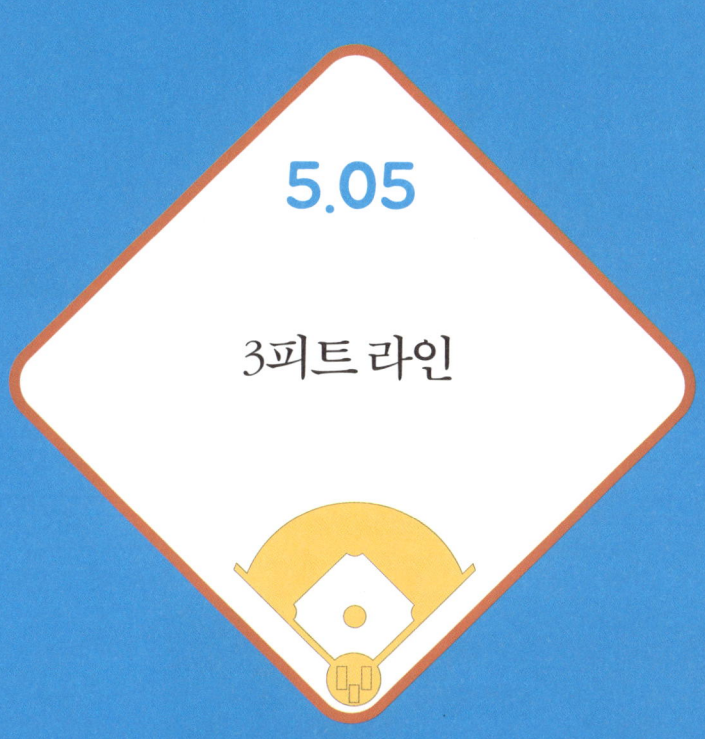

3피트 라인(three feet line)

3피트 라인은 두 가지가 있는데 첫 번째는 모든 구간에 걸쳐 가상으로 그려진 3피트 라인이며, 두 번째는 본루와 1루 사이에 실제로 그려진 3피트 라인입니다.

모든 구간의 가상 3피트 라인

본루와 1루 사이의 실제 3피트 라인

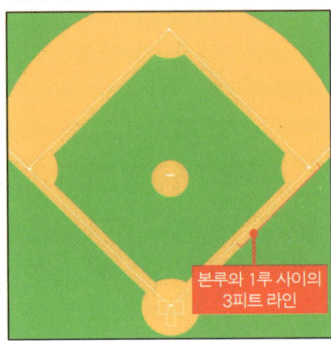

모든 구간의 가상 3피트 라인

야구규칙 5.09(b)(2)[주1] '3피트 라인'이란 베이스와 베이스를 연결한 직선을 기준으로 양쪽의 각 3피트(91.4cm), 즉 6피트(182.8cm) 내의 지역을 가리킵니다. 이것을 통상 주자의 '주로(走路)'라고 합니다.

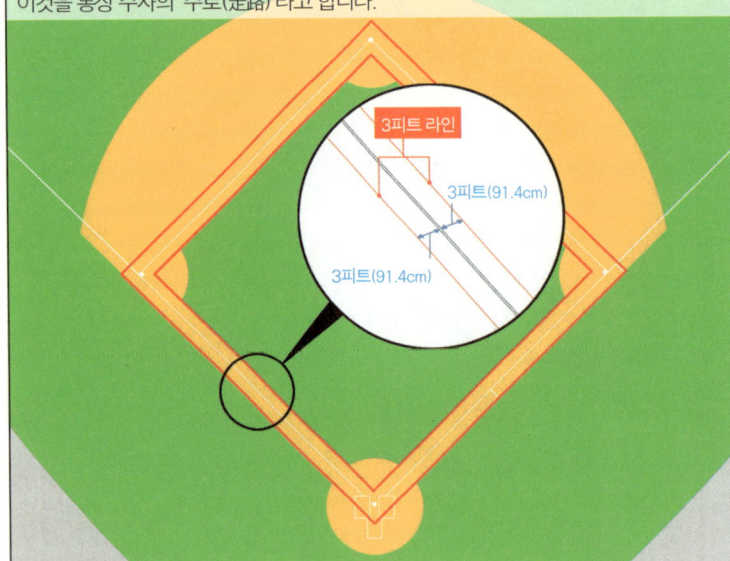

3피트는 일반 성인의 한쪽 팔 길이 정도인데 공을 쥔 수비수가 주자를 태그하기 위해 팔을 뻗어서 닿을 수 있는 범위입니다.

만약 주자가 수비수의 태그를 피하기 위해 이 3피트 라인을 벗어나면 심판원은 주자에게 아웃을 선언합니다.

3피트 라인 아웃이 만들어진 이유는 수비 측의 피해를 예방하기 위함인데 3피트 라인 아웃이 없다는 가정하에 예를 들어 살펴보겠습니다.

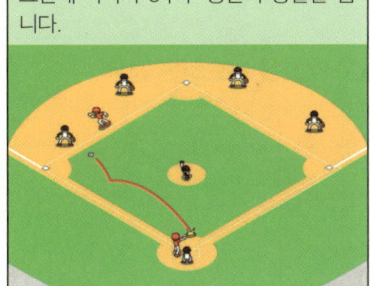

이 틈에 타자주자는 1루는 물론 그 이상의 베이스까지 진루할 수도 있겠죠.
이러한 사태를 방지하기 위해 3피트 라인 아웃이라는 규칙이 존재하는 것입니다.

 5.05-1 공을 완전히 포구하지 않고 태그를 시도하는 경우

공을 받은 수비수가 주자 태그를 시도하자 주자가 피했고 3피트 범위를 벗어났습니다.
그러나 수비수가 공을 완전히 포구하지 못한 상태입니다. 판정은?

- 심판 판정
  상황: 볼 인 플레이, 주자: 3피트 라인 아웃 불인정
- 설명
  용어의 정의 75 공을 손 또는 글러브에 확실하게 쥐지 않은 것은 태그 플레이에 해당하지 않습니다. 그러므로 주자는 3피트 라인 아웃이 되지 않습니다.

 5.05-2 수비방해를 하지 않기 위해 3피트 라인을 벗어난 경우

주로에서 공을 잡으려는 수비수를 방해하지 않기 위해 주자가 3피트 라인을 벗어나 달렸습니다. 판정은?

- 심판 판정
  상황: 볼 인 플레이, 주자: 3피트 라인 아웃 불인정
- 설명
  야구규칙 5.09(a)(8), 5.09(b)(1) 수비수를 방해하지 않기 위해 3피트 라인을 벗어나 달리는 것은 괜찮습니다.

5.05-3 주자가 달리는 속도를 유지하기 위해 3피트 라인을 벗어나 크게 돌아 달리는 경우

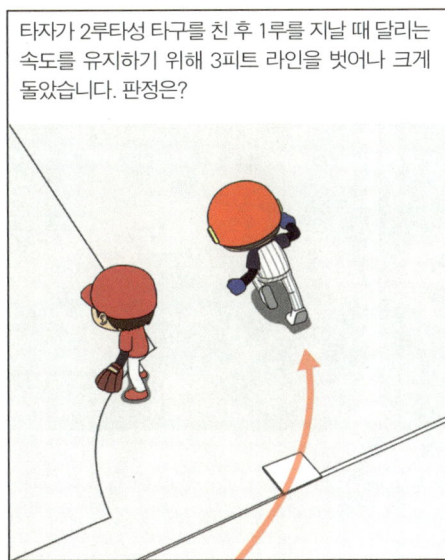

타자가 2루타성 타구를 친 후 1루를 지날 때 달리는 속도를 유지하기 위해 3피트 라인을 벗어나 크게 돌았습니다. 판정은?

- 심판 판정

 상황: 볼 인 플레이, 주자: 3피트 라인 아웃 불인정

- 설명

 수비행위가 없는 상태에서는 달리던 속도를 유지하기 위해 3피트 라인을 벗어나 크게 돌아도 무방합니다.

5.05-4 이미 3피트 라인을 벗어나서 달렸던 경우

타자가 2루타성 타구를 친 후 1루를 지날 때 달리는 속도를 유지하기 위해 3피트 라인을 벗어나 크게 돌았습니다.

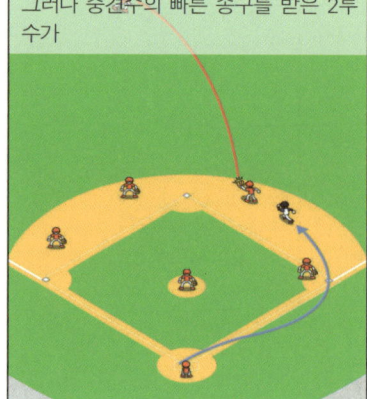

그러나 중견수의 빠른 송구를 받은 2루수가

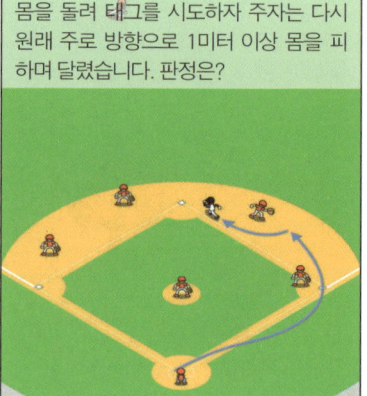

몸을 돌려 태그를 시도하자 주자는 다시 원래 주로 방향으로 1미터 이상 몸을 피하며 달렸습니다. 판정은?

- 심판 판정

  상황: 볼 인 플레이, 타자주자: 3피트 라인 아웃

- 설명

  야구규칙 5.09(b)(2)[주1] 주자가 이미 3피트 라인을 벗어난 곳을 달리다가 수비수가 태그 시도를 하였으므로, 주자와 목표 베이스를 일직선으로 연결한 직선을 주로로 재설정한 후 이 주로를 기준으로 바깥쪽으로 피할 경우 즉시 아웃, 안쪽으로 3피트 이상 멀어지면 아웃이 됩니다.

주자와 목표 베이스를 일직선으로 이은 새로운 주로 설정

새로운 주로를 기준으로 바깥쪽으로 피하면 즉시 아웃

새로운 주로를 기준으로 안쪽 3피트 이상 멀어지면 아웃

🔵 본루와 1루 사이에 그려진 실제 3피트 라인

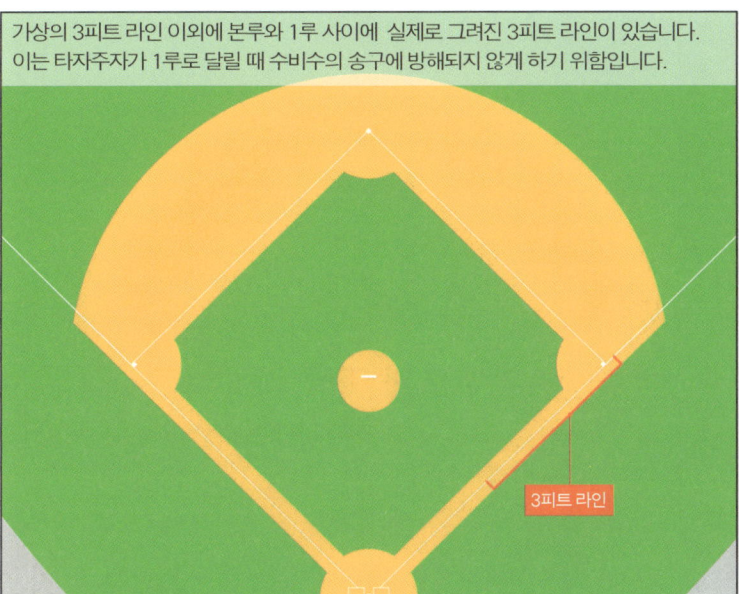

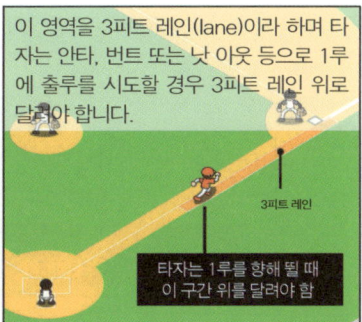

이 영역을 3피트 레인(lane)이라 하며 타자는 안타, 번트 또는 낫 아웃 등으로 1루에 출루를 시도할 경우 3피트 레인 위로 달려야 합니다.

다만, 타자가 이 영역을 벗어나서 달린다 해도 그 자체만으로 아무런 페널티가 주어지지 않습니다.

타자가 번트를 친 후 1루를 향해 달려가는 것을 가정하여 예를 들어보겠습니다.

예 1) 타자주자가 3피트 레인에 도달하기 전에 송구에 맞은 경우

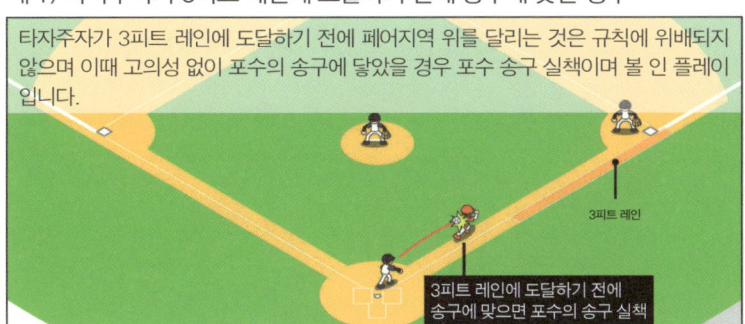

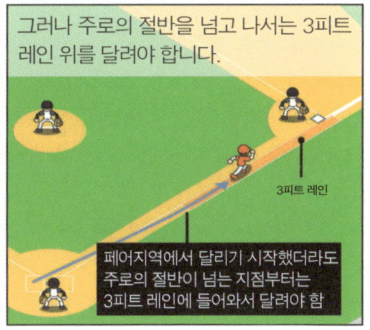

예 2) 타자주자가 3피트 레인 위를 달리다가 송구에 맞은 경우

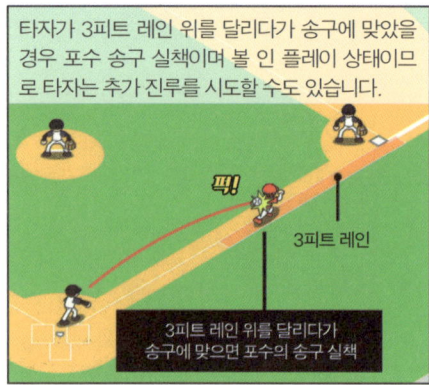

예 3) 타자주자가 본루와 1루 사이의 주로 후반부 3피트 레인을 벗어나 달리다가 송구에 맞은 경우

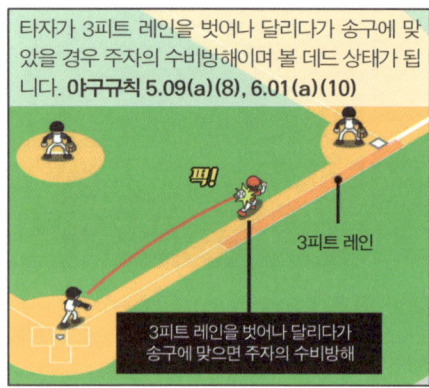

※ 이때 만약 루상에 주자가 있었다면 **야구규칙 6.01(a)[방해에 대한 벌칙][원주1]**에 의거 각 주자는 투구 당시 점유하고 있던 베이스로 돌아가야 합니다. 단, 방해가 일어나기 전에 아웃되거나 세이프된 주자는 예외입니다.

5.05-5 측면에서의 송구에 주자가 맞은 경우

타자가 투수 앞 짧은 번트를 댄 후

3피트 레인을 벗어나 1루로 달려가는데 측면에서 투수가 던진 공이 손에서 빠지며 주자에게 맞았습니다. 판정은?

- 심판 판정

  상황: 볼 인 플레이, 타자주자: 정상 주루 플레이 인정

- 설명

  타자가 1루로 달릴 때 3피트 레인 위를 달리도록 하는 이유는 수비수의 송구에 방해되지 않게 하기 위함입니다. 그러나 위의 경우처럼 타자주자가 3피트 레인을 이탈해 있었다 해도 투수의 송구 방향과는 무관한 위치에서 달리는데 송구가 날아와 맞은 것은 수비방해가 아닌 투수의 송구 실책에 해당합니다.

5.05-6 3피트 레인에 도달하지 못한 타자에게 송구가 맞고 볼 데드지역에 들어간 경우

1사 1, 3루 상황에서 타자가 1루수 정면의 땅볼 타구를 치자

공을 잡은 1루수는 3루주자의 득점을 막기 위해 홈으로 송구했는데

공이 타자주자를 향했지만 타자는 달리던 여세로 이를 피하지 못하고 주로의 1/3 지점에서 머리에 공을 맞았고, 공은 관중석으로 들어갔습니다. 판정은?

- 심판 판정
  상황: 볼 데드, 타자주자: 2루까지 안전진루, 1루주자: 3루까지 안전진루, 3루주자: 본루로 안전진루
- 설명
  야구규칙 5.09(a)(8), 6.01(a)(10) 타자가 송구를 피할 여유도 없었고, 3피트 라인 전반부를 달리다가 송구에 닿았으므로 3피트반칙이 아닌 1루수의 송구 실책에 해당하며 이 공이 볼 데드지역에 들어갔으므로 모든 주자에겐 투구 당시 점유했던 베이스를 기준으로 2개루 안전진루권이 주어집니다.

5.06

주루 포기 아웃

⚾ 주루 포기 아웃

> **야구규칙 5.09(b)(2)** 1루를 밟은 주자가 플레이가 종료된 것으로 착각하여 베이스 라인을 떠나 덕아웃 쪽이나 수비위치로 향하였을 때 그런 행위가 주루 의사를 포기한 것이라고 심판원이 판단하였을 경우 그 주자에게 아웃을 선고한다. 아웃이 선고되더라도 다른 주자에 대해서는 볼 인 플레이 상태가 계속된다. 이 규칙은 다음과 같은 플레이나 이와 유사한 플레이에 적용된다.

5.06-1 선행주자가 진루 의사를 포기하고 베이스를 벗어난 경우

1루주자는 2루를 돌면서 홈런으로 승리가 자동 확정된 것으로 착각하여

2루를 밟자마자 다이아몬드를 가로질러 자기 벤치로 돌아갔고, 타자주자는 베이스를 완전히 일주했습니다. 판정은?

● 심판 판정
상황: 볼 데드, 1루주자: 주루 포기 아웃, 타자주자: 홈런 취소
● 설명
야구규칙 5.09(b)(2)[예1], 5.09(d) 1루주자는 2루를 지난 후 다음 베이스로 진루할 것을 포기하였기 때문에 주루 포기 아웃이 선언됩니다. 이때 주루 포기 아웃으로 3아웃이 되었으므로 타자의 홈런도 취소되어 득점 없이 이닝이 종료됩니다. 그러나 만약 무사 또는 1사 상황이었다면 본루까지 완전히 밟은 타자주자의 홈런과 득점은 인정됩니다.
이것은 어필 플레이가 아니기 때문에 수비팀의 이의 제기가 없더라도 심판의 재량으로 이루어질 수 있습니다.

✕ 참고: 『풀어 쓴 야구기록규칙 | KBO 기록위원회 저』, p182, 결승득점 이외 주자의 진루와 끝내기 안타 루타수 관계

5.06-2 타자가 베이스를 밟은 후 진루 의사를 포기하고 베이스를 벗어난 경우

무사 1루 상황에서 타자가 짧은 내야 땅볼을 치자 1루주자는 2루로 진루했고

타자주자 역시 간발의 차로 1루에서 세이프가 되었습니다.

그런데 타자주자는 자신이 아웃된 걸로 지레짐작하고는 심판의 판정을 보지도 않은 채 덕아웃으로 향했습니다.

그러자 공을 쥔 1루수는 타자를 태그하여 확실히 아웃시키려 하였으나

그 틈에 2루까지 진루한 주자가 3루를 향해 달렸고

이를 눈치챈 1루수는 타자에 대한 태그를 포기하고 3루로 송구했습니다.

2루주자는 3루에서 세이프가 됐고

덕아웃에서는 타자에게 세이프라며 1루로 돌아가도록 지시했습니다. 판정은?

- 심판 판정
  상황: 볼 인 플레이, 타자주자: 주루 포기 아웃, 2루주자: 3루 점유
- 설명
  야구규칙 5.09(b)(2) [원주] 1루를 밟은 타자주자가 자신이 아웃된 것으로 착각하여 주로를 벗어나 덕아웃 쪽이나 수비위치로 향했을 때 그런 행위가 주루 의사를 포기한 것이라고 심판원이 판단하였을 경우 타자주자에게 아웃을 선고할 수 있습니다.
  이것은 **야구규칙 5.09(b)(11)** 와 달리 수비 측의 어필이 없어도 심판원의 판단하에 이뤄질 수 있습니다.
  이때 아웃이 선고되더라도 다른 주자에 대해서는 볼 인 플레이 상태가 계속되므로 2루주자의 3루 진루는 유효합니다.

  ✕ 참고: 『풀어 쓴 야구기록규칙 KBO 기록위원회 저』, p163, 1루 안전진루권 논란을 불러일으킨 박OO의 주루 포기

5.06-3 포스플레이 상황에서 주루포기가 발생한 경우

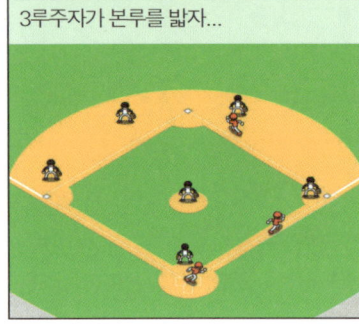

- 심판 판정

  상황: 볼 데드, 1루주자: 수비측의 어필이 없다면 아웃 선언 보류, 3루주자: 득점 인정

- 설명

  야구규칙 5.09(b)(2)[주3] 포스 상태에서의 주자는 주루포기를 했다 해도 수비측의 어필이 없으면 심판원이 임의로 주루포기 아웃을 선언할 수 없기 때문에 3루주자의 득점은 인정됩니다.

  그러나 이와 같이 결승점에 해당하는 경우에는 볼 데드 중이라도 수비측이 구심에게 공을 요구해 어필하는 것이 가능하기 때문에 양측 선수들이 본루 앞에 정렬하여 경기 종료가 선언되기 전에 수비측이 어필한다면 1루주자는 주루포기로 아웃이 되며, 포스 상태의 주자가 앞쪽 루를 밟지 못한 채 3아웃이 된 것이므로 3루주자의 득점도 취소됩니다.

5.06-4 낫 아웃 상황에서 타자주자가 덕아웃으로 향하는 경우

- 심판 판정

  상황: 볼 인 플레이, 타자주자: 주루 포기 아웃

- 설명

  야구규칙 5.09(b)(2)[부기] 일반적인 주루 포기 아웃은 주자가 자신이 아웃된 것으로 착각하여 주로를 벗어났을 경우 그 행위가 주루 의사를 포기한 것이라고 심판원이 판단했을 때 이루어집니다.

  그러나 낫 아웃의 경우엔 다른 주루 포기 아웃과 달리 홈 플레이트 주위의 흙으로 뒤덮인 원(Dirt Circle)을 벗어나 덕아웃 등으로 가려는 행위를 했을 경우 심판원이 아웃을 선언할 수 있습니다.

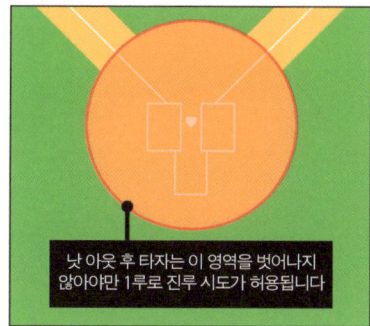

✕ 참고: 『풀어 쓴 야구기록규칙 | KBO 기록위원회 저』, p330, 스트라이크 아웃 낫아웃 관련 개정된 규칙(타자주자 아웃 시기 변경)

추월 아웃

야구규칙 5.09(b)(9) 후위주자가 아웃되지 않은 선행주자를 앞질렀을 경우 후위주자가 아웃된다. 단, 주루 도중 발생한 주자끼리의 신체적 접촉이나 도움만으로는 아웃을 선고하지 않는다.

 5.07-1 후위주자가 선행주자를 추월한 경우

- 심판 판정

  상황: 볼 인 플레이, 타자주자: 주루반칙 아웃

- 설명

야구규칙 5.09(b)(9) 후위주자가 아웃되지 않은 선행주자를 앞질렀을 경우 후위주자는 아웃되므로 타자주자에겐 아웃이 선언됩니다.
이때 타자주자에겐 추월하기 직전까지 안전하게 확보한 루에 대해서만 루타수가 인정됩니다.

5.07-2 선행주자가 후위주자를 추월한 경우

- 심판 판정

  상황: 볼 인 플레이, 1루주자: 주루반칙 아웃

- 설명

  야구규칙 5.09(b)(9)[주2] 1루주자가 아웃 처리됩니다. 추월 아웃은 언제나 후위주자가 그 아웃의 대상이 됩니다.

  그렇기 때문에 2루주자가 역주하다가 1루주자를 추월했다 해도 후위주자인 1루주자가 아웃됩니다.

  ※ 참고: 『풀어 쓴 야구기록규칙 | KBO 기록위원회 저』, p251, 역추월

5.07-3 안전진루 중에 추월한 경우

2사 1루 상황에서 타자가 홈런을 친 후

지나치게 흥분한 나머지
나하하하~

선행주자를 신경 쓰지 못한 채 추월해버렸습니다. 판정은?
유휴~

- 심판 판정
  상황: 볼 데드, 타자주자: 주루반칙 아웃, 1루주자: 득점 불인정
- 설명

야구규칙 5.09(b)(9)[주1] 타자가 홈런을 치면 볼 데드 상태가 되고 모든 주자에게 본루까지 안전진루권이 주어지지만 볼 데드 상태라 해도 선행주자를 추월했다면 후위주자가 아웃되므로 타자주자는 주루반칙으로 아웃됩니다. 이는 수비수가 악송구를 던져 공이 관중석에 들어가는 등 다른 형태의 안전진루 상황에서도 동일하게 적용됩니다.

야구규칙 5.08(b)[주2] 여기서 중요한 점은 안전진루권을 얻은 주자들이라 해도 2사 이후 볼 데드 상태에서 타자주자가 추월로 제3아웃이 되면 타자주자의 제3아웃 전에 본루를 밟지 못한 주자들의 득점은 인정되지 않는다는 것입니다.

야구규칙 5.06(b)(3)(B)[원주][예] 단, 예외적으로 2사 이후 만루 상황에서 볼넷에 의해 모든 주자가 한 베이스 안전진루 중일 때 3루주자가 본루를 밟기 전에 다른 주자가 제3아웃되더라도 3루주자의 안전진루 및 득점은 허용됩니다.

✕ 참고: 『풀어 쓴 야구기록규칙 | KBO 기록위원회 저』, p166, 만루홈런이 단타로 둔갑(일본프로야구 신조 쓰요시)

5.07-4 주자 간의 신체 접촉이 발생한 경우

- 심판 판정

  상황: 볼 인 플레이

- 설명

  야구규칙 5.09(b)(9) 주루 도중 발생한 주자끼리의 신체적 접촉이나 도움만으로 아웃이 선고되지 않습니다. 3루주자, 2루주자가 순서대로 본루를 밟았다면 정상적인 주루행위이므로 두 주자의 득점은 인정됩니다.

5.08

도루

도루(steal)

도루란 베이스에 있는 주자가

수비수들의 허점을 노려 다음 베이스로 달리는 것을 말합니다.

다음 루를 훔친다는 의미에서 영어로 'steal'이라고 합니다.

야구에 있는 20-20 클럽은 한 선수가 시즌 동안 홈런 20개, 도루 20개 이상을 기록했다는 것으로써 장타력과 빠른 발을 겸비한 호타준족(好打駿足)임을 뜻합니다.

한국의 추OO 선수는 동양인 메이저리거 최초로 20-20 클럽에 입성했고 이후에도 몇차례 20-20 클럽에 입성하며 그 가치를 인정받아 2014년엔 텍사스 레인저스에서 7년간(2014~2020) 무려 1억 3,000만 달러의 어마어마한 연봉을 받았죠.
이처럼 타자에겐 장타력뿐만 아니라 뛰어난 주루 능력도 크나큰 덕목인 것입니다.
그것은 단순히 '도루를 잘한다' 그 이상의 의미를 지니기 때문입니다.

발빠른 주자가 출루하면 수비수들은 도루에 대비하기 위해 베이스에 가까이 서게 마련입니다.

이 말은 수비수 사이의 공백이 더 넓어진다는 것을 의미하며, 타자가 이 사이로 안타를 칠 확률이 많아지겠죠.

또한 발빠른 주자를 의식하여 수비를 서두르면 수비 실책이 유발될 가능성이 높아집니다.

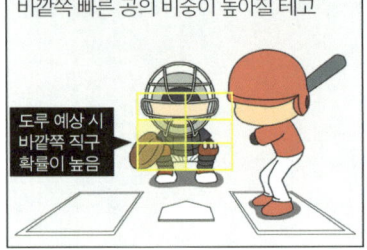
투수 역시 도루에 신경 쓰여 변화구보다 바깥쪽 빠른 공의 비중이 높아질 테고

이는 결국 구종이나 코스가 한정되어 안타로 이어질 확률도 커집니다.

그럼 많은 도루를 성공시키기 위한 조건은 뭘까요? 빠른 발?
1984년 한 프로야구팀은 육상 국가대표 출신의 선수를 영입합니다. 도루의 스페셜리스트를 만들겠다는 계산이었죠.
그러나 이 선수는 도루는 커녕 단 한 번의 경기 출장도 하지 못하는 어이없는 결과만 남깁니다. 단순히 발이 빠른 것만으로는 부족했던 것이죠.

도루의 3S

도루 성공률을 높이기 위해 필요한 세 가지 조건, 이것을 3S라 합니다.
3S는 Start(출발), Speed(속도), Sliding(슬라이딩)을 말합니다. 이를 육상 100미터와 비교하여 살펴보겠습니다.

Start

육상에서 출발을 알리는 신호는 오직 하나, 심판원의 총성입니다.

도루에서는 투수의 투구동작과 수비수 등 주변 상황을 읽어낼 수 있는 주자의 판단 능력이 출발을 좌우합니다. 판단을 조금만 그르쳐도 견제사 또는 런다운에 걸려 주루사할 우려가 있기 때문입니다.

Speed

육상 100미터는 출발 이후 가속도가 붙어서 약 30미터 돌파할 무렵에 최고 속도에 이르게 됩니다.

야구에서 루상의 거리는 27.431미터로 가속도를 고려할 상황이 아니므로 출발과 동시에 자신의 최고 속도를 이끌어낼 순간 폭발력이 필요합니다.

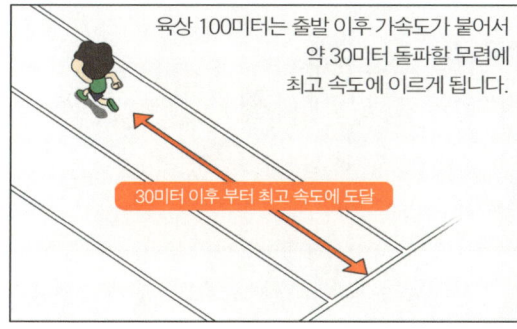

Sliding

육상 100미터는 결승점을 통과할 때까지 자신의 최고 스피드를 유지하는 것이 중요합니다.

그러나 도루는 멈출 곳에서 멈추지 못하고 베이스를 지나쳐 오버 슬라이딩을 하면 태그 아웃을 당하게 됩니다. 태그를 피해 멈추는 기술, 즉 슬라이딩 능력이 필수입니다.

무관심 진루(indifference advance)

무관심 진루란 도루에 성공하였지만 도루로써 기록되지 않는 상황을 말하는데 보통 '무관심 도루'라고도 합니다.

예외적으로 주자의 도루가 너무 빠르거나 3루주자의 홈 스틸을 우려하여 포수가 송구를 포기한 경우에는 주자가 수비의 견제 없이 도루를 했다 해도 무관심 진루에 포함되지 않습니다.

※ 참고: 『풀어 쓴 야구기록규칙 | KBO 기록위원회 저』, p194, 무관심 진루의 본래 의미, p201, 메이저리그 야구 에티켓 10계명

역도루(逆盜壘): 이전 베이스로 도루하는 것

한 베이스라도 더 전진하기 위해 혼신의 힘을 쏟는 것이 야구인데 오히려 역도루라니, 의아하죠?

1908년 9월 4일 디트로이트 타이거즈의 저머니 셰퍼 선수는 주자 1, 3루 상황에서 2루로 도루를 시도했으나 포수는 3루주자를 의식하여 2루 송구를 포기합니다.

그러자 2루주자는 다음 투구 때 다시 1루로 역도루를 합니다. 그리고는 다시 2루를 향해 도루를 시도하는 어이없는 상황을 연출합니다. 사실 셰퍼 선수의 목적은 도루가 아니라 포수와 야수들이 자신에게 관심을 쏟도록 하여 그 사이 3루주자가 홈 스틸로 득점을 올리게 하려는 작전이었죠.

✖ 참고: 『풀어 쓴 야구기록규칙 | KBO 기록위원회 저』, p209, 역도루

야구의 작전에는 '고의 런다운'이라는 것이 있습니다. 주자가 일부러 리드를 많이 해서 견제구를 유도하여 고의적으로 런다운에 걸리고 그 틈을 이용해 3루주자가 홈 스틸을 노리는 작전입니다.

이와 마찬가지로 역도루 역시 수비수들을 교란하기 위한 플레이인 것입니다.

그러나 1920년 역도루는 금지되었으며 **야구규칙 5.09(b)(10)**에 의거 주자가 정규로 베이스를 점유한 뒤 수비를 혼란시키려고 하거나 경기를 희롱할 목적으로 역주하였을 경우 이때 심판원은 즉시 '타임'을 선언하고 그 주자에게 아웃을 선고하도록 하였습니다.

 5.08-1 2사 2스트라이크 이후 제3스트라이크에 해당하는 투구가 홈 스틸하던 주자에 닿은 경우

2사 3루, 볼카운트 2스트라이크인 상황에서 3루주자가 홈 스틸을 했고

슬라이딩으로 투수의 투구보다 빨리 본루를 터치했으나

스트라이크 존을 통과하던 공이 3루주자의 발에 맞았습니다. 판정은?

- 심판 판정

  상황: 이닝 종료, 타자: 삼진 아웃, 3루주자: 득점 불인정
- 설명

  야구규칙 5.09(a)(14) 심판원은 타자 삼진을 선언하여 아웃시키고, 3아웃이 되므로 3루주자의 득점은 인정하지 않습니다. 그러나 무사 또는 1사일 때 타자는 삼진 아웃되어도 2아웃이 아니기 때문에 경기는 볼 데드가 되고 3루주자의 득점은 인정됩니다.

  야구규칙 5.06(c)(8) 그외에 루상에 다른 주자들이 있었다면 그들이 홈 스틸 때 함께 진루를 시도하지 않았다 하더라도 1개루 안전진루권을 부여합니다.

Q 5.08-2 2사 2스트라이크 이후 제3스트라이크에 해당하는 투구보다 주자의 홈 스틸이 더 빨랐던 경우

- 심판 판정

  상황: 이닝 종료, 타자: 삼진 아웃, 3루주자: 득점 불인정
- 설명

  야구규칙 5.09(a)(2) 에 의거 타자는 삼진 아웃이 되며 그전에 3루주자가 본루에 먼저 닿기는 했지만 **야구규칙 5.08(a)[부기](1)** 에 의거 '타자주자'가 1루에 닿기 전에 아웃된 것이 되어 3루주자의 득점은 인정되지 않습니다.

  이때 타자는 공을 치지도, 낫 아웃 상태도 아니므로 '타자주자'로 볼 수 없는 것 아니냐고 반문할 수 있겠습니다. 그러나 규칙서상에 '**야구규칙 5.08(a)[부기](1)과 별도로 5.09, 6.03(a) 참조**'라고 되어 있는데 이러한 형태로 타자가 아웃되었을 경우에도 타자주자가 1루에 닿기 전에 아웃된 것으로 보고 득점을 인정하지 않는 것입니다.

5.09

역주

⚾ 역주(逆走)

야구에서의 역주란 주자가 이전 베이스로 달리는 것을 말합니다.

✖ 참고: 『풀어 쓴 야구기록규칙 | KBO 기록위원회 저』, p252, 역주 인정으로 같은 루에 2번 도루 시도한 주자

5.09-1 플레이가 이어지고 있는 상황에서 역주를 시도한 경우

A

- 심판 판정
  상황: 볼 인 플레이
- 설명
  야구규칙 5.06(a)(2), 5.09(b)(10) [원주] 정상적인 플레이입니다. 이 경우 모든 플레이가 종료되지 않은 볼 인 플레이 상태이기 때문에 2루주자는 상황에 따라 2루로 역주해도 되고 3루에 계속 머물러도 됩니다.
  단, 2루주자가 3루를 점유했다 해도 3루에 대한 점유권은 여전히 3루주자에게 있으므로 3루주자가 3루로 귀루하면 2루주자는 태그 아웃 대상이 됩니다.

5.09-2 플레이가 완전히 종결된 이후 역주를 시도한 경우

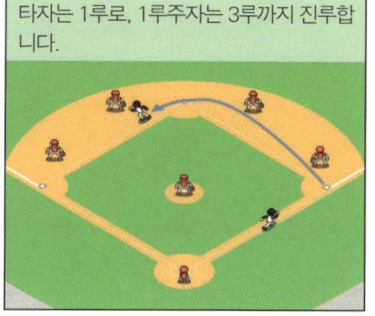

- 심판 판정
  상황: 볼 데드, 3루주자: 주루반칙 아웃
- 설명
  야구규칙 5.06(a)(1) [원주] 주자가 베이스를 점유했고 투수가 투구자세에 들어가면 주자는 이전 베이스로 되돌아갈 수 없습니다. 이 상태에서 주자가 역주를 시도할 경우 심판은 즉시 '타임'을 선언하고 주자에게 아웃을 선언해야 합니다.

  ※ 참고: 『풀어 쓴 야구기록규칙 | KBO 기록위원회 저』, p210, 상황을 착각해 원래의 루로 돌아가다가 아웃된 사례

5.09-3 타자주자가 역주를 시도한 경우

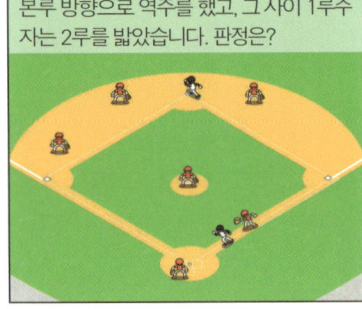

- 심판 판정
  상황: 볼 인 플레이, 1루주자: 2루 점유
- 설명
  야구규칙 5.09(b)(10) [주] 플레이가 종결되지 않은 상황이므로 타자주자가 주로를 벗어나지 않는 한 본루로 역주하는 것은 관계없습니다. 다만 역주하여 본루를 지나면 규칙 위반으로 아웃됩니다.

안전진루권

야구규칙 5.05(b), 5.06(b)(3) 안전진루권이란 특정 상황이 발생했을 때 타자나 주자가 규칙상 허용된 수만큼의 베이스로 아웃될 염려 없이 안전하게 진루할 수 있는 권리를 말합니다. 안전진루권은 타자에게만 주어지거나 또는 루상의 주자에게만 주어지며 경우에 따라 타자와 루상의 주자 모두에게 주어지기도 합니다.

이때 안전진루권으로 진루한 이후 추가 진루를 시도할 수도 있는데 이를 구분하는 중요한 기준은 '경기가 볼 인 플레이 중인가, 볼 데드 중인가' 하는 점입니다.

볼 데드	야구규칙에 의해 또는 심판의 '타임' 선언에 의해 경기가 일시 중지된 상태
볼 인 플레이	경기가 진행 중인 상태

볼 데드 때는 규칙이 정한 만큼의 베이스만 진루한 뒤 심판원의 시합 재개를 기다려야 하지만 볼 인 플레이 때는 정해진 만큼 진루한 후 주자의 판단에 따라 곧바로 추가 진루를 시도할 수 있습니다.

안전진루권 – 1개 베이스

 5.10-1 볼넷

무사 2루 상황에서

투구가 모두 스트라이크 존을 벗어나서 볼넷이 되었습니다. 판정은?
볼4

- 심판 판정
  상황: 볼 인 플레이, 타자: 1루로 안전진루, 2루주자: 2루에 잔루
- 설명
  용어의 정의 7, 야구규칙 5.05(b)(1) 심판원이 4구를 선언하였을 경우 타자는 1루까지 안전진루권을 얻게 됩니다. 이때 2루주자는 타자에 밀려 진루할 상황이 아니므로 2루에 잔루해야 하지만 4구는 볼 인 플레이 상황이므로 위험을 무릅쓰고 진루를 시도할 수 있습니다.

5.10-2 몸에 맞는 볼

- 심판 판정
  상황: 볼 데드, 타자: 1루로 안전진루, 1루주자: 2루로 안전진루
- 설명
  야구규칙 5.06(c)(1), 5.05(b)(2) 투구가 정규의 타격자세에 있는 타자의 몸 또는 옷에 닿았을 경우 타자는 1루까지 안전진루권을 얻습니다. 그리고 타자가 주자가 됨으로써 1루주자는 타자주자에게 베이스를 비워줘야 하므로 1루주자도 2루까지 안전진루를 합니다. 단, 사구는 볼 데드 상황이므로 심판원이 경기를 재개하기 전까지 추가 진루를 시도할 수 없습니다.

 5.10-3 타구가 내야수(투수 제외)를 통과하기 전에 심판원에 직접 닿은 경우

- 심판 판정
  상황: 볼 데드, 타자: 1루까지 안전진루, 1루주자: 타자에 밀려서 2루 진루, 3루주자: 3루 잔루
- 설명
  용어의 정의 44(c)(2), 야구규칙 5.06(c)(6), 5.05(b)(4) 볼 데드가 되고 타자에겐 1루까지 안전진루권이 주어지며, 안타로 기록됩니다. 타자에 밀려 1루주자는 2루까지 안전진루합니다. 다만 안타라 해도 3루주자는 타자의 출루로 밀려가는 상황이 아니므로 3루에 머물러야 합니다.

5.10-4 내야수(투수 제외)를 통과하지 않은 타구에 주자가 맞은 경우

무사 2, 3루 상황에서

내야수들(투수 제외)을 통과하지 않은 타자의 타구에 2루주자가 맞았습니다. 판정은?

- 심판 판정
  상황: 볼 데드, 타자: 1루까지 안전진루, 2루주자: 수비방해 아웃, 3루주자: 3루 잔루
- 설명
  야구규칙 5.06(c)(6), 5.05(b)(4) 타구에 맞은 2루주자는 수비방해로 아웃되고 타자에겐 안타가 인정되며 1루까지 안전진루권이 부여됩니다. 하지만 3루주자는 타자의 출루로 밀려가는 상황이 아니기 때문에 3루에 머물러 있어야 합니다.

5.10-5 보크가 발생한 경우

무사 1, 2루 상황에서

투수가 투구하는 척하다가

몸을 돌려 1루로 견제동작을 취했습니다. 판정은?

- 심판 판정
  상황: 볼 데드, 투수: 보크, 1루주자: 2루로 안전진루, 2루주자: 3루로 안전진루
- 설명
  야구규칙 5.06(c)(3), 6.02(a)[벌칙] 보크가 발생하면 벌칙으로 모든 주자가 1개루 진루하고, 해당 투구는 무효 처리됩니다.
  단, 투수가 보크를 하고도 본루를 향해 던진 공에 타자가 안타, 실책, 4사구, 기타로 1루에 도달하고 다른 주자들도 최소한 1개루 이상 진루했을 때는 보크는 없었던 것으로 하고 볼 인 플레이로 진행합니다.

5.10-6 투수가 투수판에 닿은 채 던진 견제구가 볼 데드지역에 들어간 경우

- 심판 판정
  상황: 볼 데드, 1루주자: 2루로 안전진루, 3루주자: 본루로 안전진루
- 설명
  야구규칙 5.06(b)(4)(H) 투수판에 발이 닿은 채 투수가 던진 견제구가 악송구가 되어 볼 데드지역에 들어가면 볼 데드가 되며 루상의 주자에겐 1개루 안전진루권이 주어집니다.
  단, 투수판에 발이 닿지 않은 투수는 야구규칙 5.07(e)에 의거 내야수로 간주되므로 이 상태에서 던진 견제구가 볼 데드지역에 들어갔을 때는 2개루 안전진루권이 주어집니다.

5.10-7 투구가 포수에 맞고 볼 데드지역에 들어간 경우

- 심판 판정
  상황: 볼 데드, 타자: 낫 아웃으로 1루까지 안전진루, 2루주자: 3루까지 안전진루
- 설명
  야구규칙 5.06(b)(4)(H) 제3스트라이크를 포수가 포구하지 못했고, 이 공이 그대로 덕아웃에 들어갔으므로 볼 데드 상태에서 타자는 낫 아웃으로 1루 출루하고, 2루주자에게는 1개루 안전진루권이 부여됩니다.

 5.10-8 야수가 플라이 볼을 잡은 후 볼 데드지역으로 넘어진 경우

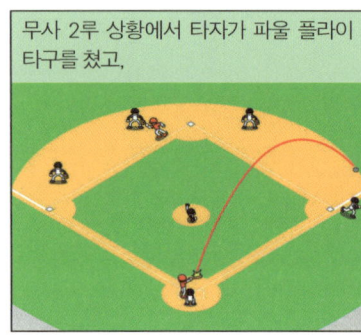

- 심판 판정
  상황: 볼 데드, 타자: 파울 플라이 아웃, 2루주자: 3루로 안전진루
- 설명
  야구규칙 5.06(b)(3)(C), 5.12(b)(6) 타자는 플라이 아웃 처리되지만 그 직후 수비수가 달리던 여세로 볼 데드 지역으로 넘어지거나 들어가면 볼 데드 상태가 되며 루상의 주자에겐 1개루 안전진루권이 부여됩니다.

5.10-9 투구가 포수나 심판의 마스크 또는 보호 장구에 끼었을 경우

무사 2루, 볼카운트 2-1 상황에서

타자가 헛스윙하였으나 포수가 공을 잡지 못하고 얼굴에 맞았는데

공이 포수 마스크 사이에 끼었습니다. 판정은?

- 심판 판정
  상황: 볼 데드, 타자: 1스트라이크 추가, 2루주자: 3루로 안전진루
- 설명

  용어의 정의 15, 야구규칙 5.06(b)(4)(l), 5.06(c)(7), 5.09(a)(3), 5.05(a)(2) 포수의 용구에 끼인 것은 정규의 포구가 아니므로 볼 데드가 되어 루상의 주자에게 1개루 안전진루권이 부여됩니다.

  만약 제3스트라이크에 해당하는 투구가 포수나 심판원의 마스크에 끼인 경우에는 낫 아웃이 적용되어 타자에게도 1개루 안전진루권이 부여됩니다.

🔵 안전진루권 – 2개 베이스

수비수의 송구가 볼 데드지역에 들어간 경우 야구규칙 5.06(b)(4)(G)

수비수의 송구가 악송구가 되어 볼 데드지역에 들어갔을 경우 주자에겐 2개루 안전진루권이 부여됩니다.
이때 악송구를 던진 수비수가 누구냐에 따라 안전진루가 부여되는 기준점이 달라지게 됩니다.

- 투구 후 최초의 플레이를 하는 '내야수'의 악송구
  – 투구 당시 각 주자가 점유했던 베이스를 기준으로 2개루 안전진루

- 그 외의 악송구
  – 송구 당시 각 주자가 점유했던 베이스를 기준으로 2개루 안전진루

5.10-10 공을 최초로 잡은 내야수의 악송구가 볼 데드지역에 들어간 경우

- 심판 판정
  상황: 볼 데드, 타자: 2루까지 안전진루
- 설명
  야구규칙 5.06(b)(4)(G) 최초로 공을 잡은 내야수의 송구가 볼 데드지역에 들어가면 투수의 투구 직전 주자들이 점유했던 베이스를 기준으로 2개루 안전진루권이 주어져 타자는 본루를 기준으로 2루까지 안전진루합니다.

5.10-11 공을 최초로 잡은 외야수의 악송구가 볼 데드지역에 들어간 경우

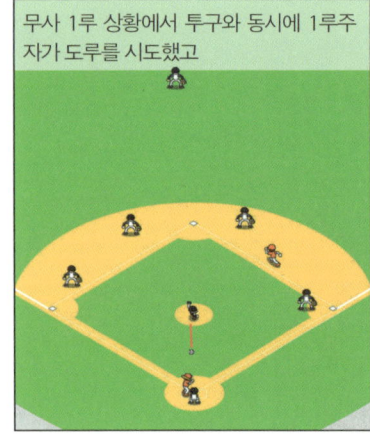

- 심판 판정
  상황: 볼 데드, 타자주자: 2루까지 안전진루, 1루주자: 본루까지 안전진루
- 설명
  야구규칙 5.06(b)(4)(G) 악송구를 저지른 최초의 플레이어가 내야수가 아닌 '외야수'였으므로 중견수의 손에서 공이 떨어질 당시 각 주자가 점유했던 베이스로부터 2개루씩 안전진루권이 부여됩니다. 따라서 공을 던질 당시 2루까지 점유했던 1루주자는 본루로, 1루를 점유하지 못했던 타자주자는 2루까지 안전진루합니다.

5.10-12 최초의 송구자로부터 공을 받은 피봇맨(중계 플레이어)의 악송구가 볼 데드지역에 들어간 경우

무사 1루 상황에서 타자가 유격수 앞 땅볼을 치자

공을 잡은 유격수는 2루에 송구하여 1루주자를 포스 아웃시켰고

2루수가 1루로 던졌으나 악송구가 되어 공이 관중석으로 들어갔습니다. 판정은?

- 심판 판정

  상황: 볼 데드, 타자: 2루까지 안전진루, 1루주자: 포스 아웃

- 설명

  야구규칙 5.06(b)(4)(G) 내야수의 송구이긴 하지만 투구 후 최초의 플레이어가 아닌 피봇맨의 송구가 볼 데드지역에 들어간 것이므로 송구 직전 주자가 점유했던 베이스를 기준으로 2개루 안전진루권이 부여됩니다.

  최종 송구자의 손에서 공이 떨어지는 순간 타자주자는 1루에 도달하지 못했으므로 본루를 기준으로 2개루 안전진루권이 주어져서 2루까지 진루가 가능합니다.

  ✕ 참고: 『풀어 쓴 야구기록규칙 | KBO 기록위원회 저』, p177, 덕아웃으로 들어간 악송구, 주자들의 안전진루권은 어디까지?

5.10-13 내야수의 최초 송구가 다른 수비수에 맞고 볼 데드지역으로 들어간 경우

타자가 2루수 앞 느린 내야 땅볼을 친 후

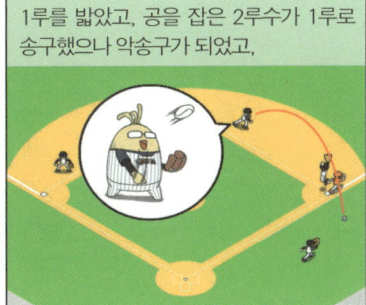
1루를 밟았고, 공을 잡은 2루수가 1루로 송구했으나 악송구가 되었고,

뒤에서 백업을 하려던 포수의 미트를 맞고 공이 덕아웃으로 들어갔습니다. 판정은?

- 심판 판정

  상황: 볼 데드, 타자주자: 3루까지 안전진루

- 설명

  야구규칙 5.06(b)(4)(H)[부기] 송구가 야수를 통과한 다음 아직 경기장 안에 있을 때 발에 차이거나, 방향이 바뀌어 볼 데드지역으로 들어간 경우에는 송구 때의 위치를 기준으로 각 주자에게 2개루 안전진루권이 주어집니다.

  그러나 송구가 포수의 미트에 닿아 굴절되기 전에 타자주자가 이미 1루에 도달했으므로 **야구규칙 5.06(b)(4)(G)[부기], [원주2]**에 의거 송구가 포수의 미트에 닿을 당시 점유했던 베이스를 기준으로 2개 베이스가 주어져서 타자주자는 3루까지 안전진루를 합니다.

5.10-14 선행주자로 인해 안전진루가 제한되는 경우

무사 1루 상황에서 타자가 우익수 방향 플라이 볼을 치자

1루주자는 공이 잡힐 것을 우려하여 1-2루 사이에 있고

타자주자는 1루를 지나 2루를 향해 뛰었습니다.

이때 우익수가 공을 잡지 못하고 떨어뜨리자

그제야 1루주자는 2루를 향해 뛰었고, 타자주자는 1루로 귀루하려 했는데

우익수가 악송구를 범하여 공이 덕아웃으로 들어갔습니다. 판정은?

- 심판 판정

  상황: 볼 데드, 1루주자: 3루까지 안전진루, 타자주자: 2루까지 안전진루

- 설명

  야구규칙 5.06(a)(2), 5.06(b)(4)(G) [원주1] 악송구를 저지른 최초의 플레이어가 외야수이고 우익수의 손에서 공이 떨어질 당시 점유했던 베이스를 기준으로 2개루 안전진루가 주어지므로 타자주자와 1루주자 모두 3루까지 안전진루권이 부여됩니다. 하지만 2명의 주자가 같은 베이스를 점유할 수 없고, 베이스 점유에 대한 우선권은 선행주자에게 있기 때문에 1루주자는 3루로, 타자주자는 2루까지만 안전진루가 허용됩니다.

5.10-15 폭투 또는 포일이 된 공을 주우러 가다가 수비수 몸에 닿고 볼 데드지역에 들어간 경우

- 심판 판정

  상황: 볼 데드, 1루주자: 3루까지 안전진루

- 설명

  <mark>야구규칙 5.06(b)(4)(H) [부기]</mark> 만일 폭투나 패스트볼이 포수를 통과하거나 포수에 닿아 방향이 굴절되어 곧바로 덕아웃, 관중석 등 볼 데드지역으로 직접 들어갔을 때는 1개루 안전진루권이 주어집니다. 하지만 볼 데드지역에 들어가지 않은 공을 포수가 발로 차서 덕아웃에 들어간 것이므로 투구 당시 1루주자가 점유한 베이스를 기준으로 2개루 안전진루권이 주어져 3루까지 안전진루를 하게 됩니다.

  단, 포수의 발에 차이기 전에 모든 주자가 1개 베이스 이상 도달했다면 <mark>야구규칙 5.06(b)(4)(H) [부기], [원주2]</mark>에 의거 투구 당시가 아닌 이미 도달했던 베이스를 기준으로 2개루 안전진루권이 주어집니다.

5.10-16 수비수가 고의로 글러브를 던져서 송구에 닿게 한 경우

- 심판 판정
  상황: 볼 인 플레이, 1루주자: 3루까지 안전진루, 타자주자: 2루까지 안전진루
- 설명
  야구규칙 5.06(b)(4)(D,E) 수비수가 글러브를 고의로 던져서 송구에 닿게 하거나 모자, 마스크 또는 원래 몸에 부착되어 있는 것을 떼어 송구에 닿게 하면 모든 주자에겐 2개루 안전진루권이 주어집니다.
  단, 글러브에 맞은 공이 굴절되어 수비하기 어려운 곳으로 가서 주자들이 2개 베이스 이상을 진루할 수 있으므로 볼 인 플레이로 합니다.
  야구규칙 5.06(b)(4)(E)[원주] 그러나 글러브를 던졌다 해도 공에 닿지 않았다거나 공을 포구하는 충격으로 우연히 글러브가 벗겨진 것이라면 아무런 페널티가 없으며 볼 인 플레이입니다.

5.10-17 투수가 투수판에서 중심발을 뒤로 뺀 후 던진 견제구가 볼 데드지역에 들어간 경우

무사 1, 3루 상황에서

투수가 중심발을 투수판 뒤로 뺀 후

3루로 견제구를 던졌는데

이 공이 악송구가 되어

덕아웃으로 들어갔습니다. 판정은?

- 심판 판정
  상황: 볼 데드, 1루주자: 3루로 안전진루, 3루주자: 본루까지 안전진루
- 설명
  야구규칙 5.06(b)(4)(G), 5.07(e) 투수가 중심발을 투수판 뒤로 뺐을 경우 내야수로 간주됩니다. 따라서 그 위치에서 범한 악송구는 다른 내야수의 악송구와 똑같이 취급되므로 송구가 볼 데드지역으로 들어가는 순간 모든 주자들에게 2개루 안전진루권이 주어집니다.

5.10-18 타구가 외야 페어지역에 바운드된 후 볼 데드지역에 들어간 경우

- 심판 판정

  상황: 볼 데드, 1루주자: 3루로 안전진루, 타자주자: 2루로 안전진루
- 설명

  야구규칙 5.05(a)(6) 페어 볼이 일단 땅에 닿은 뒤 바운드하여 볼 데드지역에 들어갈 경우 인정 2루타(오토매틱 더블)가 되며 타자와 주자 모두에게 2개루 안전진루권이 주어집니다.

  이때 타구가 볼 데드지역에 들어갔다가 튕겨 나와도 마찬가지로 2개루 안전진루권이 주어집니다.

 5.10-19 페어 타구가 경기장 시설물에 끼인 경우

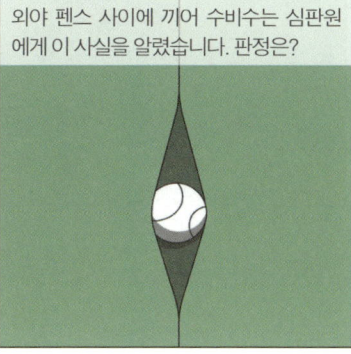

- 심판 판정

  타임을 선언한 후 펜스에 끼었는지 여부를 확인한 후 그에 맞는 후속 조치를 해야 함
- 설명

  야구규칙 5.05(a)(6,7), 5.06(b)(4)(F)(ii) 페어 볼이 땅에 닿기 전이나 닿은 후거나 관계없이 펜스 또는 스코어보드의 중간에 벌어진 틈이나 밑을 통과하거나 틈새에 끼어 멈추었을 경우 또는 펜스의 담쟁이 덩굴 등에 걸려 플레이를 할 수 없는 경우, 수비수가 이 사실을 심판원에게 알리면 심판원은 '타임'을 선언한 뒤 사실 여부를 확인해야 합니다. 타구가 끼인 게 맞다면 투구 당시 점유한 베이스를 기준으로 타자와 주자 모두에게 2개루 안전진루권을 부여하고, 끼인 것이 아니라면 경기가 그대로 진행됐을 때 타자와 주자가 어디까지 진루할 수 있었을지에 대해 심판원이 판단하여 조치를 취해야 합니다.

5.10-20 타구가 페어지역에서 땅에 닿기 전 수비수에 닿고 볼 데드지역에 들어간 경우

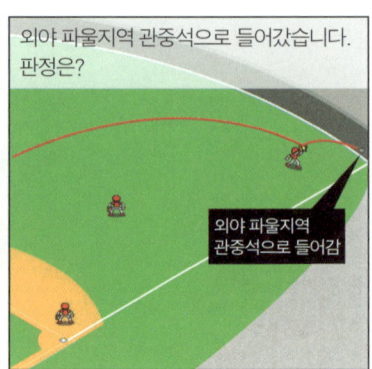

- 심판 판정

  상황: 볼 데드, 1루주자: 3루로 안전진루, 타자주자: 2루로 안전진루

- 설명

  야구규칙 5.05(a)(9)(A) 페어 플라이 타구가 수비수에게 닿으며 굴절되어 파울지역의 관중석에 들어가거나 파울지역의 펜스를 넘어갔을 경우 타자와 주자에게 2개루 안전진루권이 주어집니다.

  야구규칙 5.05(a)(9)(B) 그러나 페어 플라이 타구가 야수에 닿고 페어지역의 외야 관중석이나 펜스로 넘어갔을 경우 타자에게 홈런이 주어집니다. 단, 그 관중석 또는 펜스의 거리가 본루부터 250피트(76.199미터) 미만일 때는 2개루 안전진루권이 주어집니다.

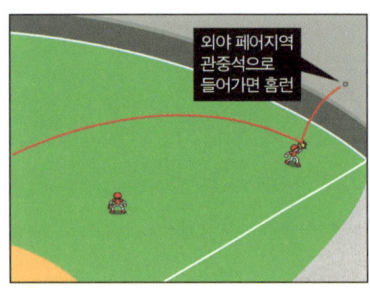

5.10-21 타구가 페어지역에서 땅에 닿은 후 수비수에 닿고 볼 데드지역에 들어간 경우

무사 1루 상황에서 타자가 우익수 방면의 깊은 플라이 타구를 쳤고,

페어지역에 바운드된 공이 우익수의 글러브에 맞고 외야 관중석으로 넘어갔습니다. 판정은?

- 심판 판정

 상황: 볼 데드, 1루주자: 3루로 안전진루, 타자주자: 2루로 안전진루

- 설명

 야구규칙 5.05(a)(8) 일단 바운드한 페어 볼이 야수에게 닿아 굴절되어 페어지역이나 파울지역을 가릴 것 없이 관중석으로 들어가거나 펜스의 위로 넘어갔을 경우 타자와 주자 모두에게 투구 당시를 기준으로 2개루 안전진루권이 주어집니다.

 다만 일본 야구규칙 5.06(b) 〈제3판 해설:공의 진로가 바뀌어 볼 데드 지역에 들어갔다〉 에서는 수비수가 고의로 타구를 굴절시켜 볼 데드 지역에 들어가게 했을 경우 투구 당시를 기준으로 하지 않고 타구가 수비수에 닿아 굴절될 당시를 기준으로 2개루 안전진루권을 부여하도록 정의하고 있습니다.

 5.10-22 송구가 주자에 닿고 볼 데드지역에 들어간 경우

1사 1, 3루 상황에서 타자가 1루수 정면의 땅볼 타구를 치자

공을 잡은 1루수는 1루를 터치한 후

3루주자의 득점을 막기 위해 홈으로 송구했는데

아웃된 타자주자가 달려가던 여세로 이를 피하지 못하고 주로의 1/3 지점에서 송구에 머리를 맞고 공은 관중석으로 들어갔습니다. 판정은?

- 심판 판정
  상황: 볼 데드, 타자주자: 땅볼 아웃, 1루주자: 3루까지 2개 베이스 안전진루, 3루주자: 홈으로 안전진루
- 설명
  아웃된 타자주자가 1루수의 송구를 방해할 목적으로 계속 달려간 것이라면 야구규칙 5.09(a)(13)에 의거 고의적 수비방해에 해당하며 방해에 대한 페널티로 3루주자까지 함께 아웃시킬 수 있습니다. 그러나 달려가던 여세로 인해 멈추지 못한 상황이었다면 야구규칙 6.01(a)(5)[원주]에 의거 수비방해로 보지 않습니다.
  또한 타자주자가 송구에 맞은 위치는 주로의 1/3 지점으로 아직 3피트 레인에 도달하기 전이었기 때문에 야구규칙 5.09(a)(8), 6.01(a)(10)에 의거 주루반칙 여부와 상관없이 1루수의 송구 실책에 해당합니다.
  이때 타자주자를 맞춘 이 악송구가 볼 데드지역으로 들어갔으므로 아웃된 타자주자를 제외한 나머지 주자들에겐 1루수가 송구할 당시 점유했던 베이스를 기준으로 2개루 안전진루권이 주어집니다.

안전진루권 – 3개 베이스

 5.10-23 타구를 향해 수비수가 고의로 글러브 또는 기타 용구를 던져서 타구 방향을 굴절시킨 경우

- 심판 판정
  상황: 볼 인 플레이, 타자주자: 3루까지 안전진루 허용, 1루주자: 본루까지 안전진루 허용
- 기록원 판정
  유격수의 방해가 없었다면 타자주자가 어디까지 진루했을지 판단하여 타자에게 안타를 부여하며, 그 이후 3루까지의 진루는 수비 실책에 의한 진루로 기록
- 설명

  야구규칙 5.06(b)(4)(B,C) 유격수 수비반칙에 해당하며 타자와 주자에겐 3개루 안전진루권이 부여됩니다. 글러브 외에 야수가 모자, 옷 등을 던져서 타구의 진로를 차단한 경우에도 각 주자에겐 3개루 안전진루권이 주어집니다.

  야구규칙 5.06(b)(4)(C)[주1,2] 이 항에서 말하는 페어 볼이란 야수에게 이미 닿았든 안 닿았든 관계없습니다. 즉, 다른 수비수에게 이미 맞고 굴러가는 타구에 글러브 등을 집어던져 맞춰도 여전히 3개루 안전진루권이 주어집니다.

  다만, 이때 타자주자가 위험을 무릅쓰고 추가 진루를 시도할 수도 있으므로 볼 인 플레이 상태에서 경기를 그대로 진행시켜야 합니다.

  야구규칙 5.06(b)(4)(A) 페어 볼이 공중에 뜬 채로 명백히 담장을 넘어갔을 것으로 심판원이 판단한 타구를 야수가 글러브, 모자, 기타 옷의 일부를 던져 진로 변경을 시켰을 경우 홈런으로 인정합니다.

  야구규칙 5.06(b)(4)(E)[원주] 그러나 글러브를 던졌다 해도 공에 닿지 않았다거나 공을 포구하려는 시도에서 우연히 글러브가 벗겨진 것이라면 아무런 페널티도 주어지지 않습니다.

Q **5.10-24 타구에 입김을 불어서 파울 볼로 만든 경우**

- 심판 판정

  상황: 볼 인 플레이, 타자주자: 3루까지 안전진루 허용, 1루주자: 본루까지 안전진루 허용

- 설명

  야구규칙 5.06(b)(4)(C)[주2] 야수가 내야의 페어지역을 구르고 있는 타구의 진로를 어떤 방법으로든 몸에 닿지 않고 고의로 변하게 하여 파울 볼로 만들었을 경우에도 3개루 안전진루권이 주어집니다. 이때도 볼 인 플레이입니다.

6

투수
- pitcher -

6.01

와인드업 포지션과 세트 포지션

와인드업 포지션(wind up position)과 세트 포지션(set position)

용어의 정의 70, 82, 야구규칙 5.07(a) 와인드업 포지션과 세트 포지션은 마운드에서 투수가 취하는 두 가지 형태의 정규 투구폼을 말합니다.

세트 포지션이란 측면으로 선 투수가 두 손을 모으고 '정지동작'을 하는 것을 말합니다. (이때 중심발은 투수판에 평행하게 닿아야 하고 자유발은 투수판 앞에 두고 완전히 측면으로 서야 함)
이 '정지동작'은 주자에 대한 투수의 기만행위를 막기 위함인데 루상에 주자가 없을 때는 주자 기만의 여지가 없겠죠?
그래서 실제 야구경기에선 루상에 주자가 없을 때 투수가 세트 포지션 자세에서 정지동작을 하지 않더라도 암묵적으로 허용해 오다가 2019년 공식야구규칙에 5.07(a)(2)〔원주〕항을 신설해 원칙적으로 인정해 주게 되었습니다.

그럼 루상에 '주자가 있을 경우'엔 세트 포지션으로만 던져야 할까요? 그렇지는 않습니다. **야구규칙 5.07(a)**에 의거 투수는 와인드업 포지션과 세트 포지션 두 가지 모두 수시로 사용할 수 있습니다.
다만 루상에 주자가 있고, 투수가 완전히 측면으로 섰을 때는 세트 포지션이 적용됩니다.
기억할 것은 루상에 반드시 주자가 있어야 한다는 사실입니다.

🔘 와인드업 포지션(오른손 투수)

와인드업 포지션의 투구자세일 경우 야구규칙서 **그림 10. 투수자세 와인드업 포지션(오른손 투수)**에 의거 중심발은 투수판에 대고, 다른 발은 투수판의 위, 앞, 뒤 또는 양 옆 밖에 놓을 수 있습니다.

✖ 중심발(Pitcher's pivot foot) : **용어의 정의 61** 투수가 투구할 때 투수판에 대고 있는 발을 말한다.

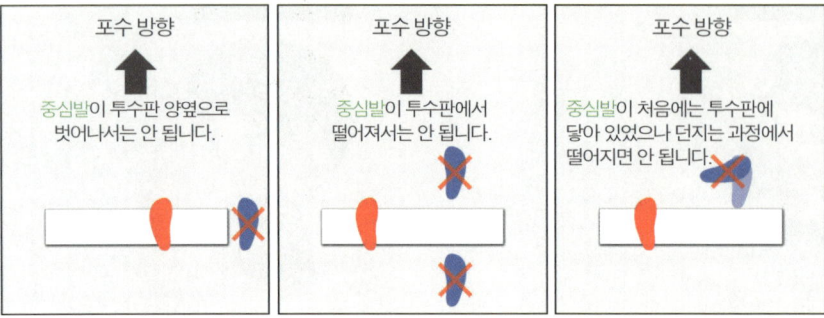

야구규칙 5.07(a)(1)
투수는 타자 쪽을 향하여 서고, 중심발은 투수판에 대고, 다른 발은 자유롭게 둔다.

야구규칙 5.07(a)(1)(B)
투수가 중심발은 투수판에 대고, 다른 발은 어디에 두든지 간에 신체 앞에서 두 손을 모아 공을 잡으면 와인드업 포지션에 들어간 것으로 간주한다.

와인드업 포지션(오른손 투수)에서의 단계별 투구 동작

1. 준비

2. 자유발 뒤로 빼기(빼지 않아도 무방)

야구규칙 5.07(a)(1)(B)
타자를 향해 실제로 투구할 때를 제외하고 어느 발이든 땅으로부터 들어올려서는 안 된다.
단, 자유로운 발은 한 발 뒤로 뺐다가 다시 한 발 앞으로 내디딜 수 있다.

3. 킥킹

4. 스트라이드

5. 투구

세트 포지션(오른손 투수)

프로야구에서 발 빠른 주자가 도루하는 데 걸리는 시간은 약 3.5초입니다. 포수가 투구를 받아서 2루까지 송구하는 데 약 2초가 소요되므로 투수는 투구를 1.5초 안에 해내야 합니다. 주자는 그러한 투수보다 어떻게든 빠른 타이밍에 스타트를 해야 도루에 성공할 확률이 높아지겠죠.
이때 주자가 달릴 준비를 할 수 있게끔 투수가 양손을 모으고 '정지동작'을 하도록 규칙화했는데 이를 세트 포지션이라 합니다.

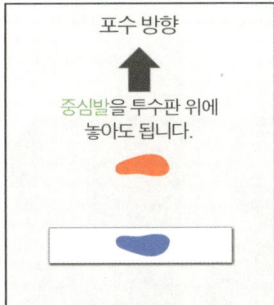
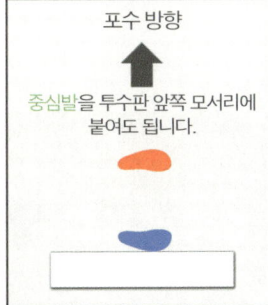
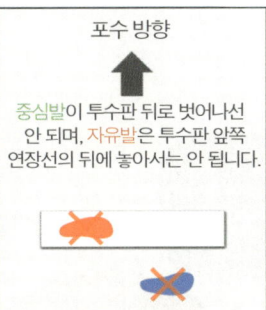

세트 포지션(오른손 투수)에서의 단계별 투구동작

1. 준비

야구규칙 5.07(a)(2)
투수는 세트 포지션을 취하기에 앞서 한쪽 손을 밑으로 내려 신체의 옆 부분에 붙이고 있어야 한다.

야구규칙 5.07(a)(2)
투수는 타자를 향하여 서고, 중심발을 투수판에 대고, 다른 발은 투수판 앞에 놓은 상태에서

2. 스트레치

야구규칙 5.07(a)(2)
투수는 세트 포지션을 취할 때 스트레치(stretch, 팔을 머리 위 또는 신체의 앞으로 뻗는 행위)라는 예비동작을 할 수 있다.

3. 정지(세트 포지션)

야구규칙 5.07(a)(2)
신체의 앞에서 두 손을 모아 공을 잡은 후 완전히 동작을 정지하는 것이 세트 포지션이다.
투수는 스트레치를 계속하여 투구하기 이전에는 (a)맞잡은 두 손을 신체의 앞에 두고 (b)완전히 정지하여야 한다. 이것은 의무사항이며 심판원은 이를 엄중히 감시하여야 한다.

야구규칙 5.07(a)(2)[주3]②
세트 포지션으로부터 투구할 때 자유로운 발은 와인드업 포지션처럼 일단 뒤쪽으로 뺐다가 다시 한 발 내딛는 것은 허용되지 않는다.

여기서 말하는 정지란 **야구규칙 5.07(a)(2)[주2]**에 의거 목을 제외한 신체의 모든 부분의 정지를 말합니다.

정지 시간에 대하여는 규칙서상에 명시되어 있지 않은데 이로 인해 정지 시간에 대한 판단은 리그마다 다소 차이가 있습니다.
미국 메이저리그는 한국 KBO리그보다 정지 시간이 짧은 편이며 반대로 일본 NPB리그의 경우 상대적으로 더 긴 정지 시간을 요구합니다.

야구규칙 5.07(a)(2)
투수는 주자를 베이스에 묶어두기 위하여 항상 규칙에 위배되는 행위를 하려고 한다. 투수가 '완전한 정지'를 이행하지 않았을 때 심판원은 즉시 "보크"를 선고하여야 한다.

야구규칙 5.07(a)(2)에서 언급한 바와 같이 루상에 주자가 나가게 되면 투수는 주자의 도루를 저지하기 위해 최대한 베이스에 묶어두려 합니다.

투수가 주자를 기만하는 이러한 행위를 하지 못하도록 정지동작을 준수케 하는 것입니다. 그러나 와인드업 포지션에서는 정지동작을 요구하지 않습니다.

4. 킥킹

야구규칙 5.07(a)(2)
세트 포지션을 취한 뒤 타자에 대한 투구와 관련한 동작을 일으켰다면 중단하거나 변경함 없이 그 투구를 완료하여야 한다.

5. 스트라이드

야구규칙 5.07(a)(2)[주3]①
자유발은 투수판 바로 옆으로 내딛지 않는 한 앞쪽이면 어느 방향으로 내디뎌도 괜찮다.

6. 투구

6.01-1 투수가 한 명의 타자를 상대로 세트 포지션과 와인드업 포지션으로 번갈아 투구한 경우

무사 3루 상황에서

투수가 1구는 세트 포지션으로 투구했고

2구는 와인드업 포지션으로 투구했습니다. 이는 정규의 투구일까요?

- 심판 판정
  상황: 볼 인 플레이, 정규의 투구임
- 설명
  야구규칙 5.07(a) 투수는 와인드업 포지션과 세트 포지션 두 가지 모두 수시로 사용할 수 있습니다.
  야구규칙 5.07(a)(1)(B) [원주] ③, 5.07(a)(2) [주3] ② 그러나 한 번의 투구 중에 와인드업 포지션에서 세트 포지션으로 변경하거나 세트 포지션에서 와인드업 포지션으로 변경하는 것은 허용되지 않습니다.

6.01-2 세트 포지션 상태에서 자유발을 뒤로 빼며 투구한 경우

무사 3루 상황에서 투수가 포수와 사인을 교환한 뒤

양손을 모은 후

곧이어 자유발을 뒤로 빼며 투구했습니다. 이는 정규의 투구일까요?

- 심판 판정
  상황: 볼 데드, 투수: 보크, 3루주자: 본루로 안전진루
- 설명
  루상에 주자가 있는 상태에서 측면으로 서서 양손을 맞잡으면 세트 포지션이 됩니다. 이 상태에서 자유발을 뒤쪽으로 빼면 야구규칙 5.07(a)(2) [주3] ②에 의거 반칙투구에 해당합니다.

야구규칙 5.07(a)(2) [원주] 에 의거 주자 있을 때 투수가 중심발로 투수판을 평행하게 밟고 양손을 분리한 채 자유발을 투수판 앞에 두면 세트 포지션으로 간주됩니다. 즉, 투수가 이러한 자세로 포수와 사인 교환을 하게 되면 세트 포지션으로 던지려는 의사가 있는 것으로 간주되는 것이죠.

이 상태에서 자유발 먼저 뒤로 뺀 뒤 양손을 모은 후 투구하려 해도 세트 포지션으로 던질 의사를 보이다가 와인드업 포지션으로 변경한 것이 되어 기만적 투구 행위로 보고 보크가 선언됩니다.

자유발을 먼저 뒤로 뺀 후 양손을 맞잡아도 보크에 해당

한 가지 염두에 둘 것은 루상에 주자가 없다면 주자 기만의 여지가 없기 때문에 세트 포지션일지라도 정지동작을 안하거나, 자유발을 뒤로 빼며 투구해도 **야구규칙 5.07(a)(2) [원주]** 에 의거 정상 투구로 인정해 줍니다.

6.01-3 세트 포지션 상태에서 양손을 모으지 않고 투구한 경우

무사 3루 상황에서 투수가 포수와 사인을 교환한 뒤

한동안 정지한 채 서 있다가

양손을 모으지 않고 곧바로 투구했습니다. 이는 정규의 투구일까요?

A

- 심판 판정

  상황: 볼 데드, 투수: 보크, 3루주자: 본루로 안전진루
- 설명

  야구규칙 5.07(a)(2) [주2] 세트 포지션을 취할 때에는 투수판을 밟은 다음 투구할 때까지 반드시 공을 두 손으로 잡은 채 정지동작을 해야 합니다. 정지동작을 했더라도 양손을 모으지 않은 상태였다면 반칙투구에 해당합니다.

6.01-4 세트 포지션 상태에서 양손의 위치를 바꿔서 두 번 정지동작을 한 경우

무사 1루 상황에서

스트레치를 하여

얼굴 앞에서 양손을 모아 정지 동작을 취하고 있다가

다시 배 앞으로 양손을 내려 정지동작을 했습니다. 판정은?

- 심판 판정

  상황: 볼 데드, 투수: 보크, 1루주자: 2루로 안전진루

- 설명

  야구규칙 5.07(a)(2)[주2] 스트레치를 하여 공을 잡을 때는 몸의 앞쪽 어느 곳에서 잡아도 무방하지만 일단 두 손으로 공을 잡고 정지하면 잡은 위치를 이동시켜서는 안 됩니다.

  그러나 얼굴 앞에서 손을 모으고 배 앞으로 내리는 것이 연속된 동작의 일환이라면 **야구규칙 5.07(a)(2)[문][답]** 에 의거 정상적인 동작으로 간주합니다.

  일본 야구규칙에서는 한 타자를 상대하는 동안 양손을 맞잡고 멈추는 위치를 계속해서 바꾸는

  것도 타자를 현혹할 여지가 있는 것으로 간주되어 허용하지 않습니다.

  〈일본 야구 규칙 5.07(a) – 투수〈제3판 해설 : 세트포지션〉

⚾ 중심발을 투수판 뒤로 빼서 투구자세 풀기

> **야구규칙 5.07(e)**
> 투수가 투수판 위의 중심발을 뒤쪽(투수판 뒤)으로 빼었을 때는 내야수로 간주된다.

투수는 투구동작에 들어가기 전이라면 중심발을 투수판 뒤로 빼며 투구자세를 풀 수 있습니다.
투구자세를 풀고 나면 투수가 아닌 일반 내야수들과 동일하게 간주됩니다.

● 와인드업 포지션에서 투구자세 풀기

1. 준비

2. 중심발 빼기

> **야구규칙 5.07(a)(2)[주5]**
> 와인드업 포지션이든 세트 포지션이든 중심발로 투수판을 밟은 채 두 손을 모아 공을 잡은 투수가 투수판에서 중심발을 뺄 때는 반드시 공을 두 손으로 잡은 채 빼야 한다.

> **야구규칙 5.07(a)(1)(B)[원주]③**
> 투수판에서 발을 빼도 좋다(이럴 경우 반드시 두 손을 신체의 양옆으로 내려야 한다). 투수판을 벗어날 때는 중심발부터 빼야 한다. 자유로운 발을 먼저 빼면 주자가 있을 시 보크가 된다.

3. 양손 내리기

> **야구규칙 5.07(a)[원주]**
> 투수는 투수판에서 발을 빼면 반드시 두 손을 신체의 양쪽으로 내려야 한다.

> **야구규칙 5.07(a)(2)[주5]**
> 중심발을 투수판에서 뺀 뒤에는 반드시 두 손을 떼어 신체의 옆 부분으로 내리고 난 다음 다시 중심발을 투수판에 대지 않으면 안 된다.

● 세트 포지션에서 투구자세 풀기

1. 준비

2. 중심발 빼기

야구규칙 5.07(a)(2)
세트 포지션자세에서 투수는 투구하든지, 베이스에 송구하든지, 중심발을 투수판 뒤로 빼도 좋다.

야구규칙 5.07(a)(2)[주4]
주자가 베이스에 있을 때 투수는 세트 포지션을 취한 후라도 투구 외의 다른 플레이를 하기 위한 목적으로 자유로이 투수판을 벗어날 수 있다. 이 경우 중심발은 반드시 투수판의 뒤쪽으로 빼야 한다. 옆이나 앞으로 빼면 보크가 선언된다.

3. 양손 내리기

야구규칙 5.07(a)[원주]
투수는 투수판에서 발을 빼면 반드시 두 손을 신체의 양쪽으로 내려야 한다.

🚩 6.01-5 중심발을 투수판 뒤로 뺀 채 던진 투수의 공을 타자가 친 경우

- **심판 판정**

  상황: 볼 데드, 타자: 수비방해, 3루주자: 타자의 수비방해에 대한 페널티로 아웃

- **설명**

  투수가 투구판 뒤로 정규로 발을 빼면 **야구규칙 5.07(e)**에 의거 투수가 아닌 내야수로 간주되며, 이때 본루를 향해 공을 던져도 투구가 아닌 내야수의 송구가 됩니다. 투구가 아니므로 포수가 본루 위 또는 그 앞으로 나오는 것은 **야구규칙 6.01(g)[주4]**에 의거 정규의 플레이입니다. 따라서 타자가 이 송구를 치면 오히려 수비방해이며 볼 데드가 됩니다.

  이때 염두에 둘 것은 일반적으로 수비방해를 한 당사자가 아웃되지만 홈 스틸의 경우 **야구규칙 5.09(b)(8)[주2][예], 5.09(b)(8)[주3], 6.03(a)(4)[원주]**에 의거 방해행위를 한 타자를 아웃시키는 것이 아니라 수비 대상인 3루주자를 아웃시키고 타자는 다시 타격해야 합니다.

  단, 2사 이후일 경우에는 타자에게 아웃을 선고합니다.

변칙 투구에 대한 판정

 6.01-6 투구동작의 완급을 달리해서 투구한 경우

무사 주자 없는 상황에서 투수가 한 명의 타자를 상대로 1구는 킥킹을 높이 들고 완만히 투구했고, 2구는 완급을 달리해서 킥킹을 낮게 들고 빠르게 투구했습니다. 이는 정규의 투구일까요?

[1구] 킥킹을 높고 느리게

[2구] 킥킹을 낮고 빠르게

- **심판 판정**
  상황: 볼 인 플레이
- **설명**
  루상에 주자가 없다면 투수는 **야구규칙 5.07(a)(2) [원주]**에 의거 정지동작이 필요 없습니다. 또한 킥킹 시 발의 높이나 투구동작의 속도에 대해서도 규칙서상에서 제약이 없으므로 **야구규칙 5.07(a)(2) [주1]**의 경우처럼 투구동작 중에 고의로 일시정지하거나 투구동작을 자연스럽게 이어가지 않는 등의 기만적인 동작이 없다면 1, 2구 모두 정규의 투구입니다.

6.01-7 투수가 독특한 형태의 투구동작을 취하는 경우

무사 3루 상황에서 투수가 킥킹을 시작했다가 다리를 아래로 살짝 튕긴 후 다시 들어올려 투구했습니다.
이는 정규의 투구일까요?

- 심판 판정

경우에 따라 정규의 투구일 수도, 반칙투구일 수도 있습니다.

- 설명

야구규칙 5.07(a)(2) [주1]에 의거 와인드업 포지션 및 세트 포지션에서 투수가 투구동작 중에 고의로 일시정지하거나 투구동작을 자연스럽게 이어가지 않고 의도적으로 단계를 취하는 동작을 하거나 손발을 흔들흔들하면서 투구하면 반칙투구에 해당합니다.

주자가 있을 경우에는 '보크', 주자가 없을 경우에는 '볼'이 적용되지만 실제 야구경기에서는 이러한 동작이 그 투수가 가지고 있는 특유의 투구폼이고, 항상 그렇게 투구한다는 보편적 인식이 있을 경우 자연스러운 투구동작의 일환으로 보고 정규의 투구폼으로 인정해 줍니다.

그러나 위 규칙은 타자를 기만할 여지가 있다는 이유로 일본에서 독자적으로 만들었던 규칙으로 영문규칙에는 없는 내용입니다. 2018년부터는 일본에서도 이 규칙이 개정되어 반칙투구에서 제외되었습니다.

6.02
보크의 판정과 견제구

🥎 보크(balk)와 일리걸 피치(illegal pitch)

무사 1루 상황에서 타자가 2루수 머리 위의 뜬공을 쳤습니다.

플라이 아웃 처리될 것을 예상한 타자는 천천히 달렸고, 1루주자도 1루를 벗어나지 않았습니다.

이때 쉽게 포구할 수 있는 공을 2루수가 고의로 원 바운드로 잡았고 포스 플레이 상황이 되었습니다.

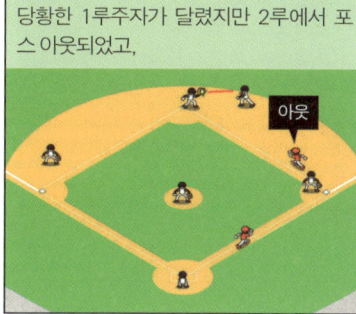
당황한 1루주자가 달렸지만 2루에서 포스 아웃되었고,

타자 역시 아웃되며 더블 플레이가 되었습니다.

이처럼 수비수가 상대 주자나 타자를 속이는 페이크 동작을 디코이(decoy) 플레이라 하며 재치 있는 플레이로 인정받을 수 있습니다.

그러나 단 한 명 속임동작을 해서는 안 되는 수비수가 있습니다. 바로 '투수판을 밟고 있는 투수'입니다.

🥎 보크 규정의 목적

보크 규정의 목적은 **야구규칙 6.02(a) [벌칙] [원주]**에 의거 투수가 고의로 주자를 속이려는 걸 막기 위함입니다.

투수가 투구하는 척하며

견제구를 던진다면 주자가 베이스를 벗어나는 건 어려울 것이고,

당연히 주자들의 적극적인 주루 플레이도 볼 수 없겠죠.

마찬가지로 견제구를 던질지 투구를 할지 알 수 없는 타자 입장에서도 타격 타이밍을 잡기 힘들 테니 결국 타자와 주자 모두 투수에 비해 시종일관 불리한 상황에 놓일 수밖에 없습니다. 이 때문에 보크 규정이 존재하는 것입니다.

① 베이스에 주자가 있을 때 ② 투수판을 밟고 있는 투수가 주자나 타자를 향해 속임동작을 하면 기만행위로 간주하여 이에 대한 벌칙으로 보크가 선언되며 루상의 주자들에겐 1개루 안전진루권이 주어집니다.

용어의 정의 3, 야구규칙 6.02(a)

앞서 언급했듯 보크 규정의 목적은 투수가 고의로 주자를 속이려는 걸 막기 위함입니다.

즉, 루상에 주자가 없다면 보크는 적용되지 않습니다.

 6.02-1 루상에 주자가 없을 때 반칙투구에 대한 판정은?

- 심판 판정
  상황: 볼 데드, 투수: 반칙투구에 대한 벌칙으로 1볼 부여
- 설명
  야구규칙 6.02(b) 루상에 주자가 없을 때 발생한 투수의 반칙투구는 보크라 하지 않고 일리걸 피치라 합니다. 이때 반칙투구에 대한 페널티로 진루시킬 주자가 없으므로 대신 공의 궤적과 관계없이 그 투구에 대해 볼을 선언합니다. 단, 타자가 안타·실책·4사구 등으로 1루에 나갔을 때는 제외합니다.
  야구규칙 6.02(b)[주] 주심은 반칙투구에 대하여 볼을 선고하였으면 그것이 반칙투구에 의한 것임을 투수에게 알려야 합니다.

 6.02-2 루상에 주자가 있을 때 반칙투구에 대한 판정은?

- 심판 판정
  상황: 볼 데드, 투수: 보크로 인한 무효 투구, 1루주자: 투수 보크로 인해 2루까지 안전진루
- 설명
  야구규칙 6.02(a)[벌칙] 보크가 선언되면 볼 데드가 되고 주자는 아웃될 염려 없이 1개루 안전진루합니다. 따라서 1루주자에겐 2루까지 안전진루권이 주어지며, 투구는 공의 궤적과 관계없이 무효 투구로 처리됩니다.
  단, 타자가 안타·실책·4사구 등으로 1루에 도달하고 다른 주자들도 최소한 1개 베이스 이상 진루하였을 때는 보크와 관계없이 플레이는 계속됩니다.

 6.02-3 공에 이물질을 묻히거나 묻힐 여지가 있는 경우

무사 1루 상황에서 투수가 마운드에서 손에 침을 바른 뒤 그대로 투구했습니다. 판정은?

- 심판 판정
  상황: 볼 데드, 투수: 보크(Balk), 1루주자: 투수 보크로 인해 2루까지 안전진루
- 설명
  손에 침을 바르고 투구하는 것은 **야구규칙 6.02(c)(3)**에 의거 투수의 금지사항에 해당하며, **야구규칙 6.02(d)(4)**에 의거 주자가 없으면 볼을, 주자가 있으면 보크가 선언됩니다.
  주심은 **야구규칙 6.02(c)(2)~(6)[벌칙]**에 의거 그 투수에게 경고한 뒤 그 이유를 방송합니다. 경고 후에도 투수가 반복하였을 경우 그 투수는 퇴장됩니다.
  만약 주심이 위반을 선고하였음에도 불구하고 플레이가 계속되었을 경우 **야구규칙 6.02(c)(2)~(6)[벌칙]③**에 의거 공격측 감독은 그 플레이를 선택할 수 있으며 감독의 선택이 없을 경우엔 원래대로 볼 또는 보크 선언 후 플레이를 재개하게 됩니다.
  단, 타자가 안타·실책·4사구 등으로 출루하고 루상의 주자도 1개루 이상씩 진루하면 반칙과 관계없이 플레이는 진행됩니다.

6.02-4 투수판을 밟은 투수가 실수로 공을 떨어뜨린 경우

무사 1루 상황에서 투수가 투수판을 밟고 준비자세를 취했다가 실수로 공을 떨어뜨렸습니다. 판정은?

- 심판 판정
  상황: 볼 데드, 투수: 보크, 1루주자: 투수 보크로 인해 2루까지 안전진루
- 설명
  야구규칙 6.02(a)(11) 투수판에 중심발을 대고 있는 투수가 고의 여부에 관계없이 공을 떨어뜨렸을 경우 보크입니다.
  ✕ 참고:『풀어 쓴 야구기록규칙 | KBO 기록위원회 저』, p205, 투수의 낙구가 부른 보크, 핵심은 투수판

 6.02-5 이중동작을 취한 경우-1

무사 2루 상황에서 투수가 상체를 앞으로 구부린 채 포수와 사인을 교환한 후 몸을 들다가 사인 교환이 불명확했는지 다시 상체를 앞으로 구부렸습니다. 판정은?

- 심판 판정
  상황: 볼 데드, 투수: 보크, 2루주자: 투수 보크로 인해 3루까지 안전진루
- 설명
  투수는 **야구규칙 5.07(a)**에 의거 투수판에 발을 대고 포수로부터 사인을 받아야 합니다. 이때 고갯짓만으로 포수에게 의사를 표시해야 하며 몸을 움직여서는 안 됩니다.
  만약 고갯짓 외에 신체의 다른 부분이 움직였다면 **야구규칙 5.07(a)(1)(A), 5.07(a)(2), 5.07(a)(2)[주1], 6.02(a)(1)**에 의거 그 즉시 다음 단계인 와인드업 포지션이나 세트 포지션으로 이어져야 합니다. 그렇지 않고 중간에 멈칫하면 이중동작이 되어 보크가 선언됩니다.

6.02-6 이중동작을 취한 경우-2

무사 2루 상황에서 투수가 상체를 앞으로 구부린 채 포수와 사인을 교환한 후 양손을 모으려다가 사인 교환이 불명확했는지 다시 손을 내렸습니다. 판정은?

- 심판 판정
  상황: 볼 데드, 투수: 보크, 2루주자: 투수 보크로 인해 3루까지 안전진루
- 설명
  야구규칙 5.07(a)(2), 5.07(a)(2)[주1] 고갯짓 외에 신체의 다른 부분이 움직였으므로 그 즉시 다음 단계인 와인드업 포지션이나 세트 포지션으로 이어져야 합니다. 그렇지 않고 중간에 멈칫하면 이중동작이 되어 보크가 선언됩니다.

 6.02-7 세트 포지션에서 목 이외에 다른 신체 부위가 움직인 경우

무사 2루 상황에서 투수가 세트 포지션을 취한 뒤

2루주자의 위치를 확인하기 위해 뒤를 돌아봤는데 어깨까지 함께 돌아갔다가

다시 원위치하였습니다. 판정은?

- 심판 판정
  상황: 볼 데드, 투수: 보크, 2루주자: 투수 보크로 인해 3루까지 안전진루
- 설명
  야구규칙 5.07(a)(2)[주2] 투수가 포수와 사인을 교환하고 나면 와인드업 포지션이나 세트 포지션에 들어가야 하며 세트 포지션을 취한 경우엔 고개만 돌려서 주자를 확인해야 합니다.

6.02-8 투구자세를 풀다가 보크가 되는 경우-1

무사 1루 상황에서 투수가 킥킹을 하기 위해 자유발을 들어올리다가

1루주자가 도루할 듯한 낌새를 느끼자 중심발을 투수판 뒤로 빼며 견제동작을 취했습니다. 판정은?

- 심판 판정

  상황: 볼 데드, 투수: 보크, 1루주자: 투수 보크로 인해 2루까지 안전진루
- 설명

  야구규칙 5.07(a)(1)(A), 5.07(b)(2) 자유발을 들어올리는 등 투구와 관련된 동작을 일으켰다면 중단하거나 변경함 없이 투구해야 합니다. 이를 위반하면 보크에 해당합니다.

  야구규칙 5.07(a)[원주], 5.07(a)(2)[주4, 주5], 5.07(d) 투구자세를 풀 때는 중심발을 먼저 투수판 뒤쪽으로 빼줘야 하며(옆이나 앞으로 빼면 보크), 중심발을 빼고 난 후엔 공을 맞잡고 있던 양팔을 풀어 아래로 내려야 하며 투구자세를 풀고 나면 **야구규칙 5.07(e)**에 의거 투수가 아닌 내야수로 간주됩니다.

 6.02-9 투구자세를 풀다가 보크가 되는 경우-2

2사 3루 상황에서 공을 던지기 위해 자유발을 뒤로 빼며 와인드업 포지션에 들어갔는데

3루주자가 홈 스틸을 시도하자 당황한 투수는 중심발을 투수판 뒤로 빼며

그대로 홈으로 송구했습니다. 판정은?

- 심판 판정

  상황: 볼 데드, 투수: 보크, 3루주자: 투수 보크로 인해 본루까지 안전진루

- 설명

  야구규칙 5.07(a)(1)(A) 자유발을 들어올리는 등 투구와 관련된 동작을 일으켰다면 중단하거나 변경함 없이 투구해야 합니다. 이를 위반하면 보크가 선언됩니다.

  ✕ 참고: 『풀어 쓴 야구기록규칙 | KBO 기록위원회 저』, p206, 주자 홈 질주에 묻힌 임찬규의 보크

6.02-10 세트 포지션자세에서 정지동작을 위반한 경우

2사 3루 상황에서 투수가 포수와 사인을 교환한 후

양손을 모으며 세트 포지션을 취하려 하는데

3루주자가 홈 스틸을 할 것 같은 동작을 취하자 당황한 나머지

곧장 투구를 했습니다. 판정은?

- 심판 판정

  상황: 볼 데드, 투수: 보크, 3루주자: 투수 보크로 인해 본루까지 안전진루

- 설명

  야구규칙 5.07(a)(2) 주자가 있을 때 투수가 중심발은 투수판에 대고 자유발은 투수판 앞에 두고 신체 앞에서 양손을 맞잡게 되면 정지동작을 해야 하며 이를 세트 포지션이라 합니다.

  세트 포지션 상태에서 정지동작을 하지 않은 채 곧바로 투구하면 **야구규칙 6.02(a)(13)**에 의거 보크가 선언됩니다.

6.02-11 투구동작 중 의도적으로 일시정지했다가 던지는 경우

무사 3루 상황에서 투수가 투구동작을 시작하여

킥킹을 완전히 한 후

그 자세로 한동안 멈춰 있다가

느닷없이 투구를 했습니다. 판정은?

- **심판 판정**
  상황: 볼 데드, 투수: 보크, 3루주자: 투수 보크로 인해 본루까지 안전진루
- **설명**

야구규칙 5.07(a)(2)[주1]에 의거 와인드업 포지션 및 세트 포지션에서 투수가 투구동작 중에 고의로 일시정지하거나 투구동작을 자연스럽게 이어가지 않고 의도적으로 단계를 취하는 동작을 하거나 손발을 흔들흔들하면서 투구하면 반칙투구에 해당합니다.

그러나 실제 야구경기에서는 이러한 동작이 그 투수가 가지고 있는 특유의 투구폼이고 항상 그렇게 투구한다는 보편적 인식이 있을 경우 자연스런 투구동작의 일환으로 보고 정규의 투구폼으로 인정해줍니다.

단, 그 투수가 그러한 투구동작을 유지하지 않고 다른 형태로 던질 경우엔 타자의 타격 타이밍에 혼선을 초래하려는 의도로 보고 기만행위에 의한 보크를 선언합니다.

6.02-12 투구동작에 들어가서 투구를 완료하지 않은 경우-1

- 심판 판정
  상황: 볼 데드, 투수: 보크, 1루주자: 2루까지 안전진루
- 설명
  야구규칙 5.07(a)(2), 5.07(a)(2)[주1], 6.02(a)(1) 투수판에 중심발을 대고 있는 투수가 투구와 관련된 동작을 일으켰다면 투구를 완료해야 하며 중지하였을 경우엔 보크에 해당합니다. 이는 투구와 관련된 동작을 일으킨 투수가 중간에 멈춰서 주자를 기만하는 견제구를 던지는 것을 막기 위한 것입니다. 달리 말하면 루상에 주자가 없을 때는 투구 동작을 멈추더라도 반칙에 해당하지 않으며 다시 투구해도 괜찮습니다.

 6.02-13 투구동작에 들어가서 투구를 완료하지 않은 경우-2

- 심판 판정
  상황: 볼 데드, 투수: 보크, 2루주자: 3루까지 안전진루, 3루주자: 본루로 안전진루
- 설명
  야구규칙 5.07(a)(1)(A) 와인드업 포지션에서 자유발을 움직이면 투구동작이 시작된 것으로 간주되며 이때 투구동작을 멈춰서는 안 되며 어떤 일이 있어도 투구를 완료해야 합니다. 위 경우처럼 투구하기 힘든 상황이라 할지라도 자신의 잘못으로 인해 발생한 일이므로 도중에 투구 중단은 보크에 해당합니다.

6.02-14 투구동작에 들어가서 투구를 완료하지 않은 경우-3

- 심판 판정
  상황: 볼 데드, 투수: 보크, 1루주자: 2루까지 안전진루
- 설명
  야구규칙 5.07(a)(1)(A), 5.07(a)(2), 6.02(a)(1) 투수판에 중심발을 대고 있는 투수가 투구와 관련된 동작을 일으켰으나 투구를 완료하지 못한 경우 보크에 해당합니다.

6.02-15 중심을 잃은 상태에서 던진 투구가 파울 라인을 넘어간 경우

- 심판 판정
  상황: 볼 인 플레이, 투수: 정상 투구로 볼 판정, 1루주자: 진루 시도 가능
- 설명
  야구규칙 6.02(b) [원주] 투수가 던진 공이 파울 라인을 넘었다면 주자가 있고 없고를 떠나 정상 투구로 인정됩니다.
  ※ 참고:『풀어 쓴 야구기록규칙 | KBO 기록위원회 저』, p322, 투구가 파울 라인을 간신히 넘어간 채○○

6.02-16 중심을 잃은 상태에서 던진 투구가 파울 라인을 넘지 못한 경우

- 심판 판정
  상황: 볼 데드, 투수: 보크, 1루주자: 투수 보크로 인해 2루까지 안전진루
- 설명
  야구규칙 6.02(b) [원주] 투수가 던진 공이 파울 라인을 넘지 않으면 주자가 있고 없고를 떠나 무효 투구(no pitch)입니다. 그러나 주자가 있을 때 공이 파울 라인을 넘지 않았다면 무효 투구와 더불어 투구를 완료하지 못한 것으로 보고 보크가 선언됩니다.

  ※ 참고: 『풀어 쓴 야구기록규칙 | KBO 기록위원회 저』, p322, 투구가 파울라인을 넘지 않은 경우

6.02-17 중심을 잃고 넘어지며 공을 떨어뜨린 경우

- 심판 판정
  상황: 볼 데드, 투수: 보크, 1루주자: 투수 보크로 인해 2루까지 안전진루
- 설명
  야구규칙 5.07(a)(1)(A), 5.07(a)(2), 6.02(a)(1) 투구동작에 들어간 투수가 공을 던지는 것과 공을 떨어뜨리는 것은 엄연히 다릅니다. 투수가 넘어지면서 공을 떨어뜨렸고, 손에서 나온 공이 페어지역에 멈췄더라도 이는 투구행위로 볼 수 없습니다. 따라서 투구를 완료하지 못한 것으로 보고 보크를 선언합니다.

6.02-18 손에서 미끄러진 투구가 파울 라인을 넘지 않은 상태에서 포수가 달려나와 포구한 경우

무사 1루 상황에서 투수가 투구동작 중

투수의 손에서 공이 미끄러져 땅에 바운드가 되며 포수석 쪽으로 굴러갔습니다.

이때 포수가 본루 앞으로 달려나가 공을 잡으려 하였습니다. 판정은?

- 심판 판정

    상황: 볼 데드, 포수: 타격방해, 타자: 1루 출루, 1루주자: 타자의 출루에 밀려서 2루 진루

- 설명

    폭투된 공이 땅에 바운드가 되며 포수를 향해 가더라도 경기는 여전히 볼 인 플레이 상태이며, 타자가 이 공을 칠 수도 있습니다. 이때 포수가 본루 위 또는 그 앞으로 나가면 야구규칙 6.01(g)[주1]에 의거 타자가 치려 하였느냐 안 하였느냐에 관계없이 포수의 타격방해로 판정, 타자는 1루까지 안전진루를 합니다.

6.02-19 포수석을 바라보지 않고 투구한 경우

무사 3루 상황에서 투수가 투수판을 밟고 3루를 쳐다보다가

투구동작을 시작했는데
오호~ 견제구 던지실라구?

투구 순간까지도 3루를 바라보며 투구하였습니다. 투구 판정은?
어딜 보고 던지는 게냐?!

- 심판 판정

    상황: 볼 데드, 투수: 보크, 3루주자: 투수 보크로 인해 본루까지 안전진루

- 설명

    야구규칙 6.02(a)(6) 투수가 타자를 정면으로 보지 않고 투구했을 경우, 이는 기만행위에 따른 보크입니다.

6.02-20 퀵 피치를 한 경우

- 심판 판정
  상황: 볼 데드, 투수: 보크, 3루주자: 투수 보크로 인해 본루까지 안전진루
- 설명
  야구규칙 6.02(a)(5)[원주] 타자가 타격자세를 완전히 갖추지 않았는데 투구하는 것은 위험한 행위로 간주되는데 이를 퀵 피치(Quick pitch)라 합니다. 퀵 피치를 하면 보크가 선언되어 루상의 주자에겐 1개의 안전진루권이 주어지며 투구는 무효 투구가 됩니다. 단, 루상에 주자가 없다면 일리걸 피치로 볼이 선언됩니다.

 6.02-21 중심발을 투수판 뒤로 푼 뒤 다시 밟고 곧바로 투구한 경우

- 심판 판정
  상황: 볼 데드, 투수: 보크, 1루주자: 투수 보크로 인해 2루까지 안전진루
- 설명
  야구규칙 5.07(a)[원주] 투수가 투수판에서 발을 빼면 반드시 두 손을 신체의 양쪽으로 내려야 합니다. 그렇게 하지 않고 곧바로 투수판을 밟고 투구하면 퀵 피치로 간주되어 보크가 선언됩니다.

6.02-22 고의4구 때 포수가 미리 포수석을 벗어나서 포구한 경우

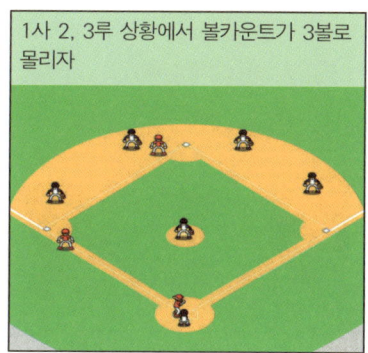

- 심판 판정

  상황: 볼 데드, 투수: 보크, 2, 3루주자: 투수 보크로 인해 1개루 안전진루

- 설명

  <mark>용어의 정의 17, 야구규칙 5.02(a), 6.02(a)(12), 9.14(b)</mark> 고의4구는 의도적인 네 번째 볼을 서 있는 포수에게 투구할 때 해당하며 처음부터 앉은 채로 포구할 경우 볼넷으로 기록됩니다. 포수는 투구가 투수의 손을 떠나기 전까지 양발을 포수석 안에 두어야 합니다. 만약 한쪽 발이라도 포수석 밖으로 벗어났다면 보크에 해당합니다.

  그러나 실제 경기 현장에서의 심판원은 이 규칙을 엄격히 적용하지는 않습니다. 포수가 확연히 포수석을 미리 벗어나 있지 않는 한 투수가 투구하기 직전에 포수가 조금 빨리 포수석 바깥으로 벗어나는 정도는 자연스러운 경기 진행 차원에서 허용해줍니다.

  ✕ 참고: 『풀어 쓴 야구기록규칙 | KBO 기록위원회 저』, p238, 개구리 점프로 안타를 만든 이OO
  ✕ 참고: 『윤병웅의 야구 기록과 기록 사이』, 또 하나의 야구정서법, '개구리 타법'

6.02-23 공을 갖지 않은 투수가 투수판 근처에서 가로선 경우

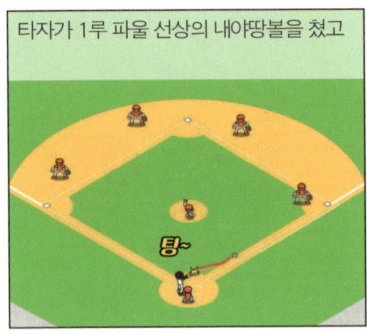

- 심판 판정

  상황: 볼 데드, 투수: 보크(Balk), 1루주자: 투수 보크로 인해 1개루 안전진루

- 설명

  야구규칙 6.02(a)(9) 루상에 주자가 있는 상황에서 투수가 공을 갖지 않고 투수판 부근에 가로서는 것은 무조건 주자를 속이려는 뜻으로 보고 보크를 선고합니다.

견제구와 보크 판정

1루주자 견제-1(오른손 투수)

1. 세트 포지션

2. 중심발을 투수판 뒤쪽으로 빼주며 몸을 회전

야구규칙 5.07(e)
투수가 투수판 위의 중심발을 뒤쪽으로 빼었을 때는 내야수로 간주된다.

야구규칙 5.07(a)(2)[주4]
투수가 중심발을 투수판에서 빼면 타자에게는 투구할 수 없으나 주자가 있는 베이스를 향해 발을 내딛지 않고 손목만으로 송구할 수도 있고, 또 송구하는 시늉만 하는 것도 허용된다.

3. 고개를 돌려 던지고자 하는 목표를 확인

4. 1루로 송구

⚾ 1루주자 견제-2 (오른손 투수)

1. 세트 포지션

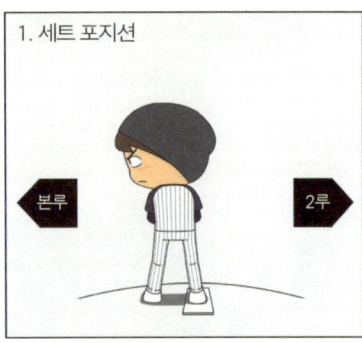

2. 중심발을 투수판 앞쪽으로 빼주며 살짝 점프하며 몸을 회전

> **야구규칙 5.07(d)[주]**
> 투수가 중심발을 투수판에서 빼지 않고 1루로 송구할 경우 투수판 위에서 중심발을 바꾸어 밟더라도 그것이 한 동작으로 이어질 때는 관계없다.

3. 자유발을 1루 방향으로 내딛음

> **야구규칙 5.07(d)**
> 투수가 준비동작을 일으키고 나서 타자에 대해 투구와 관련된 동작을 일으키기 전에는 언제든지 베이스로 송구할 수 있으나 그에 앞서 송구하려는 베이스 방향으로 직접 발을 내딛는 것이 필요하다.
> **[원주]** 투수는 송구하기 전에 반드시 그쪽으로 발을 내디뎌야 한다. 스냅 스로(snap throw, 손목 힘으로 하는 송구)를 한 후 베이스를 향하여 발을 내딛는 것은 보크다.

> **야구규칙 6.02(a)(3)[원주]**
> 투수판을 밟고 있는 투수는 베이스에 송구하기 전에는 직접 그 베이스 쪽으로 자유발을 내딛도록 이 규칙은 요구하고 있다. 투수가 실제로 내딛지 않고 자유발의 방향만 바꾸거나 조금 위로 올려서 돌리거나 또는 발을 내딛기 전에 신체의 방향을 바꾸어 송구하였을 경우는 보크이다.
> 투수는 베이스에 송구하기 전에 그 베이스 쪽으로 직접 발을 내디뎌야 하며 발을 내디딘 후에는 송구하지 않으면 안 된다(2루는 예외).

4. 1루수에게 송구

1루주자 견제-3 (왼손 투수)

1. 세트 포지션

2. 자유발을 던지고자 하는 방향으로 지면과 수직으로 들어올림

3. 자유발을 1루 방향으로 내딛음

야구규칙 5.07(d)
투수가 준비동작을 일으키고 나서 타자에 대해 투구와 관련된 동작을 일으키기 전에는 언제든지 베이스로 송구할 수 있으나 그에 앞서 송구하려는 베이스 방향으로 직접 발을 내딛는 것이 필요하다.
[원주] 투수는 송구하기 전에 반드시 그쪽으로 발을 내디뎌야 한다. 스냅 스로를 한 후 베이스를 향하여 발을 내딛는 것은 보크다.

야구규칙 6.02(a)(3)[원주]
투수판을 밟고 있는 투수는 베이스에 송구하기 전에는 직접 그 베이스 쪽으로 자유발을 내딛도록 이 규칙은 요구하고 있다. 투수가 실제로 내딛지 않고 자유발의 방향만 바꾸거나 조금 위로 올려서 돌리거나 또는 발을 내딛기 전에 신체의 방향을 바꾸어 송구하였을 경우는 보크이다.
투수는 베이스에 송구하기 전에 그 베이스 쪽으로 직접 발을 내디뎌야 하며 발을 내디딘 후에는 송구하지 않으면 안 된다(2루는 예외).

4. 1루로 송구

1루주자 견제-4 (왼손 투수)

1. 세트 포지션

2. 중심발을 투수판 뒤쪽으로 빼줌

야구규칙 5.07(e)
투수가 투수판 위의 중심발을 뒤쪽으로 빼었을 때는 내야수로 간주한다.

3. 시선을 1루 방향으로 향함

4. 1루로 송구

야구규칙 5.07(a)(2)[주4]
투수가 중심발을 투수판에서 빼면 타자에게는 투구할 수 없으나 주자가 있는 베이스를 향해 발을 내딛지 않고 손목만으로 송구할 수도 있고, 또 송구하는 시늉만 하는 것도 허용된다.

● 2루주자 견제-1(왼손 투수)

야구규칙 6.02(a)(2)[주], 6.02(a)(3)[원주] 투수판을 밟은 투수가 베이스에 송구하기 위해 자유발을 내디디면 반드시 그 베이스로 송구해야 하지만 예외적으로 2루는 자유발을 내딛기만 한다면 송구하는 시늉만 해도 괜찮습니다. 그러나 발을 내딛지 않고 던지는 시늉을 했을 때는 보크입니다.

1. 세트 포지션

2. 점프와 동시에 2루 방향으로 회전

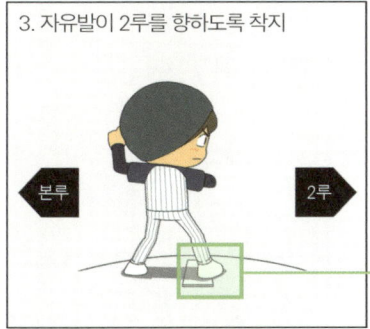

3. 자유발이 2루를 향하도록 착지

야구규칙 5.07(d)[주]
투수판 위에서 중심발을 바꾸어 밟더라도 그것이 한 동작으로 이어질 때는 관계없다. 그러나 송구 전에 중심발을 투수판 위에서 미리 바꾸어 밟은 뒤에 송구하면 중심발을 투수판 위에서 옮긴 것이 되어 보크가 된다.

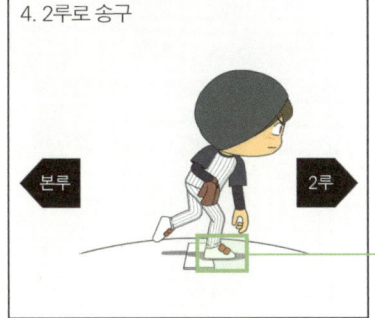

4. 2루로 송구

야구규칙 6.02(a)(2)[주]
투수가 투수판에 중심발을 대고 있을 때 주자가 있는 2루에는 그 베이스 쪽으로 발을 내디디면 던지는 시늉만 해도 괜찮으나 1루와 3루, 타자에게는 던지는 시늉에 그쳐서는 안 된다.
야구규칙 6.02(a)(3)[원주]
투수는 베이스에 송구하기 전에 그 베이스 쪽으로 직접 발을 내디뎌야 하며 발을 내디딘 후에는 송구하지 않으면 안 된다(2루는 예외).

🟠 2루주자 견제-2 (왼손 투수)

1. 세트 포지션

2. 자유발을 들어올려 2루 방향을 향하도록 회전

3. 자유발을 2루 방향으로 내딛음

4. 2루로 송구

야구규칙 6.02(a)(2)[주]
투수가 투수판에 중심발을 대고 있을 때 주자가 있는 2루에는 그 베이스 쪽으로 발을 내디디면 던지는 시늉만 해도 괜찮으나 1루와 3루, 타자에게는 던지는 시늉에 그쳐서는 안 된다.

야구규칙 6.02(a)(3)[원주]
투수는 베이스에 송구하기 전에 그 베이스 쪽으로 직접 발을 내디뎌야 하며 발을 내디딘 후에는 송구하지 않으면 안 된다(2루는 예외).

⚾ 2루주자 견제-3 (왼손 투수)

1. 세트 포지션

2. 중심발을 투수판 뒤쪽으로 빼줌

야구규칙 5.07(e)
투수가 투수판 위의 중심발을 뒤쪽으로 빼었을 때는 내야수로 간주한다.

3. 시선을 2루 측으로 향함

4. 2루로 송구

야구규칙 5.07(a)(2)[주4]
투수가 중심발을 투수판에서 빼면 타자에게는 투구할 수 없으나 주자가 있는 베이스를 향해 발을 내딛지 않고 손목만으로 송구할 수도 있고, 또 송구하는 시늉만 하는 것도 허용된다.

6.02-24 오른손 투수가 3루 방향으로 자유발을 들었다가 회전하여 1루에 견제구를 던진 경우

- 심판 판정
  상황: 볼 데드, 투수: 보크, 1루주자: 투수 보크로 인해 2루까지 안전진루
- 설명
  야구규칙 6.02(a)(3)[원주] 투수가 견제구를 던질 때는 던지고자 하는 방향으로 자유발을 곧바로 내디뎌야 하는데 다른 베이스 방향으로 치켜들다가 몸을 회전하게 되면 주자 입장에서는 킥킹동작으로 오인할 여지가 있기 때문에 투수의 기만행위에 해당하며 보크입니다.

6.02-25 투수가 1,3루로 견제구를 던지기 직전에 자유발이 투수판 뒤끝을 넘어간 경우

- 심판 판정
  상황: 볼 데드, 투수: 보크, 1루주자: 투수 보크로 인해 2루까지 안전진루
- 설명
  야구규칙 6.02(a)(1)[원주], MLB 심판 매뉴얼 p43 왼손잡이든 오른손잡이든 어느 쪽 투수라도 자유발을 흔들어 투수판 뒤끝을 넘으면 타자에게 투구를 해야 합니다. 만약 투구하지 않고 다른 베이스를 향해 견제구를 던지면 이는 보크에 해당합니다. 다만 발이 아닌 무릎만 넘은 경우에는 견제구를 던져도 괜찮습니다.

6.02-26 왼손 투수가 본루 쪽으로 중심이 기운 채 1루에 견제구를 던진 경우

무사 1루 상황에서 투수가

1루로 견제구를 던지는데

몸의 중심이 본루 쪽으로 치우치며 던졌습니다. 판정은?

몸의 중심이 본루 쪽으로 치우친 경우

- 심판 판정
  상황: 볼 데드, 투수: 보크, 1루주자: 투수 보크로 인해 2루까지 안전진루
- 설명
  야구규칙 5.07(d), 6.02(a)(3) 투수판을 딛고 있는 투수가 베이스로 송구할 때는 송구 전에 자유발을 반드시 그 베이스를 향해 내디뎌야 합니다.

6.02-27 견제동작만 취하고 던지지 않은 경우

무사 2루 상황에서

투수가 몸을 돌려 2루 방향으로 자유발을 내디디며 견제구를 던지려 하였으나 2루수는 견제구에 대한 준비가 전혀 없었고 베이스 커버도 늦어 투수는 송구를 멈췄습니다. 판정은?

- 심판 판정
  상황: 볼 인 플레이
- 설명
  야구규칙 6.02(a)(2) [주] 투수가 중심발을 투수판에 대고 몸을 돌려 2루를 향해 자유발을 내디디면서 던지는 시늉만해도 괜찮습니다.
  그러나 1루 또는 3루에 향해서는 발을 내디뎠다면 그 방향으로 던져야 하며 던지는 시늉만 하거나 방향을 바꿔 다른 곳으로 던지면 야구규칙 6.02(a)(3)에 의거 보크로 판정합니다.

6.02-28 받을 의사가 없는 야수에게 견제구를 던진 경우

무사 2루 상황에서

투수는 몸을 돌려 2루로 견제구를 던지려 했으나

2루수는 견제구에 대한 준비가 전혀 없었고 베이스 커버도 늦자 투수는 어쩔 수 없이 베이스에서 떨어져 있던 2루수에게 공을 던졌습니다. 공을 포구한 2루수는 주자 태그를 시도할 만한 위치가 아니었습니다. 판정은?

- 심판 판정
  상황: 볼 데드, 투수: 보크, 2루주자: 투수 보크로 인해 3루까지 안전진루
- 설명
  <u>야구규칙 6.02(a)(8)</u> 베이스를 커버해야 할 수비수가 견제구를 받을 준비가 없었다 해서 베이스에서 멀리 떨어져있는 수비수에게 송구하는 것은 견제와 무관한 불필요한 행위입니다. 따라서 경기시간을 지연시킨 것으로 보고 보크 선언을 합니다.
  그러나 MLB 심판 매뉴얼에서는 이 경우에 보크가 아닌 것으로 되어 있습니다.

  ✕ 참고: 『풀어 쓴 야구기록규칙 | KBO 기록위원회 저』, p205, 루와 떨어진 야수에게 견제구를 던져 보크로 잡힌 데OO와 한OO

 6.02-29 주자가 없는 베이스에 견제구를 던졌을 경우

무사 2루 상황에서

2루주자가 도루를 시도하려는 모습을 보이자

투수는 3루 방향으로 망설임 없이 자유발을 내뻗으며

송구를 했고,

2루주자는 2루로 귀루했습니다. 판정은?

- 심판 판정
  상황: 볼 인 플레이
- 설명
  야구규칙 6.02(c)(8), 6.02(a)(4), 6.02(a)[벌칙][원주]② 투수판에 중심발을 대고 있는 투수가 주자 없는 베이스에 송구하거나 송구하는 시늉을 하였을 경우, 이는 보크에 해당합니다. 단, 플레이에 필요하다면 상관없습니다.
  위 상황에서 투수는 도루를 시도하려는 2루주자를 아웃시키려는 목적으로 3루에 던진 것이며, 이 과정에서 아무런 망설임 없이 곧장 3루로 송구한 것이기 때문에 빈 베이스에 송구한 것으로 보지 않습니다.

6.02-30 불필요한 경기지연 행위에 대한 보크

- 심판 판정
  상황: 볼 데드, 투수: 보크(balk), 2루주자: 3루로 안전진루
- 설명
  투수가 중심발을 투수판 뒤로 빼게 되면 야구규칙 5.07(e)에 의거 내야수로 간주됩니다.
  그러나 그 의도가 단순히 자세를 푸는 것에 머무르지 않고 베이스에서 멀리 있는 야수에게 송구하거나 또는 주자가 도루의 움직임도 없었는데 비어 있는 베이스에 송구할 경우 불필요하게 경기를 지연시킨 것으로 보고 야구규칙 6.02(a)(8), 6.02(c)(8), 일본 야구규칙 6.02(a) - 보크 〈제3판 해설 : 주자 2루 때의 3루로의 송구〉에 의거 보크가 선언됩니다.

6.02-31 견제동작중 공이 손에서 빠져 던지지 못한 경우

- 심판 판정
  상황: 볼 데드, 투수: 보크(Balk), 3루주자: 투수 보크로 인해 본루까지 안전진루
- 설명
  야구규칙 6.02(a)(3)[원주] 투구 때와 마찬가지로 투수가 견제를 위해 베이스 쪽으로 자유발을 내디뎠다면 중단하거나 변경함 없이 송구를 완료해야 합니다.

  ✖ 참고:『풀어 쓴 야구기록규칙 | KBO 기록위원회 저』, p204, 견제구를 던지고 다시 잡은 카브레라의 보크

⚾ 투수가 반칙투구를 했음에도 볼 인 플레이가 되는 경우

기본적으로 투수가 반칙투구를 하면 볼 데드가 됩니다.

> **야구규칙 6.02(b)**
> 베이스에 주자가 없을 때 투수가 반칙투구를 하였을 경우 그 투구는 볼이 선고된다.
> **야구규칙 6.02(c) [벌칙] ①**
> 투구에 대하여 볼을 선고하고 투수에게 경고하고 그 이유를 방송한다.
> **야구규칙 6.02(a) [벌칙]**
> 8.05 각 항에 해당되는 경우(보크)에는 볼 데드가 되고 각 주자는 아웃될 염려 없이 1개 베이스를 진루할 수 있다.

그러나 투수가 반칙투구를 하였음에도 볼 인 플레이 상태에서 그대로 경기가 진행되는 경우가 있습니다. 그 사례를 살펴보겠습니다.

Q 6.02-32 반칙투구를 선언했음에도 투수가 악송구를 했을 경우

무사 1루 상황에서 투수가 투구동작에 들어갔는데 1루주자가 도루를 시도하자

투수가 몸을 돌려 1루에 견제구를 던져 보크 선언이 되었고,

이 공이 악송구가 되었고,

그 사이 1루주자는 2루를 지나 3루로 향했습니다.

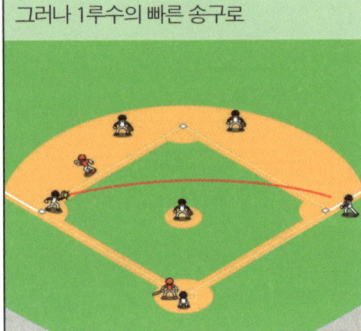

그러나 1루수의 빠른 송구로

주자는 3루에서 태그되었습니다. 판정은?

A

- 심판 판정
  상황: 볼 인 플레이, 1루주자: 태그 아웃
- 설명
  야구규칙 6.02(a)[벌칙][부기1], [주2] 투수가 보크를 하고도 베이스나 홈으로 악송구를 하였을 경우 주자는 아웃될 위험을 무릅쓰고 주어지는 베이스보다 더 많이 진루를 시도할 수 있습니다. 1루주자는 보크로 2루까지 안전진루권을 얻었으나 3루로 추가 진루를 시도하다가 태그된 것이므로 아웃 처리됩니다.

6.02-33 루상에 주자가 없을 때 반칙투구 판정된 투구를 타자가 친 경우

- 심판 판정
  상황: 볼 인 플레이, 타자: 1루 점유
- 설명
  야구규칙 6.02(b) 루상에 주자가 없을 때 투수가 반칙투구를 하면 벌칙으로 볼이 선고되지만 타자가 안타, 실책, 4사구 등으로 1루에 나갔을 경우엔 반칙투구는 없었던 것으로 합니다.

6.02-34 루상에 주자가 있을 때 보크 판정된 투구를 타자가 친 경우

- 심판 판정
  상황: 볼 인 플레이, 타자: 1루 점유
- 설명
  야구규칙 6.02(a) [벌칙] 보크가 선언되면 루상의 주자만 1개루 안전진루권이 주어집니다. 하지만 타자가 안타 · 실책 · 4사구 등으로 1루에 도달하고 다른 주자들도 최소한 1개 베이스 이상 진루하였을 때는 보크와 관계없이 플레이는 계속됩니다.

  ※ 참고: 『풀어 쓴 야구기록규칙 | KBO 기록위원회 저』, p287, 프로야구의 어드밴티지룰

6.02-35 루상에 주자가 있을 때 반칙투구로 판정된 투구를 타자가 친 경우

- 심판 판정

  상황: 볼 데드
  공격 측 감독은 타격에 의한 플레이를 선택할 선택권이 있음. 공격 측 감독이 타격에 의한 플레이를 선택하겠다는 의사 표현을 하지 않으면 심판원은 반칙투구를 적용하여 앞선 모든 플레이를 취소하고 보크를 선언하여 2루주자는 3루로, 타자는 다시 타격해야 합니다.

- 설명

  <u>야구규칙 6.02(c)(3), 6.02(d)(4)</u> 투수가 손에 침을 묻히고 투구하는 것은 반칙이며, 루상에 주자가 없을 경우엔 볼을, 루상에 주자가 있을 경우엔 보크가 선언됩니다. 다만 이런 투수의 반칙투구에도 불구하고 타자가 타격을 해서 주자는 진루하고 타자가 아웃됐다면 공격측 감독은 그 플레이가 끝난 즉시 그 플레이를 선택하겠다는 뜻을 주심에게 통고할 수 있습니다.
  즉, 공격측 감독이 별다른 얘기가 없다면 심판원은 모든 플레이를 무효로 하고 투수의 보크를 적용하여 2루주자는 3루로 진루하고 타자는 다시 타격해야 합니다.

  그러나 공격 측 감독이 그 플레이를 선택하겠다고 하면 타자주자 1아웃과 2루주자의 득점이 인정됩니다.
  단, 타자가 안타·실책·4사구·기타의 방법으로 1루에 나가고 다른 주자도 최소 1개 베이스 이상 진루하였을 경우 위반행위와 상관없이 플레이는 그대로 진행합니다.
  그러나 여전히 투수에게는 반칙투구에 대한 경고를 해야 합니다.

  ✕ 참고: 『풀어 쓴 야구기록규칙 | KBO 기록위원회 저』, p99, *플레이 선택권 (감독) 3. 반칙투구

6.02-36 투수 보크가 선언된 뒤 던진 공이 4사구가 되었을 경우

- 심판 판정
  상황: 볼 인 플레이, 타자: 볼넷으로 1루 출루, 1루주자: 2루 진루, 2루주자: 3루 진루
- 설명

  야구규칙 6.02(a) [벌칙] [주1] 타자의 볼넷 출루로 인해 선행주자들이 모두 1개루 진루가 가능하면 볼넷이 적용됩니다. 그러나 주자 2루, 3루 또는 2·3루 및 1·3루일 경우처럼 타자가 볼넷 출루해도 진루하지 못하는 주자가 있을 경우엔 보크가 적용되어 주자들만 진루하고 타자는 3볼 상황에서 다시 타격하게 됩니다.
  이는 몸에 맞는 볼의 경우도 동일하게 적용됩니다.

  ✕ 참고: 『풀어 쓴 야구기록규칙 | KBO 기록위원회 저』, p205, 볼넷을 얻고도 보크 오심에 묻혀 출루하지 못한 이OO

 6.02-37 투수 보크가 선언된 뒤 던진 공에 타격방해가 발생한 경우

- 심판 판정
  상황: 볼 데드, 타자: 보크 판정으로 다시 타격, 2·3루주자: 보크로 인해 1개루 안전진루
- 설명

  야구규칙 6.02(a) [벌칙] [주1] 투수 보크가 일어난 투구가 4사구가 되었을 때는 주자들의 위치에 따라 4사구가 적용될지 보크가 적용될지가 달라지지만 보크가 일어난 투구에 타격방해가 발생했을 때는 주자의 위치에 관계없이 방해 전에 선언된 보크 판정이 우선합니다. 그러나 일본 야구에서는 2012년 해당 규칙이 삭제되면서 타자가 타격방해로 출루하고 이에 밀려 루상의 주자도 진루가 가능한 상황이라면 보크가 아닌 타격방해를 적용하여 타자와 주자 모두 진루합니다.

6.02-38 보크 상황에서 던진 공이 폭투가 되어 주자가 1개루 이상 진루한 경우

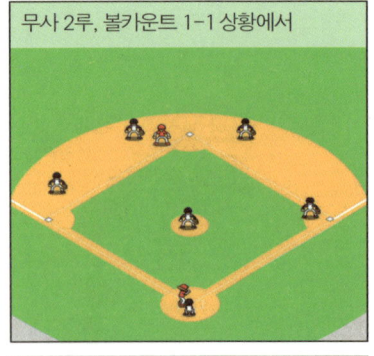

- 심판 판정
  상황: 볼 인 플레이, 2루주자: 득점 인정
- 설명
  보크가 선언된 시점에서 투구는 볼카운트에 아무런 영향을 미치지 않는 무효 투구가 되고 투구가 아닌 송구로 간주됩니다(단, 안타·실책·4사구 등으로 타자와 주자가 모두 진루하면 〈6.02(a)[벌칙]〉에 의거 보크에 관계없이 플레이는 이어짐). 따라서 아래 근거에 의거 주자는 추가 진루를 시도할 수 있습니다.
  야구규칙 6.02(a)[벌칙][부기1] 투수가 보크를 하고도 베이스나 홈으로 '악송구'를 하였을 경우 주자는 아웃될 위험을 무릅쓰고 주어지는 베이스보다 더 많이 진루할 수 있습니다.
  야구규칙 6.02(a)[벌칙][주2] 악송구는 투수의 악송구뿐 아니라 투수가 던진 송구를 잡지 못한 야수의 미스 플레이도 포함됩니다. 주자가 투수의 악송구 또는 야수의 미스 플레이를 이용하여 보크에 의해 주어진 것보다 더 많은 진루를 시도할 때에는 보크와 관계없이 플레이는 계속됩니다.
  한 가지 덧붙이자면 위 규칙에서 '악송구'라고 되어 있는데 투수가 투수판을 밟은 채 던진 공은 송구가 아니라 투구 아니냐는 의구심이 들 수도 있습니다.
  그러나 투수가 투수판을 밟은 채 던졌더라도 이미 보크가 선언된 공은 '무효 투구', 즉 볼카운트에 아무런 영향을 미치지 않는 것이 됩니다. 물론 이 공에 안타·실책·4사구 등으로 타자와 주자 모두 진루하면 야구규칙 6.02(a)[벌칙]에 의거 보크에 관계없이 플레이는 이어진다는 예외 조항이 있긴 합니다. 하지만 일반적으로는 볼카운트에 아무런 영향을 미치지 않는 공이기 때문에 투구가 아니라 송구에 포함시켜 규칙이 적용되는 것입니다.

  ✗ 참고: 『풀어 쓴 야구기록규칙 | KBO 기록위원회 저』, p319, 보크선언과 폭투가 동시에 일어난 경우의 주자진루

Q 6.02-39 투수의 손에서 빠져나간 투구가 페어지역에 멈췄는데 주자가 1개루 이상 진루한 경우

- 심판 판정

  상황: 볼 데드, 투수: 보크, 2루주자: 득점 취소 및 3루로 귀루, 1루주자: 2루 점유

- 설명

  위 상황은 주자 1·2루, 볼카운트 3-2 상황이므로 4번째 공이 스크라이크 존을 벗어나면 볼넷으로 보크와 관계없이 타자와 주자가 모두 진루할 수 있을 것이었습니다. 하지만 던진 공이 파울 라인을 넘지 못했기 때문에 야구규칙 6.02(b)[원주]에 의거 무효 투구로 볼카운트 판정의 범주에 들지 않으므로 볼넷은 인정되지 않습니다. 또한 루상의 주자가 있을 때 공이 포수석이나 파울 라인을 넘지 못하고 페어지역에 멈췄으므로 보크에 해당하며 루상의 주자에겐 1개루 안전진루권이 부여됩니다.

  다만 위 문제에서 주목할 점은 2루주자가 수비수들의 빈틈을 노려 1개 베이스 이상을 진루했다는 것입니다. 야구규칙 6.02(a)[벌칙][부기1]에 의하면 투수가 보크를 하고도 베이스나 홈으로 악송구를 했을 경우 주자는 추가 진루를 시도할 수 있습니다. 여기서 '투수가 보크를 하고도 베이스나 홈으로 악송구를'의 문구를 주의 깊게 봐야 합니다.

  이 문구의 의미는 투수판을 밟은 투수가 정지동작 위반이나 이중동작 등으로 심판원에 의해 '이미' 보크가 선언됐는데 투수가 '투구동작을 멈추지 못하고' 공을 던졌고, 이것이 스트라이크 존을 벗어나 악송구가 되면 루상의 주자는 위험을 무릅쓰고 보크로 주어진 베이스보다 추가 진루를 시도해도 된다는 뜻입니다.

  다시 한 번 강조하자면 '투수가 보크를 하고도 베이스나 홈으로 악송구를'은 투수가 공을 던지기 전에 보크행위를 먼저 한 후 투구동작을 멈추지 못해 공을 던진 것을 의미합니다. 그런데 위 문제에서는 던지기 전에 보크행위를 한 것이 아니라 던진 후 공이 파울 라인을 넘지 않아서 보크 판정을 받은 것입니다.

  전자와 후자는 분명한 차이가 있으며 이런 이유로 위 상황은 야구규칙 6.02(a)[벌칙][부기1]에 해당될 수 없고, 보크 선언과 동시에 볼 데드 상태가 됩니다. 주자들은 1개 베이스만 안전진루가 가능하므로 2루주자의 득점은 인정되지 않고 3루로 귀루해야 합니다.

6.02-40 투수 보크가 선언된 뒤 던진 공이 낫아웃이 된 경우

- 심판 판정

  상황: 볼 인 플레이, 2·3루주자: 진루 인정, 타자: 낫아웃에 의한 출루

- 설명

  NAPBL 심판지침서 6.7 투수 보크 선언 후 던진 공은 야구규칙 6.02(a)[벌칙][부기1]에 의거 투구가 아닌 송구로 간주되긴 하지만 타자를 비롯한 주자들이 모두 1개루 이상씩 진루하게 되면 6.02(a)[벌칙]에 의거 보크와 관계없이 공은 투구로 간주되며 낫아웃이 적용되어 플레이는 계속됩니다.

7

야수
- fielder -

7.01

포구와 후속동작

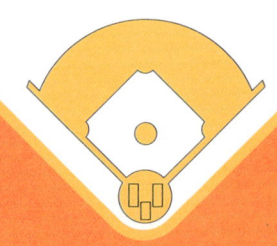

포구(catch)

포구란 야수가 날아가는 타구나 송구를 '손' 또는 '글러브'로 확실하게 잡는 행위를 말합니다.

이때 글러브 위에 단순히 공이 얹혀 있는 것은 포구에 해당하지 않으며 글러브를 움직였을 때 공이 떨어지지 않을 만큼 '확실하게' 움켜쥐어야 포구로 인정됩니다.

✖ 참고: 『풀어 쓴 야구기록규칙 | KBO 기록위원회 저』, p233, 정규의 포구에 대한 정의

후속동작(next play)

무사 1루 상황에서 타자가 유격수 앞 땅볼을 치자 공을 잡은 유격수가

2루수에게 송구하여 1루주자를 포스 아웃 시키고,

2루수는 1루로 송구하여 타자주자를 아웃 시켰습니다.

이처럼 수비수가 공을 잡고 하나의 수비행위를 완료한 후 다음 수비행위를 이어가는 것을 '후속동작'이라고 합니다.

Q 7.01-1 글러브에 튕긴 공을 바닥에 닿기 전에 다시 잡은 경우

플라이 타구가 글러브에 맞고 튕겨 솟아오른 후

지면에 닿기 전에 맨손으로 공을 잡아냈습니다. 판정은?

A

- 심판 판정
  상황: 볼 인 플레이, 타자: 플라이 아웃
- 설명
  용어의 정의 15[원주] 글러브가 아닌 맨손으로 잡아도 포구에 해당하며 공이 글러브에 맞고 튀어오른 후라도 지면에 닿기 전에 잡으면 정규의 포구이므로 타자는 뜬공 아웃 처리됩니다.

Q 7.01-2 글러브에 튕긴 공을 바닥에 닿기 전에 글러브나 손이 아닌, 다른 신체 부위로 받아낸 경우

플라이 타구가 글러브에 닿고 튕겨 솟아오른 후

양팔로 끌어안으며 가슴으로 받아냈습니다. 판정은?

A

- 심판 판정
  상황: 볼 인 플레이, 수비수: 정규의 포구가 아님
- 설명
  용어의 정의 15 손 또는 글러브가 아닌, 다른 신체 부위로 잡은 것은 정규의 포구가 아닙니다.
  다만 이때 공이 땅에 떨어진 것은 아니므로 연속된 동작으로 손이나 글러브로 옮겨 잡으면 포구로 인정되어 타자는 아웃됩니다.

7.01-3 글러브에 튕긴 공이 바닥에 닿기 전에 동료 수비수가 잡아낸 경우

- 심판 판정
  상황: 볼 인 플레이, 타자: 플라이 아웃
- 설명
  용어의 정의 15[원주] 정규의 포구이므로 타자는 뜬공 아웃 처리됩니다.

7.01-4 공격팀 선수나 심판원에 닿은 공을 바닥에 닿기 전에 잡아낸 경우

- 심판 판정
  상황: 볼 인 플레이, 수비수: 정규의 포구가 아님
- 설명
  용어의 정의 15 야수에게 맞고 떠오른 공이 공격 측 선수나 심판원에 닿는 순간 정규의 포구가 아니므로 경기는 볼 인 플레이 상태로 계속 진행됩니다.
  ※ 참고: 『풀어 쓴 야구기록규칙 | KBO 기록위원회 저』, p132, 디플렉트 타구에 맞은 박흥식의 억울한 아웃

7.01-5 투구가 심판원이나 포수의 마스크, 프로텍터 등 다른 장구에 끼인 경우

- 심판 판정
  상황: 볼 데드, 타자: 낫 아웃으로 1루 출루
- 설명

  용어의 정의 15, 야구규칙 5.06(c)(7), 5.09(a)(2)[원주], 5.09(a)(3)[주], 5.05(a)(2) 공이 포수의 옷이나 용구에 끼인 것은 정규의 포구가 아닙니다. 이 경우 볼 데드가 선언되며 루상에 주자가 있다면 1개루 안전진루권이 주어지며 제3스트라이크가 정규로 포구되지 않은 것이므로 1루가 비었다면 역시 1루로 낫 아웃 출루합니다. 또한 심판원에게 맞고 튀어나온 공을 바닥에 닿기 전에 포수가 잡았다면 정규의 포구가 아니며 볼 인 플레이입니다.

 7.01-6 야수가 볼 데드지역 안으로 미리 들어가서 플라이 볼을 잡은 경우

- 심판 판정
  상황: 볼 데드, 타자: 파울 볼
- 설명

  용어의 정의 15[원주] 수비수는 관중석과 같은 볼 데드지역 혹은 덕아웃 안쪽으로 팔을 뻗어 포구를 시도할 수 있으나 그의 신체 대부분이 경기장 쪽에 위치하여야만 정규의 포구로 인정됩니다. 볼 데드지역 혹은 덕아웃에 포구하려는 수비수의 어느 발도 들어가서는 안 되며 이렇듯 미리 볼 데드지역에 들어가서 포구한 것은 정규의 포구가 아니기 때문에 파울 볼로 처리됩니다.

7.01-7 덕아웃 앞에서 공을 잡은 후 덕아웃으로 넘어지는 걸 모면하기 위해 다른 선수에 기댄 경우

3루 측 덕아웃 부근으로 플라이 볼이 발생하자 3루수가 달려가 이를 포구하였으나

달리던 여세로 덕아웃 안으로 넘어질 것 같자 덕아웃에 있던 선수의 신체에 기대며 가까스로 모면했습니다. 판정은?

- 심판 판정
  상황: 볼 인 플레이, 타자: 파울 플라이 아웃
- 설명
  용어의 정의 15[원주] 정규의 포구입니다. 수비수가 공을 포구한 후 덕아웃으로 넘어지지 않기 위해 어느 팀 선수이든 신체에 기대었다 해도 정규의 포구가 됩니다.

7.01-8 공을 잡은 직후 다른 선수나 펜스에 부딪혀 공을 떨어뜨린 경우

- 심판 판정

  상황: 볼 인 플레이, 수비수: 포구 실패

- 설명

  용어의 정의 15 포구가 아닙니다. 포구를 분명히 하기 위하여 야수들은 확실히 공을 잡고 있다는 사실이 인정될 만큼 충분히 오랫동안 공을 잡고 있어야 하며, 공을 손이나 글러브에서 떼는 것은 자발적이고 분명한 의도를 가진 것이어야 합니다.

  여기서 공을 잡고 몇 발짝 이상 걸었다거나 몇 미터 이상을 가다가 놓치면 포구라고 생각하는 이들이 있는데 야구규칙상 이러한 규정은 없으며 그 판단은 오직 심판원의 몫입니다.

  야구규칙 5.09(b)(4)[주2] 이는 야수가 주자를 태그할 때도 마찬가지입니다. 주자를 태그하였으나 야수와 주자가 부딪혀 야수가 공을 떨어뜨렸을 경우 태그 뒤에 공을 확실히 쥐고 있지 않은 것이 되므로 주자는 아웃되지 않습니다.

  또 야수가 주자를 태그한 뒤 비록 공을 떨어뜨리지 않더라도 공을 확실히 쥐고 있지 않고 손 안에서 저글(juggle, 야수가 공을 잡지 못하고 글러브 안에서 튀기는 일)하였을 경우 주자는 아웃이 아닙니다. 야수가 태그한 뒤 얼마 동안 공을 보유해야 하는가는 오로지 심판원이 판단합니다.

7.01-9 송구를 받은 후 글러브에서 공을 빼다가 떨어뜨린 경우

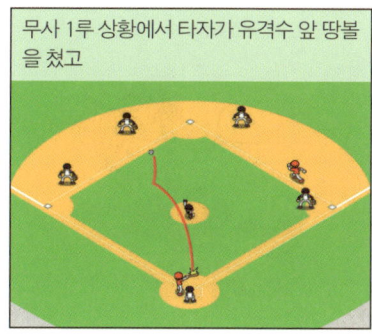

- 심판 판정
  상황: 볼 인 플레이, 1루주자: 포스 아웃, 타자주자: 1루 점유
- 설명
  용어의 정의 15 2루수가 공을 확실히 잡은 뒤 송구동작으로 이어지다가 공을 떨어뜨린 것이라고 심판원이 판단하면 1루주자는 포스 아웃 처리됩니다. 후속동작에 대한 판단은 심판원이 합니다.

7.01-10 파울 플라이 타구가 포수의 프로텍터에 끼인 경우

A

- 심판 판정

  상황: 볼 데드, 타자: 파울 볼

- 설명

  용어의 정의 15, 야구규칙 5.09(a)(2) [원주] 프로텍터 등에 맞고 나온 공을 땅에 닿기 전에 잡은 경우는 정규의 포구로 인정되지만 끼인 경우에는 공이 땅에 닿기 전에 손으로 옮겨 잡아도 정규의 포구로 인정되지 않습니다. 이것이 파울 지역에서 발생하였으므로 파울 볼로 선언됩니다.

  여기에 대해 MLB 심판 매뉴얼*에서는 타구나 송구가 우연히 선수 또는 코치의 유니폼에 들어가거나, 포수의 마스크 또는 장비에 끼었을 경우 심판원은 "타임"을 선언하도록 되어 있습니다.

※ 참고: 『MLB 심판 매뉴얼』, If a batted or thrown ball inadvertently goes inside a player or coach's uniform (or lodges in the catcher's face mask or paraphernalia), the umpire shall call "Time".

8

방해
- interference -

⚾ 타격방해

야구규칙 5.05(b)(3) 포수나 다른 야수가 타자의 타격을 방해하였을 경우 볼 데드가 되며 타자에겐 타격방해로 인해 1루까지 안전진루권이 주어집니다.

8.01-1 주자가 도루를 시도했는데 타자가 스윙하기 전에 포수가 본루 앞으로 나오며 투구를 잡은 경우

무사 2루 상황에서 투구와 동시에 2루주자가 도루를 시도하자 / 당황한 포수는 몸을 일으켜 본루를 밟으며 포구했고 / 그대로 3루로 송구하였습니다. 판정은?

- 심판 판정
  상황: 볼 데드, 타자: 1루로 안전진루, 2루주자: 3루 점유
- 기록원 판정
  2루주자: 도루로 기록
- 설명
  야구규칙 5.06(b)(3)(D), 6.01(g)[주1] 투수가 투구를 했는데 포수가 공을 갖지 않고 본루 위 또는 그 앞으로 나갔을 경우에는 타자가 치려고 하였느냐 안 하였느냐에 관계없이 포수의 타격방해가 되어 타자는 1루까지 안전진루를 합니다.
  이때 볼 데드가 선언되기 때문에 타자에게 밀려가는 주자 외에는 진루할 수 없지만 타격방해 발생 전에 먼저 도루를 시도한 주자의 진루는 인정됩니다.
  그러므로 2루주자의 3루 도루는 인정됩니다.

※ 참고: 『풀어 쓴 야구기록규칙 | KBO 기록위원회 저』, p202, 타격방해관련 도루판정

8.01-2 3루주자의 홈 스틸 중에 타격방해가 발생한 경우

- 심판 판정

  상황: 볼 데드, 타자: 타격방해로 1루 출루, 2루주자: 2루 잔루, 3루주자: 득점 인정
- 설명

  주자 도루 시 타격방해가 발생하면 볼 데드로 하고 그 주자에 대해서는 무조건 도루를 인정해주는 반면 홈으로의 도루, 즉 홈 스틸은 일반적인 도루와는 달리 취급합니다.

  홈 스틸은 일반 도루와 달리 그 판정의 기준을 엄격하게 적용하여 주자가 자신의 힘으로 도루에 성공했다고 인정될 때만 도루가 주어집니다. 이러한 이유로 홈 스틸 도중 타격방해가 발생하면 주자가 자신의 힘이 아닌 포수의 방해로 진루에 성공했다고 보기 때문에 도루로 기록되지는 않습니다.

  그런데 <mark>야구규칙 5.06(b)(3)(D)</mark>에 의거 타격방해 전에 시도된 도루는 도루로 인정해줘야 한다는 규칙에 배치되므로 진루는 시켜야 하는데 도루로 기록될 수 없는 모호한 상황이 됩니다. 그래서 <mark>야구규칙 6.01(g)[주2]</mark>에 의거 3루주자의 진루를 포수의 방해가 아닌 투수의 보크에 의해 진루한 것으로 기록합니다.

  단, 일반적인 보크와는 달리 이 경우에는 도루를 시도한 주자와 타격방해로 타자가 1루에 출루함으로써 밀려가는 주자 이외의 다른 주자는 진루할 수 없기 때문에 도루를 시도하지 않은 2루주자는 2루에 계속 머물러야 합니다.

  이는 홈 스틸과 스퀴즈 플레이 때만 적용되는 예외적인 규칙입니다.

  그러나 미국 MLB와 일본 NPB에서는 규칙이 개정되어 3루주자의 홈 스틸이나 스퀴즈 플레이 때 포수의 타격방해가 발생하면 예외적인 보크가 아닌 일반적인 보크의 규칙을 적용하여 루상에 있던 주자들의 도루 시도 여부에 관계없이 모두 1개 베이스를 진루시키도록 정하고 있습니다.

  ※ 참고: 『풀어 쓴 야구기록규칙 | KBO 기록위원회 저』
   - p203, 보크(Balk) 관련 도루판정
   - p207, 홈 스틸과 일반 도루와의 차이

8.01-3 타격방해에도 불구하고 희생플라이를 쳤을 경우

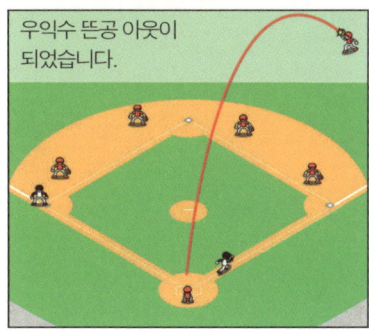

- 심판 판정

  타격방해가 발생해도 경기를 중지시키지 말고 플레이가 모두 종료될 때까지 지켜본 후 볼 데드를 선언하여 타격방해에 따른 판정을 내리되, 공격 측 감독이 타격방해 이후 발생한 플레이를 선택하겠다고 하면 이를 수용해줌

- 설명

  야구규칙 5.05(b)(3) [감독이 플레이를 선택하는 경우의 예] ①
  타격방해에도 불구하고 희생플라이가 발생한 경우 심판원은,
  (1) 공격 측 감독의 특별한 의사 표시가 없다면 타격방해에 의한 타자 출루로 주자 1, 3루 판정
  (2) 공격 측 감독이 타격방해 이후의 플레이를 선택하겠다고 하면 희생플라이로 타자 아웃, 3루주자 득점으로 판정

  이렇게 감독의 선택에 따라 판정은 달라집니다.
  다만 이러한 선택은 플레이가 끝난 뒤 즉시 이루어져야 하며 야구규칙 5.05(b)(3) [감독이 플레이를 선택하는 경우의 예] [주]에 의거 주심에게 플레이 선택을 통고하면 이를 취소할 수 없습니다.
  야구규칙 5.05(b)(3) 그러나 타격방해에도 불구하고 타자와 루상의 모든 주자가 최소 1개 베이스씩 진루하면 감독의 선택 대상이 되지 않으며 플레이는 정상적으로 계속됩니다. 이때 안타, 4사구도 포함되지만 수비수의 실책으로 살았을 경우라도 경기는 계속 진행됩니다.

  ※ 참고: 『풀어 쓴 야구기록규칙 | KBO 기록위원회 저』, p99, *플레이 선택권(감독) 2. 타격방해

8.01-4 타격방해에도 불구하고 희생번트를 쳤을 경우

무사 2루 상황에서

포수가 번트를 시도하는 타자의 배트를 건드려서 타격방해가 발생했으나

타자는 희생번트를 성공시켜

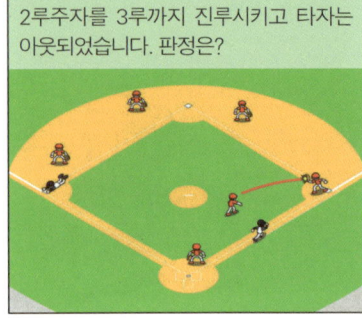
2루주자를 3루까지 진루시키고 타자는 아웃되었습니다. 판정은?

A

- 심판 판정

타격방해가 발생해도 경기를 중지시키지 않고 플레이가 모두 종료될 때까지 지켜본 후 볼 데드를 선언하여 타격방해에 따른 판정을 내리되, 공격 측 감독이 타격방해 이후 발생한 플레이를 선택하겠다고 하면 이를 수용해줌

- 설명

야구규칙 5.05(b)(3) [감독이 플레이를 선택하는 경우의 예]②

타격방해에도 불구하고 희생번트를 성공시켰을 경우 심판원은,
(1) 공격 측 감독의 특별한 의사 표시가 없다면 타격방해에 의한 타자 출루로 주자 1, 2루 판정
(2) 공격 측 감독이 타격방해 이후의 플레이를 선택하겠다고 하면 희생번트와 주자 3루 점유로 판정
이렇게 감독의 선택에 따라 판정은 달라집니다.

8.01-5 타격방해 직후 포수가 악송구를 하여 주자가 진루를 한 경우

- 심판 판정
  상황: 볼 데드, 타자: 타격방해로 1루로 안전진루, 2루주자: 3루로 귀루
- 설명
  야구규칙 5.06(b)(3)(D), 일본 야구규정 5.05 〈제3판 해설:정규 투구와 타격방해〉 타격방해에도 불구하고 타자가 공을 치거나 낫아웃 상황이 되는 등 출루를 시도할 여지가 있었다면 플레이는 그대로 진행되지만 타격방해와 함께 포수가 공을 잡아버렸으므로 타격방해 외에 타자가 출루를 시도할 수 있는 여지가 없습니다. 그러므로 타격방해에 의한 볼 데드가 되어 모든 플레이는 무효가 되며 타자는 타격방해에 의해 1루로 출루합니다.
  단, 타격방해 발생 전에 도루를 시도했던 2루주자의 3루 점유는 인정되므로 3루로 귀루해야 합니다.

8.02

주루방해

주루방해(obstruction)

용어의 정의 51[원주], 야구규칙 6.01(h)(1), (2) 주자가 진루를 시도하는데 공이 없는 수비수가 주자의 진로를 가로막아 주자가 주루행위에 손해를 입었다면 수비수의 반칙이 되며 주루방해가 선언됩니다.

이때 수비수의 고의성 여부에 관계없이 주자의 주루를 방해했다고 판단하면 심판원은 큰 목소리와 제스처로 수비수에게 주루방해를 선언하고 경기를 일시중지(볼 데드)시키거나

또는 조용히 손가락으로 수비수를 지목하여 주루방해를 알리고는 그대로 경기를 진행시키는(딜레이드 데드 볼) 두 가지 형태를 취하게 됩니다.

첫 번째 경우는 즉시 볼 데드, 두 번째 경우는 딜레이드 데드 볼이라는 큰 차이점이 있습니다. 이처럼 같은 주루방해지만 후속조치를 달리하는 기준은 주루방해를 당한 주자에 대해 직접적 수비행위가 있느냐입니다. 예를 들어보겠습니다.

> **딜레이드 데드 볼(delayed dead ball)**
> 플레이가 끝날 때까지 볼 인 플레이인 게임 상황이다. 필요하다면 플레이가 모두 끝났을 때 심판은 볼 데드를 선언하고, 적법한 규칙을 적용한다.

주루방해 1(obstruction 1)

무사 1루 상황에서 타자가 좌중간을 가르는 안타를 쳤고

1루주자는 2루를 돌아 3루로 달리고 있었고, 타자주자는 이제 막 1루 근처에 도달했습니다.

공을 잡은 중견수가 2루로 송구했는데 1루를 돌아 2루로 향하던 타자주자가 2루수와 충돌하여 주루방해가 발생했습니다.

야구규칙 6.01(h)(1) 위와 같이 주자에 대해 직접적인 수비행위가 벌어지는 곳에서 주루방해가 발생하면 심판원은 즉시 큰 목소리로 주루방해를 선언하고 볼 데드 상황을 만든 후 방해를 당한 주자가 방해가 없었다면 도달하였으리라고 판단되는 베이스까지 안전진루권을 부여합니다. 즉, 방해를 당한 주자에겐 최소 1개 베이스 이상의 안전진루권을 부여합니다.

주루방해 2(obstruction 2)

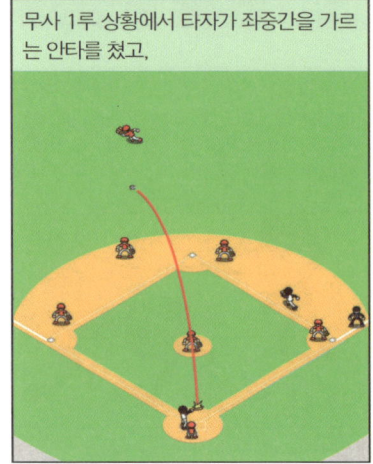
무사 1루 상황에서 타자가 좌중간을 가르는 안타를 쳤고,

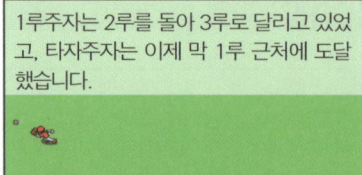
1루주자는 2루를 돌아 3루로 달리고 있었고, 타자주자는 이제 막 1루 근처에 도달했습니다.

공을 잡은 중견수는 3루로 송구했는데 1루를 돌아 2루로 향하던 타자주자가 2루수와 충돌하여 주루방해가 발생하였습니다.

야구규칙 6.01(h)(2) 위와 같이 공은 3루 방향으로 송구됐는데 그와 무관한 2루 근처에서 주루방해가 발생했을 경우엔 주루방해 A와는 달리 심판원은 조용히 수신호로 주루방해를 알릴 뿐 볼 인 플레이 상태를 유지합니다. 그리고 모든 플레이가 끝난 것을 확인한 뒤 심판원은 '타임'을 선고하고 적절한 조치를 취합니다.

주루방해를 당했음에도 심판원이 볼 데드를 선고하지 않는 이유는 수비수의 송구가 악송구가 되어 주자가 추가 진루할 여지도 있는데 볼 데드를 선언하게 되면 추가 진루를 시도할 수 없기 때문에 주자의 불이익을 제거하기 위한 조치입니다.

이처럼 주루방해란 수비수로 인해 주자가 피해를 당하는 걸 막기 위한 조치인데 종종 규칙을 잘못 해석하여 설전이 벌어지는 경우가 있습니다. 이는 수비수와 주자의 '신체 접촉'이라는 단어에 너무 몰두한 탓입니다. 주루방해에서 수비수와 주자의 '신체 접촉'은 하나의 상황일 뿐이며 주루방해를 판정하는 가장 큰 기준은 수비수로 인해 주자가 주루행위에 손해를 입었느냐의 여부입니다.

8.02-1 직접적인 수비행위가 벌어지지 않는 곳에서 주루방해가 발생한 경우

무사 1루 상황에서 타자가 우익수 앞으로 타구를 쳤습니다.

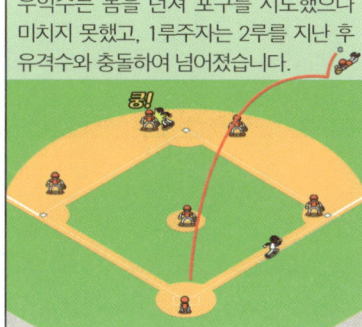

우익수는 몸을 던져 포구를 시도했으나 미치지 못했고, 1루주자는 2루를 지난 후 유격수와 충돌하여 넘어졌습니다.

1루주자가 다시 일어서서 3루를 지나 본루로 달리려 하였고 타자주자는 2루에 거의 다다랐습니다.

유격수와의 충돌이 없었다면 1루주자는 본루로 충분히 들어갈 수 있었겠으나 공이 본루로 송구되는 것을 본 1루주자는 다시 3루로 귀루하였습니다. 판정은?

- 심판 판정

    상황: 볼 데드, 타자주자: 2루 점유, 1루주자: 본루로 안전진루
- 설명

    야구규칙 6.01(h)(2) 1루주자에 대한 주루방해가 발생한 시점이 1루주자에 대한 직접적인 수비행위가 벌어지지 않은 상황이었으므로 심판원은 일단 경기를 그대로 진행시켜야 하며 모든 플레이가 끝난 후 1루주자가 주루방해가 없었다면 본루까지 진루가 가능했으리라 판단했을 땐 '타임'을 선언하고, 본루까지 진루시켜서 불이익을 당하지 않도록 해야 합니다.

8.02-2 주자와 야수가 닿았으나 진루시키지 않는 경우-1

무사 2루 상황에서 2루주자가 도루를 시도했는데 타자가 유격수 앞 땅볼을 치자

유격수가 3루로 강하게 송구하였으나 3루수 키를 넘는 악송구가 되었습니다.

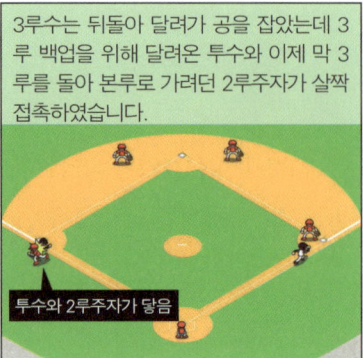

3루수는 뒤돌아 달려가 공을 잡았는데 3루 백업을 위해 달려온 투수와 이제 막 3루를 돌아 본루로 가려던 2루주자가 살짝 접촉하였습니다.

2루주자가 3루로 돌아가자 공격 측 감독은 즉시 타임을 요청하고 주루방해를 항의합니다. 판정은?

타임! 주루방해가 아닌가 싶소!

- 심판 판정

    상황: 볼 데드, 타자주자: 1루 점유, 2루주자: 3루 점유

- 설명

야구규칙 6.01(h)(2) 2루주자에 대한 직접적인 수비행위가 벌어지지 않는 상황에서 발생한 주루방해이므로 모든 플레이가 끝날 때까지 경기는 계속되어야 하며, 이 주루방해로 인해 2루주자가 주루 플레이상의 손해가 없었다고 심판원이 판단했다면 2루주자는 3루에 머물러야 합니다.

8.02-3 주자와 야수가 닿았으나 진루시키지 않는 경우-2

무사 1루 상황에서 타자가 좌중간 안타를 쳤습니다.

1루주자가 2루를 밟기엔 충분했으나 3루까지 진루하긴 힘든 타구였는데

2루를 지난 1루주자가 유격수와 충돌했고 좌익수는 3루로 송구하는 상황입니다. 판정은?

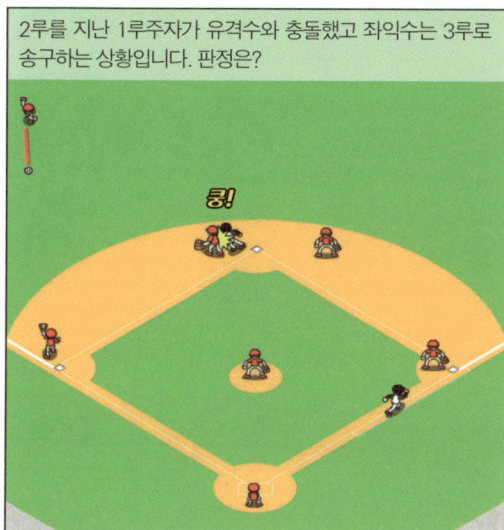

- 심판 판정
  상황: 볼 인 플레이, 1루주자: 2루 점유, 타자주자: 1루 점유
- 설명

야구규칙 6.01(h)(1)[주3] 1루주자가 2루를 지난 후 유격수와의 충돌로 주루방해를 받긴 했으나 3루까지 진루하기 힘든 타구였다고 심판원이 판단했다면 비록 유격수와 충돌이 있었다 하더라도 주루 플레이상의 손해는 없었던 것으로 보고 2루에 잔루시킵니다.

8.02-4 주루방해 상황에서 주자의 안전진루 방향-1

무사 2루 상황에서 타자가 유격수 앞 땅볼을 쳤는데

2루주자가 2, 3루 사이에서 런다운에 걸렸고 유격수가 3루수에게 송구하자

태그를 피하기 위해 2루 방향으로 급하게 돌던 2루주자와 유격수가 충돌하며 주루방해가 발생했습니다. 주자는 어느 방향으로 안전진루를 해야 할까요?

- 심판 판정
  상황: 볼 데드, 2루주자: 3루로 안전진루
- 설명
  야구규칙 6.01(h)(1)[주2] 주루방해가 발생했을 경우 목표한 베이스 방향에 상관없이 주자가 점유했던 베이스보다 앞쪽 베이스로 안전진루권이 주어지므로 2루주자는 3루까지 진루할 수 있습니다.
  타자주자는 야구규칙 6.01(h)(1)에 의거 주루방해가 없었다면 도달하였으리라 판단되는 베이스까지 진루가 허용됩니다.

8.02-5 주루방해 상황에서 주자의 안전진루 방향-2

주자 2, 3루에서 3루주자가 투수 견제에 걸려

런다운이 발생하자 이 틈에 2루주자는 3루로 진루를 시도했습니다.

런다운 상황을 이용해 진루 시도

내야수들이 수비를 돕기 위해 모여들고 있는데

공을 쥔 포수가 3루로 송구하자 3루로 달리던 2루주자가 당황하며 몸을 돌리다가 뒤에서 달려오던 수비수와 충돌했습니다. 판정은?

- 심판 판정
  상황: 볼 데드, 2루주자: 3루로 안전진루, 3루주자: 본루로 안전진루
- 설명
  야구규칙 6.01(h)(1)[주2] 2루수가 2루주자를 방해했으므로 주루방해를 선언하고 볼 데드로 하여 2루주자는 3루로, 3루주자는 본루로 안전진루를 시킵니다.

8.02-6 심판원의 판단에 의한 주루방해 판정

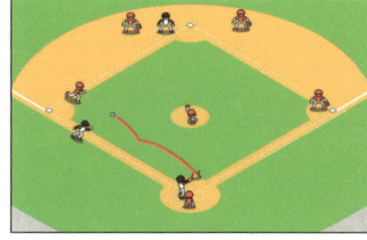

무사 2, 3루 상황에서 타자가 3루수 앞 땅볼을 쳤고 3루주자는 본루로 진루를 시도했는데

3루수가 본루로 송구하며 3루주자는 런다운에 걸렸습니다.

이 틈에 2루주자는 3루로 진루를 시도합니다.

귀루를 시도하던 3루주자는 공을 갖지 않은 3루수와 경미한 충돌이 벌어지며 주춤합니다.

그 직후 2루주자는 3루를 밟았고, 주춤하던 3루주자는 포수에게 태그당합니다.

이미 2루주자가 3루를 선점해버렸고 충돌이 아니더라도 3루주자가 살아날 가능성이 희박해 보이는 상황인데, 이때 심판은 앞선 충돌에 대해 주루방해를 선언할까요?

- 심판 판정
  상황: 볼 데드, 타자주자: 1루 점유, 2루주자: 3루 점유, 3루주자: 본루까지 안전진루
- 설명
  야구규칙 6.01(h)(1)[주2] 2루주자가 3루를 밟았다 해도 **야구규칙 5.06(a)(2)**에 의거 3루에 대한 베이스 점유권은 여전히 3루주자에게 있고 3루로 귀루할 수도 있는 상황인데 3루 방향으로 달리던 중 3루수에 의해 귀루를 방해받았으므로 주루방해에 해당합니다.

8.02-7 플레이의 우선순위에 따른 판정

심판 판정
상황: 볼 데드, 1루주자: 2루수의 주루방해에 따른 2루 진루, 타자주자: 2루수 실책에 의한 1루 출루

설명
용어의 정의 51[원주] 야수가 주로선상에서 타구를 한 번에 잡지 못하고 놓쳤다면 수비에 대한 우선권을 잃습니다. 이때는 주자에게 방해되지 않도록 주로에서 비켜줘야 하는데 주자와 충돌했다면 주루방해를 선언합니다. 단, 타구를 놓쳤어도 손만 뻗으면 잡을 만큼 공이 바로 앞에 멈춰 있는 상태에서 주자와 충돌했다면 이때는 수비수가 여전히 수비를 하고 있는 상태로 간주하여 야구규칙 5.09(b)(7)[주1]에 의거 주자의 수비방해가 선언됩니다.

※ 참고: 『MLB 심판 매뉴얼』, p39: 54. Obstruction and interperence plays approved ruling

8.02-8 주루방해 발생 시점에 따른 판정-1

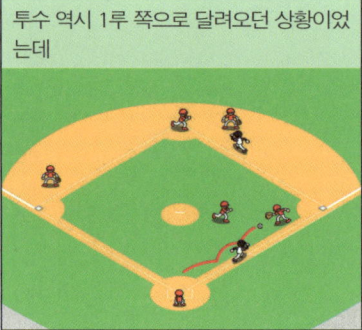
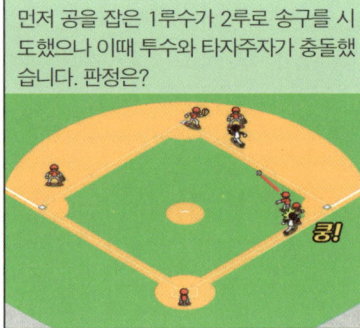

- 심판 판정
  상황: 볼 데드, 1루주자: 2루로 안전진루, 타자주자: 1루로 안전진루
- 설명

  야구규칙 6.01(h)(1)[주4] 심판원이 투수의 주루방해를 인정하면 주루방해를 선고하고 볼 데드로 합니다. 이때 2루에서의 포스 아웃보다 주루방해가 먼저 발생했다면 1루주자를 2루로 타자는 1루로 안전진루를 시킵니다.

  이와 반대로 주루방해보다 2루로의 송구가 더 빨라서 포스 아웃이 먼저 이루어졌다고 판단하였을 경우엔 타자주자의 1루 점유만 인정할 뿐 1루주자는 포스 아웃이 됩니다.

8.02-9 주루방해 발생 시점에 따른 판정-2

무사 2루 상황에서 타자가 3루수 앞 땅볼을 쳤는데 2루주자는 3루로 진루를 시도했습니다.

3루수가 공을 포구하자 2루주자는 다시 2루로 귀루를 시도했으나

런다운에 걸렸습니다.

이때 유격수의 송구를 피해 몸을 돌리던 2루주자가 유격수와 충돌했고 심판원은 즉시 주루방해를 선언했습니다.

그 직후 유격수가 송구했던 공은 파울지역 관중석으로 들어가버렸습니다.
주자들은 어디까지 안전진루를 할까요?

- 심판 판정
  상황: 볼 데드, 2루주자: 본루로 안전진루, 타자주자: 2루까지 안전진루
- 설명

  야구규칙 6.01(h)(1)[원주] 악송구가 볼 데드지역에 들어가기 전 허공에 떠 있을 때 주루방해가 발생했더라도 2루주자에겐 2개루 안전진루권이 주어집니다. 그 외의 주자들도 주루방해가 선고되기 전에 점유하고 있던 베이스를 기준으로 2개 베이스가 주어집니다.

8.02-10 베이스 공과 후 주루방해가 발생한 경우

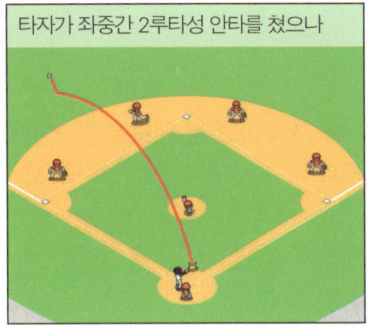  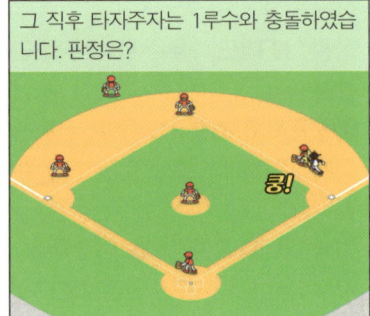

- 심판 판정

  상황: 볼 데드, 타자주자: 2루까지 안전진루

- 설명

  야구규칙 6.01(h)(2)[주2] 베이스의 공과 발생 시 심판원은 이에 대해 언급해선 안 되므로 타자의 공과는 고려할 필요 없이 방해가 없다면 도달하였으리라 판단되는 2루로 보내야 합니다. 그러나 경기 재개 후 수비 측이 타자주자가 1루를 밟지 않은 것을 알고 어필하면 주자는 아웃됩니다. 베이스를 밟지 않은 주자의 주루 실수는 주루방해와는 아무 관계가 없기 때문입니다.

 8.02-11 주루방해로 인한 안전진루권의 소멸 시점

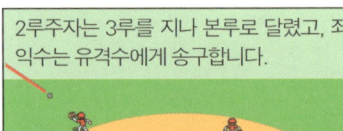  

- 심판 판정
  상황: 볼 인 플레이, 2루주자: 득점 인정, 타자주자: 태그 아웃
- 설명
  야구규칙 6.01(h)(2)[주1] 여기서 중요한 점은 1루수와 신체 접촉이 없었다면 타자주자는 어디까지 진루할 수 있었는가에 대한 판단이며, 이는 심판원의 몫입니다. 만약 주루방해가 없었어도 타자주자가 3루까지 진루하기에 무리였다고 판단하면 심판원이 주루방해 수신호를 하는 순간 2루까지만 안전진루권이 보장됩니다. 그런데 위 상황에서 주루방해를 당한 타자주자가 딜레이드 데드 볼 상황에서 무리하게 3루까지 진루를 시도하다가 태그된 것이므로 주루방해에 따른 안전진루권은 2루를 지나는 순간 소멸되어 3루에서의 태그 아웃이 성립됩니다.

 8.02-12 포수의 주루방해

- 심판 판정
  상황: 볼 데드, 3루주자: 득점 인정, 타자주자: 1루 점유
- 설명
  야구규칙 6.01(h)(2)[부기], 6.01(i)(2) 심판원의 판단으로 포수의 블로킹동작이 너무 일렀다고 판단할 경우 포수의 주루방해를 선언하고 3루주자의 득점을 인정합니다.
  포수는 공을 갖지 않고서는 득점하려는 주자의 진로를 막을 권리가 없으며 베이스 라인은 주자에게 권리가 부여된 것이므로 포수는 날아오는 송구를 받으려고 하거나 이미 공을 갖고 있을 때만 선상에 위치할 수 있기 때문입니다. 이 규정을 위반한 것으로 간주되는 포수에게는 반드시 주루방해를 선고해야 합니다.
  본루를 수비하는 야수에게도 이 규칙은 적용됩니다.

8.02-13 두 명 이상의 수비수가 막아선 상황에서의 주루방해 판정

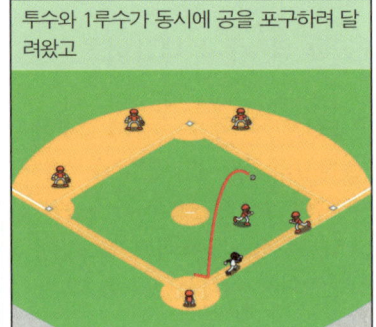

- 심판 판정

  상황: 볼 데드, 타자주자: 수비방해 아웃

- 설명

  용어의 정의 51[원주], 야구규칙 5.09(b)(3)[주1] 타구를 처리하는 수비수에 주자가 닿았으므로 수비방해 아웃입니다.

  야구규칙 6.01(a)(11) 2명 이상의 야수가 몰려들어 타구를 처리하고 있는 상황에서 주자가 그 중 한 명 또는 여러 명과 부딪혔을 때 심판원은 그 야수들 중에서 이 규칙을 적용하는 데 가장 적합한 위치에 있던 야수 1명을 정하여 그 야수에게 닿았을 경우에만 아웃을 선고합니다.

  위 상황에서 타자주자가 1루수와 충돌했다면 수비와 무관한 야수와 충돌한 것이므로 주루방해에 해당하여 안전진루권이 주어집니다.

8.02-14 후위주자가 주루방해를 당한 경우

무사 1,2루 상황에서 유격수 방향 라인 드라이브 타구를 쳤는데

유격수가 몸을 던져 노바운드로 공을 잡자 1,2루 주자는 귀루를 시도했고

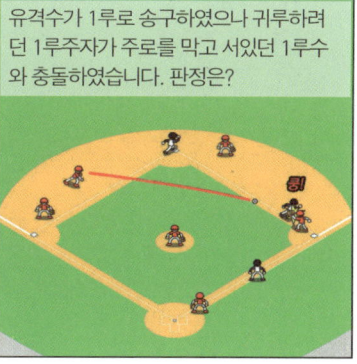
유격수가 1루로 송구하였으나 귀루하려던 1루주자가 주로를 막고 서있던 1루수와 충돌하였습니다. 판정은?

- 심판 판정

    상황: 볼 데드, 타자주자: 아웃, 1루주자: 주루방해로 2루 진루, 2루주자:1루주자에 밀려서 3루 진루
- 설명

    야구규칙 6.01(h)(1) 주루방해로 1루주자는 2루까지 안전진루가 주어지며 주루방해를 당한 주자에게 진루가 허용됨으로써 베이스를 비워주어야 할 선행주자는 아웃될 염려 없이 다음 베이스로 진루할 수 있습니다.

 8.02-15 악송구로 공이 뒤로 빠졌는데 주루방해가 발생한 경우

타자가 3루수와 유격수 사이의 강한 땅볼 타구를 쳤는데

유격수가 몸을 던져 잡아낸 후

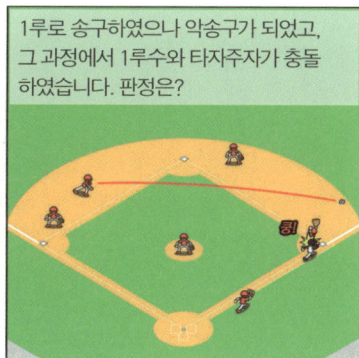
1루로 송구하였으나 악송구가 되었고, 그 과정에서 1루수와 타자주자가 충돌하였습니다. 판정은?

- 심판 판정

    상황: 볼 인 플레이, 타자주자: 주루방해가 없었다면 도달했을 베이스를 판단하여 조치
- 설명

    야구규칙 6.01(h)(1)[원주] 주루방해가 발생하긴 했으나 유격수의 악송구가 경기에 어떤 영향을 미칠지 명확치 않은 상황이므로 볼 인 플레이로 진행하되 플레이가 모두 종결되면 주루방해가 없었을 경우 주자가 어디까지 갔을지를 판단하여 후속조치합니다.
    만약 주자가 무리한 추가 진루를 시도하다가 태그되었다고 심판원이 판단했을 때는 태그아웃이 선언될 수도 있습니다.

8.03

주자의 방해

주자의 방해

8.03-1 최초 포구를 시도하는 수비수와 주자가 충돌한 경우

무사 1루 상황에서 타자가 2루수 앞 땅볼을 쳤습니다.

2루수는 공을 잡기 위해 전진하다가 공교롭게도 1루주자가 달려오는 주루선상에 멈췄습니다.

공을 잡기 직전 2루수는 1루주자와 충돌하여 공을 잡지 못했습니다. 판정은?

- 심판 판정

  상황: 볼 데드, 1루주자: 수비방해로 아웃, 타자주자: 내야 땅볼에 의한 1루 출루

- 설명

  용어의 정의 51[원주], 야구규칙 5.09(b)(3)[주1], 6.01(a)(5)[주], 6.01(a)(11) 수비방해로 1루주자는 아웃되며 고의가 아니었다면 타자는 1루까지 진루합니다. 그러나 고의적인 방해라면 그 페널티로 타자까지 아웃됩니다.

  '야수가 타구를 처리한다'는 것은 야수가 타구에 대하여 수비동작에 들어간 때부터 타구를 잡아 송구할 때까지의 행위를 말합니다. 따라서 주자가 수비행위를 방해하면 타구를 처리하고 있는 야수를 방해한 것이 됩니다.

8.03-2 수비수 닿고 굴절된 타구를 다른 수비수가 처리하려다가 주자와 충돌한 경우

무사 1루 상황에서

타자가 친 타구를 투수가 포구하려 했으나 글러브 맞고 굴절되었고

2루수가 이 공을 처리하려는 찰나

주루 선상에서 1루주자와 충돌하였습니다. 판정은?

A

- 심판 판정
  상황: 볼 데드, 1루주자: 수비방해로 아웃, 타자주자: 1루로 안전진루
- 설명
  야구규칙 5.09(b)(7)[주1] 타구가 일단 내야수에게 닿아 굴절되었더라도 이를 처리하려는 다른 야수를 주자가 방해하였다면 수비방해로 아웃되며 이 방해에 고의성이 없었을 경우 타자는 **야구규칙 6.01(a)(5)[주]**에 의거 1루까지 안전진루 합니다.

8.03-3 최초 포구를 시도하는 수비수와 주자가 3피트 레인에서 충돌한 경우

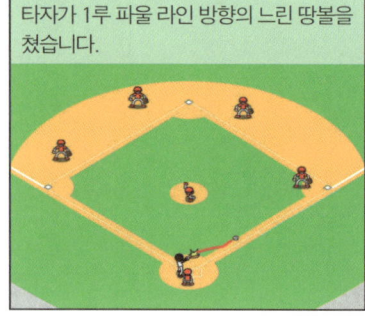

타자가 1루 파울 라인 방향의 느린 땅볼을 쳤습니다.

공은 파울 라인 위에 멈췄고, 타자주자는 3피트 레인 위를 달리고 있었습니다.

공을 잡으려던 1루수는 타자주자와 충돌하여 공을 포구하지 못했습니다.
3피트 레인 위를 정규로 달리던 타자와 공을 잡으려던 1루수 어느 쪽에 우선권이 있을까요?

- 심판 판정
  상황: 볼 데드, 타자주자: 수비방해 아웃
- 설명
  우선권은 수비수에게 있습니다.
  주자가 **야구규칙 5.09(a)(8), 5.09(b)(1)**에 의거 규정대로 주로를 달리더라도 타구를 처리하고 있는 야수에게 방해가 되었다고 심판원이 판단하였을 때는 **야구규칙 5.09(b)(3)[주2]**에 의거 타자주자는 아웃됩니다.

Q 8.03-4 주자가 수비수의 시야를 가릴 의도로 일부러 타구 앞을 가로막고 서 있을 경우

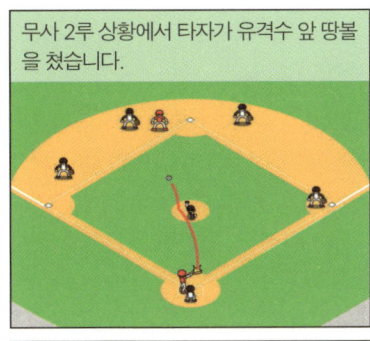

- 심판 판정
  상황: 볼 데드, 2루주자: 수비방해 아웃, 타자주자: 1루 출루
- 설명
  용어의 정의 44(a) 루상의 주자가 자신을 향해 굴러오는 타구를 피하기 위해 멈칫했거나 진루를 할지 귀루를 할지 망설이느라 주춤한 것이라면 정상적인 주루 플레이로 인정되지만 위의 상황처럼 명백히 유격수의 시야를 가리기 위해 앞을 가로막고 선 것이라면 수비방해에 해당됩니다.

8.03-5 베이스를 밟지 않은 주자와 수비수가 충돌한 경우

- 심판 판정

    상황: 볼 데드, 3루주자: 수비방해 아웃, 타자: 파울 스트라이크 처리 후 다시 타격
- 설명

    야구규칙 6.01(a)(11), 6.01(a)[방해에 대한 벌칙][원주2] 비록 3루주자에게 아무런 고의성이 없었다 해도 타구를 처리하고 있는 야수를 방해하였으므로 고의 여부에 관계없이 3루주자는 아웃됩니다.

    단, 2아웃 이후 주자가 파울타구에 대한 수비방해로 3아웃 되었을 경우 타자는 타격을 마친 것으로 간주되며, 다음 이닝의 선두 타자는 다음 타순의 타자가 됩니다.

    ✕ 참고: 『풀어 쓴 야구기록규칙 | KBO 기록위원회 저』, p148, 플라이 타구에 대한 주자의 수비방해, 타자기록 처리는?

8.03-6 베이스를 밟고 있는 주자와 수비수가 충돌한 경우

- 심판 판정

    상황: 볼 데드, 3루주자: 3루 잔루, 타자: 파울 스트라이크 처리 후 다시 타격
- 설명

    야구규칙 6.01(a)[방해에 대한 벌칙][원주2] 정규로 베이스를 밟고 있는 주자는 페어지역이나 파울지역에 관계없이 야수에게 방해가 되었더라도 심판원이 고의라고 판단하였을 경우를 제외하고는 아웃되지 않습니다.

8.03-7 베이스를 밟고 있는 주자가 수비수를 고의로 방해한 경우

- 심판 판정
  상황: 볼 데드, 3루주자: 수비방해 아웃, 타자: 3루주자의 고의적 반칙으로 동반 아웃
- 설명
  야구규칙 5.09(b)(3)[문][답] 베이스를 밟고 있었더라도 고의적으로 3루수의 수비를 방해했다면 3루주자뿐만 아니라 타자에게도 아웃이 선언됩니다. 다만, 2아웃 이후일 때는 타자에게만 아웃이 선언됩니다.

8.03-8 야수의 송구가 우연히 주자에게 맞은 경우

- 심판 판정
  상황: 볼 인 플레이
- 설명
  3루주자에게 송구를 방해할 고의성이 전혀 없었는데 공이 날아와서 맞은 것이므로 경기는 그대로 진행되며 3루주자가 살게 될 경우 포수의 송구 실책으로 기록됩니다.

 8.03-9 주자가 야수의 송구를 고의로 방해한 경우

- 심판 판정
  상황: 볼 데드, 3루주자: 수비방해 아웃, 1루주자: 2루로 귀루
- 설명
  3루주자가 런다운에 걸린 채 아직 아무런 방해도 벌어지지 않은 상태에서 1루주자는 2루로 도루했으니 이는 정규의 진루이며 2루에 대한 점유가 인정됩니다.

  다만, 1루주자가 2루를 지나 3루까지 도달했다 해도 3루주자가 여전히 런다운 상태로 아웃되지 않은 상황이기 때문에 **야구규칙 5.06(a)(2)**에 의거 3루에 대한 베이스 점유권은 여전히 3루주자에게 우선하며 1루주자가 3루에 닿았다 해도 실질적인 점유 상태는 아닙니다. 이 상황에서 3루주자가 수비방해를 하게 되어 '볼 데드' 상태가 되면 **야구규칙 5.01(b)**에 의거 1루주자의 3루 진루는 인정받지 못하게 되어 **야구규칙 6.01(a)[방해에 대한 벌칙][원주3]**에 의거, 정규의 점유가 인정된 2루로 귀루해야 합니다. 그리고 수비방해를 한 3루주자는 아웃됩니다.

8.03-10 주자가 베이스와 무관한 방향으로 슬라이딩하며 고의로 수비수를 방해한 경우

- 심판 판정
  상황: 볼 데드, 1루주자: 포스 아웃, 타자주자: 고의 반칙에 따른 더블 아웃, 2루주자: 2루로 귀루
- 설명
  야구규칙 5.09(a)(13), 5.09(b)(3), 6.01(a)(5), 6.01(j) 비신사적 행위에 대한 벌칙으로 1루주자뿐 아니라 타자주자가 1루에서 충분히 세이프될 만한 상황이었더라도 더블 플레이로 아웃 처리됩니다.

  또한 반칙이 발생하는 시점에서 볼 데드가 되므로 2루주자가 3루에 도달하지 못했다면 **야구규칙 5.01(b)**에 의거 다시 2루로 귀루해야 합니다.

  ※ 참고: 『풀어 쓴 야구기록규칙 | KBO 기록위원회 저』, p255, 1루주자에 의해 송구를 방해 당한 한OO

8.03-11 주자가 포구를 시도하는 수비수를 고의로 방해한 판정

무사 만루 상황에서 타자가 스퀴즈 번트를 댔으나 3루 측 파울 라인 위로 떠올랐는데

포수가 충분히 포구할 것으로 보이자 다시 3루로 귀루하기 힘들 것으로 판단한 3루주자는

그대로 돌진하여 고의로 포수와 충돌했고 포수는 포구에 실패했습니다. 판정은?

● 심판 판정
  상황: 볼 데드, 3루주자: 수비방해로 아웃, 타자주자: 고의적 수비방해에 대한 페널티로 동반 아웃
● 설명
  <u>야구규칙 5.09(b)(3), 6.01(a)(6), 6.01(i)</u> 3루주자의 고의적 수비방해이므로 볼 데드와 함께 3루주자뿐만 아니라 타자주자도 고의적 방해에 대한 페널티로 동반 아웃 처리됩니다. 또한 나머지 주자들은 투구 당시의 베이스로 모두 귀루해야 합니다.

 8.03-12 송구한 공이 3피트 레인에 도달하지 못한 타자에 맞고 볼 데드지역으로 들어간 경우

  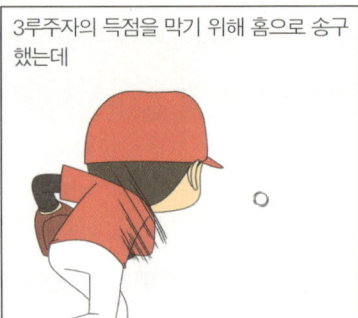

1사 1, 3루 상황에서 타자가 1루수 정면의 땅볼 타구를 치자

공을 잡은 1루수는 1루를 터치한 후

3루주자의 득점을 막기 위해 홈으로 송구했는데

아웃된 타자주자가 달려가던 여세로 멈추지 못한 채 주로의 1/3 지점에서 공에 맞고, 공은 관중석으로 들어갔습니다.
판정은?

- 심판 판정

  상황: 볼 데드, 타자주자: 땅볼 아웃, 1루주자: 3루까지 2개루 안전진루, 3루주자: 홈으로 안전진루
- 설명

  1루수의 베이스 태그로 타자주자는 이미 아웃되었으므로 경기에 방해되지 않도록 신속히 파울지역으로 벗어나야 하는데 1루수의 홈 송구를 방해할 목적으로 계속 달려간 것이라면 야구규칙 5.09(a)(13), 6.01(a)(5)에 의거 고의적 수비방해에 해당하며 방해에 대한 페널티로 3루주자까지 함께 아웃될 수 있습니다.

  그러나 달려가던 여세로 인해 멈추지 못한 상황이었고 또한 3피트 레인에 도달하기 전이었으므로 야구규칙 5.09(a)(8), 6.01(a)(5)[원주]에 의거 수비방해로 보지 않습니다.

  이때 타자주자에 맞은 공이 볼 데드지역에 들어갔으므로 아웃된 타자주자를 제외한 나머지 주자들에겐 1루수가 송구할 당시 점유했던 베이스를 기준으로 2개루 안전진루권이 주어집니다.

8.03-13 내야수(투수 제외)를 통과하지 않은 타구에 주자가 맞은 경우

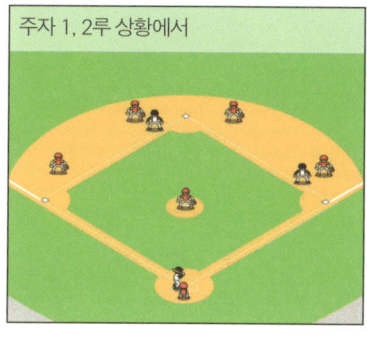

- 심판 판정

  상황: 볼 데드, 1루주자: 수비방해로 아웃, 2루주자: 2루 잔루, 타자: 안타 처리 후 1루로 안전진루
- 설명

  야구규칙 5.06(c)(6), 5.09(b)(7), 6.01(a)(12) 내야수(투수 제외)를 통과하지 않은 타구에 주자가 맞으면 타구의 방향이 틀어지므로 내야수는 정상적인 수비가 불가능해집니다. 따라서 내야수가 잡을 수 있을 만한 타구였느냐는 중요치 않으며 내야수의 정상적인 수비 기회를 방해한 것에 초점이 맞춰져 주자는 수비방해로 아웃됩니다. 그리고 볼 데드이므로 2루주자는 진루할 수 없지만 타자는 안타로 기록하여 1루로 출루합니다.

통상적으로 내야수(투수 제외)를 통과하지 못한 타구라 함은 내야수들을 일직선으로 연결한 선을 벗어나지 않은 타구를 말합니다.

이 타구에 루상의 주자가 맞으면 주자는 수비방해로 자동 아웃이 되며 타구 자체가 안타성이든 아니든 타자에겐 안타가 부여되며 볼 데드 상태에서 1루까지 안전진루권이 주어집니다.

야구규칙 6.01(a)(6) 단, 선행주자가 병살을 피하기 위해 고의적으로 타구에 맞았다면 1루주자 뿐 아니라 타자주자에게도 아웃이 선언될 수 있습니다.

✕ 참고: 『풀어 쓴 야구기록규칙 | KBO 기록위원회 저』, p256, 주자의 타구방해 행위로 더블 아웃된 타자주자 이○○

8.03-14 내야수(투수 제외)를 통과한 타구에 주자가 맞은 경우

- 심판 판정
  상황: 볼 인 플레이
- 설명

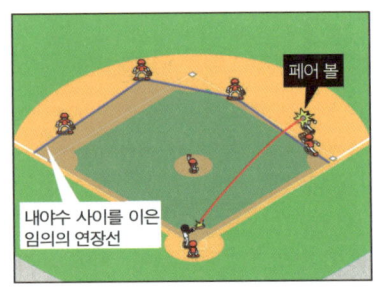

야구규칙 5.06(c)(6), 5.09(b)(7), 6.01(a)(12) 타구가 내야수를 통과했다는 것은 이미 내야수가 처리하기 불가능한 상태이므로 주자가 타구에 맞았다 해도 페어 볼에 볼 인 플레이로 타자와 주자는 정상적인 주루행위를 해야 합니다.

✕ 참고: 『풀어 쓴 야구기록규칙 | KBO 기록위원회 저』, p132, 타구에 주자가 맞았지만 아웃이 인정되지 않은 사례 (메이저리그)

✕ 일본 야구규칙에서는 2020년 〈5.09(b)(7)〉의 개정을 통해
  ① 수비수에 닿아 굴절된 타구가 주자에 닿은 경우
  ② 내야수(투수 제외)가 충분히 잡을 수 있는 타구를 실수로 통과시켰고 뒤에서 다른 내야수도 잡을 수 없는 상황에서 주자가 이 타구에 닿은 경우
  위 두 경우를 제외하고는 페어지역에서 페어볼에 주자가 닿게 되면 수비방해 아웃을 적용하는 것으로 개정되었습니다. 즉, 내야수 통과 여부와 관계없이 페어볼에 주자가 닿게 되면 기본적으로 수비방해가 적용됩니다.

8.03-15 내야수(투수 제외)를 통과한 타구였지만 주자 바로 뒤에 또 다른 내야수가 있는 경우

무사 1루 상황에서 1-2루 사이의 느린 땅볼 타구가 나왔는데 앞쪽에서 수비하던 1루수가 공을 잡지 못했고 뒤에서 달리던 주자의 발에 공이 맞았습니다. 이때 주자 뒤쪽으로 백업을 위해 2루수가 있었습니다. 판정은?

- 심판 판정   상황: 볼 데드, 타자: 1루까지 안전진루, 1루주자: 수비방해 아웃
- 설명

내야수들을 이은 연장선은 어디까지나 심판 판단을 용이하게 하기 위한 가이드일 뿐 판정의 핵심은 '내야수가 수비 기회를 방해받았는가'입니다. **야구규칙 5.06(c)(6)[원주]②** 타구가 1루수를 통과했습니다. 하지만 주자 뒤쪽으로 달려오던 2루수가 잡을 수도 있는 상황이라고 심판원이 판단했다면 앞서 달리던 1루주자가 2루수의 수비 기회를 방해한 것으로 보고 1루주자에겐 아웃을 선언합니다.

 8.03-16 베이스에 맞고 굴절된 타구에 주자가 닿은 경우

무사 1루 상황에서 주자가 도루를 시도했는데 / 타자가 2루 쪽으로 강한 땅볼을 쳤고, / 이 공이 2루에 맞고 방향이 굴절되어 달려오던 1루주자에게 맞았습니다. 판정은?

- 심판 판정   상황: 볼 데드, 1루주자: 수비방해로 아웃, 타자주자: 안타 처리 후 1루로 안전진루
- 설명

야구규칙 페어볼·파울볼 제3도에 의거 타구가 베이스에 닿으면 어느 방향으로 굴러가도 페어 볼이며 이 페어 볼이 내야수를 통과하기 전에 페어지역에서 주자가 닿게 되면 **야구규칙 5.06(c)(6), 6.01(a)(2)[주], 6.01(a)(12)**에 의거 주자는 수비방해로 아웃이 선언됩니다.

다만 타구가 내야수를 통과하고 베이스에 닿은 후 수비할 다른 야수가 없는 상황에서 주자가 닿으면 **야구규칙 5.09(b)(7)[주2]②**에 의거 볼 인 플레이입니다.

또한 베이스에 닿은 타구에 주자가 파울지역에서 닿았을 경우에도 **야구규칙 5.09(b)(7)[주3]**에 의거 볼 인 플레이입니다.

8.03-17 한 이닝 동안 가능한 최대 무득점 안타수는?

- 설명

총 6개 입니다. 1, 2, 3번 타자가 각각 단타 1개씩을 쳐서 만루(안타 3)
4번 타자가 친 공에 1루주자가 맞아서 수비방해 아웃(안타 4, 아웃 1)
5번 타자가 친 공에 1루주자가 맞아서 수비방해 아웃(안타 5, 아웃 2)
6번 타자가 친 공에 1루주자가 맞아서 수비방해 아웃(안타 6, 아웃 3)

 8.03-18 베이스를 밟고 있는 주자가 페어지역에서 타구에 맞은 경우

- 심판 판정

  상황: 볼 데드, 3루주자: 수비방해로 아웃, 타자: 안타 처리 후 1루로 안전진루
- 설명

용어의 정의 25[문][답], 야구규칙 5.09(b)(7) 베이스를 밟고 있었다 해도 페어지역을 구르는 페어 타구에 주자가 닿았다면 수비방해로 주자는 아웃되며, 볼 데드가 됩니다. 타자는 1루까지 안전진루하며 안타로 기록됩니다.

단, 전진 수비 중인 내야수(투수 제외)를 통과한 타구에 주자가 닿았다면 페어 볼이며 3루주자가 파울지역에 있었다가 타구에 맞았다면 파울 볼 처리됩니다.

야구규칙 5.09(b)(7)[예외] 인필드 플라이가 선고된 타구가 베이스에 닿아 있는 주자에게 닿았을 때 그 주자는 아웃되지 않고 타자만 아웃됩니다. 이때도 볼 데드입니다.

8.03-19 수비수의 시야를 고의로 가린 경우

무사 1, 3루 상황에서 타자가 3루수 방향의 느린 땅볼을 쳤고,

공을 잡은 3루수가 홈으로 송구하였으나

3루주자는 홈에서 세이프되었습니다.

타자주자는 아직 1루에 도달하지 못했고 1루주자는 2루를 지나 3루로 진루를 시도했는데

포수가 3루로 송구하려 하자 홈에서 세이프됐던 3루주자가 몸을 일으키며 고의로 포수 앞을 가로막아 송구를 방해하였습니다. 판정은?

- 심판 판정

  상황: 볼 데드, 3루주자: 득점 인정, 1루주자: 득점한 주자의 수비방해로 인한 아웃, 타자주자: 1루 점유

- 설명

  만약 3루주자가 홈에서 아웃된 후 포수의 송구를 방해했다면 야구규칙 5.09(a)(13), 5.09(b)(3), 6.01(a)(5)에 의거 3루주자뿐만 아니라 3루로 뛰던 1루주자 역시 고의적 방해에 의한 더블 아웃 처리됩니다. 그러나 3루주자는 이미 정규의 동작으로 본루를 밟은 이후였기 때문에 아웃 대상이 될 수 없습니다. 다만, 포수가 목표로 했던 1루주자는 수비방해로 인하여 아웃 처리됩니다.

  이때 방해 발생 순간 심판원에 의해 볼 데드가 선언되면 모든 주자는 방해 당시 점유했던 베이스로 귀루해야 하지만 여전히 1루에 도달하지 못했던 타자주자는 타자석으로 돌려보낼수 없으므로 야구규칙 6.01(a)(5)[주]에 의거 타자주자의 1루 점유는 허용됩니다.

8.03-20 파울 볼로 선언되지 않은 타구를 주자가 고의로 건드린 경우

- 심판 판정
  상황: 볼 데드, 3루주자: 수비방해로 아웃, 2루주자: 2루 잔루, 타자주자: 안타 처리 후 1루로 안전진루
- 설명
  야구규칙 6.01(a)(2) 비록 타구가 파울지역으로 굴러나왔다 해도 다시 방향이 굴절되어 페어지역으로 휘어져 들어갈 여지가 있습니다. 그런 상황에서 심판원의 파울 볼 선언이 있기 전에 3루주자가 타구를 건드려서 공의 진행 방향을 바꾸면 경기는 볼 데드가 되고 3루주자에겐 수비방해로 아웃이 선언됩니다.
  이때 타자는 **야구규칙 6.01(a)(2)[주]**에 의거 1루가 허용되지만 타자주자에 밀려가지 않는 2루주자는 볼 데드로 인해 2루에 그대로 머물러야 합니다.

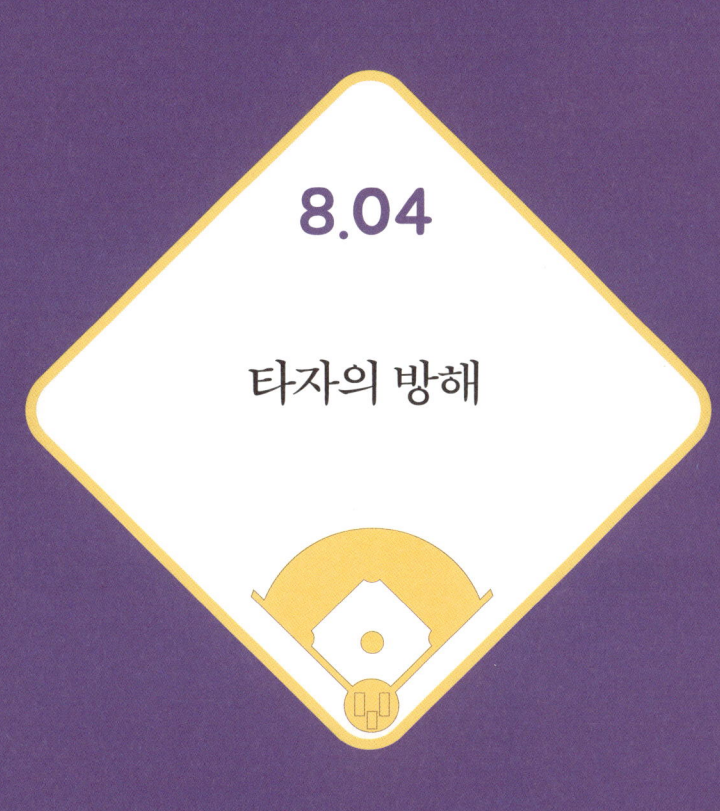

8.04

타자의 방해

타자의 방해

8.04-1 공을 포구하려는 수비수에게 부러진 방망이 일부분이 날아가 수비를 방해한 경우

- 심판 판정
  상황: 볼 인 플레이, 타자주자: 1루 점유
- 설명
  야구규칙 5.09(a)(9)[원주] 방망이의 부러진 일부분이 페어지역에서 주자 또는 야수에게 맞거나 수비에 방해가 되었다 해도 방해에 해당되지 않습니다.

8.04-2 공을 포구하려는 수비수에게 방망이가 통째로 날아가 수비를 방해한 경우

- 심판 판정
  상황: 볼 데드, 타자주자: 수비방해에 따른 아웃, 2루주자: 2루로 귀루
- 설명
  야구규칙 5.09(a)(9)[원주] 방망이가 손에서 미끄러져 통째로 페어지역으로 날아가 플레이하려는 수비수(타구 처리는 물론 송구도 포함)를 방해하였을 경우 고의 여부에 관계없이 방해가 선언됩니다.
  단, 공과 무관한 위치에 서 있는 수비수에게 방망이가 통째로 날아간 것은 방해에 해당하지 않습니다.

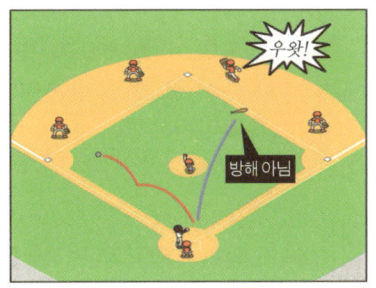

8.04-3 부러진 방망이의 일부분이 페어지역에서 타구에 맞은 경우

- 심판 판정
  상황: 볼 인 플레이, 타자주자: 1루 점유
- 설명
  야구규칙 5.09(a)(9)[원주] 부러진 방망이의 일부분이 페어지역에서 타구에 맞았다면 경기는 그대로 진행되며 1루를 밟은 타자주자의 출루는 인정됩니다.
  단, 타구가 파울지역에서 방망이의 부러진 부분에 맞고 페어지역으로 굴러 들어오면 파울 볼이 선언됩니다.

  ✕ 참고: 『풀어 쓴 야구기록규칙 | KBO 기록위원회 저』, p245, 부러진 배트 덕분에 안타를 얻은 권OO

8.04-4 타자가 타격 후 던진 방망이가 페어 타구에 닿은 경우

- 심판 판정
  상황: 볼 데드, 타자주자: 수비방해로 인한 아웃, 1루주자: 1루 귀루
- 설명
  야구규칙 5.09(a)(9), 6.01(a)[방해에 대한 벌칙][원주1] 타자가 치거나 번트한 페어 타구가 페어지역에서 방망이에 다시 닿았을 경우 수비방해로 인한 아웃 처리됩니다. 이때 볼 데드가 되므로 루상의 주자들은 원래 베이스로 돌아가야 합니다.

8.04-5 타자가 타격 후 던져놓은 방망이에 공이 굴러와 닿은 경우

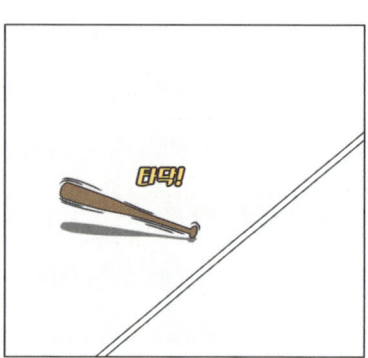
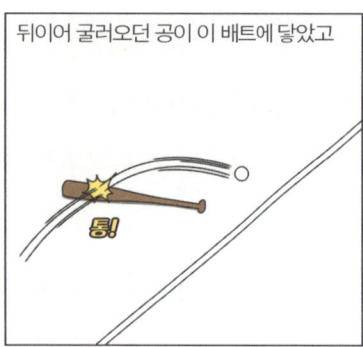

- 심판 판정
  상황: 볼 데드, 타자주자: 파울 볼 처리 후 다시 타격, 1루주자: 1루 귀루
- 설명
  용어의 정의 25(f)[주], 야구규칙 5.09(a)(9), 6.01(a) 페어지역에 던져놓은 방망이에 페어 타구가 굴러와 닿았을 경우엔 볼 인 플레이입니다. 이 공이 내야를 벗어나지 못한 채 파울지역으로 굴러 나갔으므로 파울 볼 처리됩니다.
  단, 타자가 방망이를 던진 것이 타구의 진로를 방해할 의사가 명백히 없었다고 심판원이 판단하였을 때 한합니다. 병살을 막기 위해 일부러 던져놓은 것이라면 야구규칙 6.01(a)(7)에 의거 타자는 수비방해 아웃이 선고되고 어느 곳에서 병살이 이루어지려 했는지에 관계없이 본루에서 가장 가까운 주자 또한 아웃을 선고합니다. 이 경우 볼 데드가 되어 다른 주자는 진루할 수 없습니다.
  ✕ 참고: 『풀어 쓴 야구기록규칙 | KBO 기록위원회 저』, p282, 방망이가 부른 실책

8.04-6 타구가 바운드되어 타자 방망이에 다시 닿은 경우

무사 1루 상황에서 타자가 희생번트를 댄 후

타자석을 벗어나 배트를 든 채 달려가다가 페어지역에서 타구가 배트에 다시 닿아 굴절되었습니다. 판정은?

A
- 심판 판정 상황: 볼 데드, 타자주자: 수비방해로 인한 아웃, 1루주자: 1루 귀루
- 설명

타자석 안에서 배트에 다시 닿은 경우는 파울 볼

용어의 정의 32[주1], 야구규칙 5.09(a)(9), 6.01(a), 6.01(a)[방해에 대한 벌칙][원주1] 타자가 치거나 번트한 페어 타구가 페어지역에서 방망이에 다시 닿았을 경우 수비방해로 인한 아웃 처리됩니다.
이때 볼 데드가 되어 루상의 주자들은 원래 베이스로 되돌아가야 합니다.
단, 타자가 타격 후 타자석에 그대로 서 있는데 공이 바운드되어 들고 있는 배트에 재차 닿았으나 타자에게 고의성이 없다면 파울 볼 처리됩니다.

✕ 참고: 『풀어 쓴 야구기록규칙 | KBO 기록위원회 저』, p244, 타구가 방망이에 다시 닿아 아웃된 양○○

 8.04-7 타격 후 타자석을 벗어나 달려가다가 자신이 친 타구에 우연히 닿았을 경우

타자가 번트를 댄 후

타자석을 벗어나 1루로 달려가다가 자신이 친 타구에 닿았습니다. 판정은?

A
- 심판 판정 상황: 볼 데드, 타자주자: 수비방해로 인한 아웃
- 설명

야구규칙 5.09(a)(10), 6.01(a)(2) 타자가 치거나 번트한 뒤 1루로 뛰어갈 때 아직 파울 볼로 선언되지 않은 타구의 진로를 타자주자가 어떤 식으로든 변경하였을 경우 수비방해로 인한 아웃 처리됩니다. 이때 볼 데드가 되어 루상의 주자들은 원래 베이스로 되돌아가야 합니다.
단, 낫아웃 상태에서 출루를 시도하던 타자주자가 공에 우연히 닿았을 경우 일본 야구규칙 6.01(a) 〈제3판 해설:낫아웃 뒤의 타자주자의 방해〉에서는 볼 인 플레이로 진행하도록 정하고 있습니다.

용어의 정의 32[주1] 그러나 아직 타자석을 벗어나지 않은 타자가 자신이 친 타구에 닿았을 때는 볼 데드이긴 하지만 수비방해에는 해당하지 않고 파울 볼 처리 후 다시 타격합니다.

 8.04-8 타자가 타격 후 타자석을 벗어나 달려가다가 자신이 친 타구에 고의로 닿았을 경우

무사 1, 2루 상황에서 타자가 친 공이 본루 앞쪽에 멈췄는데

병살 플레이를 우려한 타자주자가 수비를 방해하려고 고의로 공을 걷어찼습니다. 판정은?

A

- 심판 판정

  상황: 볼 데드, 타자주자: 수비방해 아웃, 1루주자: 1루에 잔류, 2루주자: 고의적 방해에 의한 더블 아웃

- 설명

  야구규칙 6.01(a)(2), 6.01(a)(7) 타자주자가 공을 걷어찬 것이 병살 플레이를 막으려는 의도가 명백했다면 타자주자뿐만 아니라 선행주자도 더블 아웃 처리해야 하는데 포수가 어느 주자에 대해 플레이를 하려 했는지 불분명하므로 본루에서 가장 가까운 주자인 2루주자에게 더블 아웃을 선언합니다. 이때 볼 데드 상태이므로 1루주자는 진루할 수 없으며 1루에 머물러야 합니다.

  ※ 참고: 『풀어 쓴 야구기록규칙 | KBO 기록위원회 저』, p241, 김OO의 타구 헤딩사건, 두 번 타격으로 아웃된 박OO

 8.04-9 타구를 처리하려는 포수와 1루로 달리려는 타자주자가 부딪힌 경우

무사 1, 2루 상황에서 타자가 친 공이 본루 앞쪽에서 멈췄는데

이때 1루로 달리려는 타자주자와 공을 잡으려는 포수가 부딪혔습니다. 수비방해? 주루방해? 판정은?

- 심판 판정
  상황: 볼 인 플레이
- 설명
  야구규칙 6.01(a)(11)[원주] 타구를 처리하려는 포수와 1루로 달리려는 타자주자가 부딪혔을 경우 일반적으로 수비방해도, 주루방해도 없었던 것으로 보고 아무런 선고도 하지 않습니다.
  단, 타자주자든 포수든 상대방을 방해할 고의성이 있다고 심판원이 판단할 경우에는 방해를 선언할 수 있습니다.

  참고: 『풀어 쓴 야구기록규칙 | KBO 기록위원회 저』, p73, 수비방해와 주루방해가 동시에 일어난 경우

8.04-10 투수의 송구를 타자가 친 경우

- 심판 판정
  상황: 볼 데드, 타자: 수비방해, 3루주자: 타자의 수비방해로 인한 아웃
- 설명
  투수가 투수판에서 정규로 중심발을 빼면 야구규칙 5.07(e)에 의거, 투수가 아닌 내야수로 간주되며 이때 본루를 향해 공을 던져도 투구가 아닌 내야수의 송구가 됩니다. 투구가 아니므로 포수가 본루 위 또는 그 앞으로 나오는 것은 야구규칙 6.01(g)[주4]에 의거, 정규의 플레이입니다. 따라서 타자가 이 송구를 치면 오히려 수비방해이며 볼 데드가 됩니다.
  염두에 둘 것은 일반적으로 수비방해를 했을 경우 방해한 당사자가 아웃되지만 홈 스틸의 경우 야구규칙 6.03(a)(4)[원주], 5.09(b)(8)[주2][예], 5.09(b)(8)[주3]에 의거 방해행위를 한 타자를 아웃시키는 것이 아니라 수비 대상인 3루주자를 아웃시킵니다.
  단, 2사일 경우에는 타자에게 아웃을 선고합니다.

8.04-11 타자가 타자석을 벗어남으로써 포수의 수비나 송구를 방해한 경우

- 심판 판정

  상황: 볼 데드, 타자주자: 수비방해 아웃, 1루주자: 1루로 귀루, 3루주자: 3루로 귀루

- 설명

  야구규칙 6.03(a)(3) 타자에게 고의성이 있든 없든 타자가 타자석을 벗어나며 포수의 송구를 방해했다 판단되는 순간 타자 아웃이 선언되고 볼 데드가 되어 루상의 주자는 모두 원래 베이스로 돌아가야 합니다.

  야구규칙 6.03(a)(4)[원주] 그러나 만약 타자의 방해에도 불구하고 포수가 2루에 제대로 송구하여 1루주자를 잡아냈다면 '타자의 방해는 없었던 것'으로 간주되어 모든 플레이가 정상적으로 진행되는 볼 인 플레이가 됩니다. 즉, 타자는 스트라이크가 하나 추가된 채 다시 타격을 이어가며 포수가 송구하는 틈을 이용하여 3루주자가 홈 스틸에 성공했다면 그 득점도 인정됩니다.

  ✕ 참고: 『풀어 쓴 야구기록규칙 | KBO 기록위원회 저』, p242, 포수 수비방해로 아웃된 김기태의 착각

8.04-12 홈 스틸을 막으려는 수비를 타자가 방해한 경우

- 심판 판정
  상황: 볼 데드, 3루주자: 타자의 수비방해로 인한 아웃, 타자: 스트라이크 추가 후 계속 타격
- 설명

야구규칙 6.03(a)(3), 6.03(a)(4)[예외], 5.09(b)(8), 6.01(a), 6.01(a)(3)
일반적으로 타자가 수비방해를 하면 볼 데드가 되고 타자에게만 아웃을 선고합니다. 그러나 본루에서의 수비 플레이를 타자가 방해한 경우 타자가 아닌 득점을 시도하는 주자에게 아웃을 선고합니다.
단, 2사일 경우에는 타자에게 아웃이 선언됩니다.

8.04-13 주자가 된 타자가 포수의 홈 스틸 수비를 방해한 경우

- 심판 판정
  상황: 볼 데드, 3루주자: 3루로 귀루, 타자: 수비방해로 인한 아웃
- 설명

야구규칙 6.01(a)(1) 낫 아웃이나 볼넷을 선고받고 1루로 나가야 할 타자주자가 본루로 들어오는 3루주자에 대한 포수의 수비를 방해하였을 경우 타자주자는 아웃이 되고 볼 데드 상태가 되어 3루주자는 3루로 돌아가야 합니다.
다른 주자들도 마찬가지로 귀루합니다.

8.04-14 이미 아웃이 된 타자가 홈 스틸을 막으려는 수비를 방해한 경우

- 심판 판정
  상황: 볼 데드, 3루주자: 타자의 수비방해로 인한 아웃, 타자: 삼진 아웃
- 설명

야구규칙 6.01(a)(1)[주1], 6.01(a)(5) 이미 아웃이 선고된 직후의 타자가 다른 주자에 대한 수비수의 플레이를 저지하거나 방해하면 그에 대한 페널티로 타자뿐만 아니라 그 수비수가 목표했던 주자도 더블 아웃이 됩니다.
그 외의 루상에 다른 주자들이 있다면 볼 데드이므로 원래 베이스로 귀루해야 합니다.

● 3루주자의 홈 스틸에 대한 수비를 타자가 방해한 경우

주체	판정
타자가 방해한 경우	볼 데드, 3루주자: 아웃(타자의 수비방해에 대한 페널티), 타자: 다시 타격
타자주자가 방해한 경우(낫 아웃, 볼넷 등)	볼 데드, 3루주자: 3루로 귀루, 타자주자: 수비방해 아웃
아웃된 타자가 방해한 경우(삼진 아웃 등)	볼 데드, 3루주자: 아웃(타자의 수비방해에 대한 페널티), 타자주자: 삼진 아웃

8.04-15 헛스윙한 타자가 그 여세로 방망이가 회전하여 포수의 수비를 방해한 경우

무사 1루 상황에서 1루주자가 도루를 시도했으나

타자가 헛스윙 직후 그 여세로 방망이가 회전하여 포수의 몸에 닿았습니다. 포수는 송구에 실패했고, 1루주자는 2루에 도달했습니다. 판정은?

- 심판 판정
  상황: 볼 데드, 타자: 스윙 스트라이크, 1루주자: 1루로 귀루
- 설명
  야구규칙 6.03(a)(4)[원주] 타자가 워낙 힘차게 방망이를 휘두르다가 그 여세로 백스윙하던 방망이가 포수에게 닿아 포구에 실패했더라도 고의성이 없는 것으로 심판원이 판단하면 타자의 방해를 선언하지 않고 볼 데드로 하며, 주자의 진루는 허용하지 않습니다.
  일본 야구규칙 6.03(a) 〈제3판 해설: 타자의 스윙 여세로 배트가 포수에 닿다〉에 의하면 백스윙이 포수에 닿았다고 하여 항상 볼 데드가 되는 것은 아니며 닿았더라도 포수가 플레이에 아무런 지장을 받지 않았다고 심판원이 판단할 경우엔 볼 인 플레이로 진행됩니다.

8.04-16 타자의 백스윙이 공에 닿은 경우

무사 볼카운트 0-2 상황에서 투구를 했는데 타자가 헛스윙을 했고, 공이 포수 미트에 닿고는 허공에 떠올랐습니다.

이때 타자가 방망이를 휘두른 여세로 허공에 떠 있는 공을 백스윙으로 맞춰 방향이 굴절되었습니다.

이로 인해 포수는 포구에 실패했고, 낫 아웃으로 생각한 타자는 1루로 달려갔습니다. 판정은?

- 심판 판정
  상황: 볼 데드, 타자: 삼진 아웃
- 설명
  야구규칙 6.03(a)(4)[원주] 타자가 워낙 힘차게 방망이를 휘두르다가 그 여세로 백스윙하던 방망이가 아직 확실히 잡지 않은 공에 재차 닿아 포수가 포구에 실패했더라도 고의성이 없다고 심판원이 판단하면 타자의 방해를 선언하지 않고 볼 데드로 하며 스트라이크만 추가됩니다.
  이때 제3스트라이크일 경우에는 포수가 공을 놓쳤다 하더라도 볼 데드 상태이기 때문에 낫 아웃이 적용되지 않고 타자는 그대로 삼진 아웃 처리됩니다.

8.04-17 배트에 스친 후 포수 미트에 닿고 떠오른 공이 타자의 백스윙에 맞은 경우

- 심판 판정
  상황: 볼 데드, 타자주자: 삼진 아웃
- 설명

  용어의 정의 34, 야구규칙 6.03(a)(4) [원주] 타자가 워낙 힘차게 방망이를 휘두르다가 그 여세로 백스윙하던 방망이가 아직 확실히 잡지 않은 공에 닿아 포수가 포구에 실패했더라도 고의성이 없었다고 심판원이 판단했다면 타자의 방해를 선언하지 않고 볼 데드로 합니다. 제1, 제2스트라이크일 때는 스트라이크만 선언하고 제3스트라이크일 때는 타자 아웃으로 합니다. 여기에는 제2스트라이크 뒤의 파울 팁도 포함됩니다.

8.04-18 볼 인 플레이 중에 타자가 공에 손을 댄 경우

무사 2루 상황에서 투구와 동시에 2루주자가 도루를 시도했는데

포수가 제대로 포구하지 못해 공이 타자 발 앞에 떨어지자

타자는 무심결에 공을 주워 포수에게 주려고 했습니다.

그 사이 2루주자는 3루 도루에 성공합니다. 판정은?

- 심판 판정
  상황: 볼 데드, 타자주자: 수비방해 아웃, 2루주자: 2루로 귀루
- 설명

  야구규칙 6.03(a)(4) [원주] 볼 인 플레이 상태에서 타자가 공에 손을 대면서 포수의 수비를 방해했으므로 타자는 수비방해로 아웃되고 볼 데드 상태가 됩니다. 2루주자의 도루는 취소되고 다시 2루로 돌아가야 합니다. 단, 루상에 주자가 없거나 루상에 주자가 있더라도 도루 시도 없이 베이스에 머물러 있는 상황에서 공에 손을 대었다면 수비방해에 해당하지 않습니다.

  ✕ 참고: 『풀어 쓴 야구기록규칙 | KBO 기록위원회 저』, p242, 잘못된 규칙적용으로 아웃된 2루주자 고OO
  ✕ 참고: 『윤병웅의 야구 기록과 기록 사이』 홍성흔의 과잉친절 아웃과 언저리 규칙

  또한 포수에 닿고 굴절된 투구가 타자석 안의 타자에 닿았을 경우 타자에게 방해의 고의성이 없었다면 **야구규칙 6.01(a)(1) [원주]**에 의거 방해로 간주되지 않습니다.

8.04-19 타자석에 가만히 서 있는 타자의 배트에 포수의 송구가 맞은 경우

- 심판 판정 상황: 볼 인 플레이, 타자: 스트라이크 추가, 3루주자: 득점 인정
- 설명

  야구규칙 6.03(a)(3) 타자의 배트가 포수의 송구 방향을 가리긴 했습니다. 그러나 송구를 방해할 아무런 고의성 없이 그저 타격자세를 풀다가 우연히 송구가 날아와 맞은 것이며 타자가 타자석을 벗어나지 않은 상태입니다. 따라서 이는 수비방해가 아닌 포수의 송구 실책에 해당하며 볼 인 플레이 상황입니다. 3루주자의 주루행위는 정상적인 것이며 득점이 인정됩니다.

8.04-20 포수 닿고 굴절된 투구가 타자석 안에서 타자가 들고 있던 배트에 우연히 닿은 경우

무사 2루 상황에서 투구와 동시에 2루주자가 도루를 시도하자

포수는 급한 마음에 공을 제대로 포구하지 못했고, 미트 맞고 굴절된 공이 타자의 배트에 우연히 닿았습니다.

포수가 파울 지역에 떨어진 공을 주우려는 사이 2루주자는 3루에 도달했습니다. 판정은?

- 심판 판정

  상황: 볼 인 플레이, 2루주자: 3루 점유
- 설명

  야구규칙 6.03(a)(4)[주1] 타자가 스윙하지 않았는데 포수가 투구를 놓쳐 그 공이 타자석 안에서 타자가 들고 있는 배트에 닿았을 때는 방해에 해당하지 않으며 볼 인 플레이 입니다.

8.05

심판원의 방해

심판원의 방해

Q&A

8.05-1 심판원이 우연히 수비수의 플레이에 방해된 경우

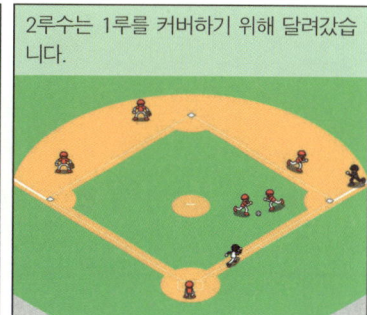

이때 판정 위치를 확보하려던 1루심과 2루수가 충돌했고 그로 인해 타자주자는 무사히 1루를 밟았습니다. 판정은?

- 심판 판정
  상황: 볼 인 플레이, 타자주자: 1루 점유
- 설명
  공식야구규칙에는 위와 같은 상황에 대한 관련 규칙이 존재하지 않습니다. 다만 통상적으로 루심이 판정에 용이한 위치를 확보하기 위해 달려오다가 수비수와 우연히 충돌한 것이라면 방해의 범주에 포함하지 않습니다. 경기는 볼 인 플레이 상태이며 타자주자의 1루 점유는 인정됩니다.
  마찬가지로 루상의 주자가 우연히 심판원과 충돌하여 진루에 실패해도 이는 방해에 해당하지 않으며 볼 인 플레이입니다.

※ 참고: 『풀어 쓴 야구기록규칙 | KBO 기록위원회 저』, p138, 타구 수비에 대한 심판원의 방해
※ 참고: 『윤병웅의 야구 기록과 기록 사이』 야구경기의 심판 방해 들여다보기

8.05-2 제3스트라이크가 심판원에 맞았을 경우

A
- 심판 판정

  상황: 볼 인 플레이, 타자: 낫 아웃 상태
- 설명

  야구규칙 5.06(c)(7)[부기], 5.09(a)(2)[원주] 제3스트라이크(파울 팁이 아닌 것)로 선언된 투구가 포수를 통과하여 심판원에 맞았을 때는 볼 인 플레이입니다. 심판원에 맞고 튀어나온 공이 땅에 닿기 전에 잡더라도 타자는 아웃되지 않습니다. 그러나 볼 인 플레이이므로 낫 아웃이 성립되어 타자는 출루를 시도할 수 있고, 포수는 1루에 송구하거나 타자를 태그하여 아웃시킬 수 있습니다.

  야구규칙 6.01(d), 6.01(f) 투구 또는 송구가 심판원에게 닿았더라도 볼 인 플레이입니다.

  야구규칙 5.06(c)(6)[부기] 페어지역에서 떠 있는 상태의 타구가 야수에 닿은 후 심판에 맞고 땅에 떨어지기 전에 야수가 다시 잡았다면 정규의 포구가 아니므로 타자는 아웃이 아니며 볼 인 플레이 상태입니다.

8.05-3 포수가 투구를 직접 잡은 후 송구하려다가 심판원에 닿은 경우

- 심판 판정
  상황: 볼 데드, 타자: 볼 판정, 1루주자: 1루로 귀루
- 설명
  용어의 정의 44(c)(1), 야구규칙 5.06(c)(2), 6.01(f)[원주]① 고의성이 없었다 해도 심판원에 의한 송구방해에 해당하며, 볼 데드가 선언되어 도루를 시도한 주자는 원래 있던 베이스로 돌아가야 합니다.
  야구규칙 5.06(c)(2)[원주] 단, 심판의 몸에 닿았음에도 포수가 송구에 성공하여 주자를 아웃시켰다면 방해는 없던 것이 되며 주자는 아웃 처리됩니다.

 8.05-4 포수가 투구를 놓친 후 다시 집어 들고 송구하려다가 심판원에 닿은 경우

타자가 헛스윙을 해서 제3스트라이크가 되었으나 포수가 공을 포구하지 못했고

낫 아웃이 되자 타자주자는 1루를 향해 달리기 시작했는데

1루로 송구하려던 포수의 팔이 심판원에 닿으며 공을 놓쳤고 그 사이 타자주자는 1루에서 세이프되었습니다. 판정은?

- 심판 판정
  상황: 볼 데드, 타자: 아웃
- 설명
  일본 야구규칙 5.06(c) 〈제3판 해설:구심의 포수 송구방해〉에 의하면 볼 데드로 하고 타자를 아웃시키며 만약 루상에 주자가 있을 경우 원래 루로 돌려보내야 합니다.

8.05-5 타구가 내야수(투수 제외)를 통과하기 전에 심판원에 직접 닿은 경우

무사 1, 3루 상황에서 페어 타구가 내야수(투수 제외)를 통과하기 전에 심판원에게 닿았을 경우 판정은?

- 심판 판정

    상황: 볼 데드, 타자: 1루까지 안전진루, 1루주자: 타자에 밀려서 2루 진루, 3루주자: 3루 귀루

- 설명

    용어의 정의 44(c)(2), 야구규칙 5.06(c)(6), 5.05(b)(4), 6.01(f) [원주]② 볼 데드가 되며 타자에겐 1루까지 안전진루권이 주어지고 안타로 기록됩니다. 또한 1루주자는 타자에 밀려 2루까지 안전진루합니다. 다만, 3루 주자는 타자의 출루로 밀려가는 상황이 아니므로 3루에 머물러야 합니다.

    ✖ 참고:『풀어 쓴 야구기록규칙 | KBO 기록위원회 저』, p133, 심판원에 직접 맞은 타구로 안타를 얻은 정○○

 8.05-6 타구가 수비수에 맞은 후 심판원에 닿은 경우

페어 타구가 투수의 몸에 맞은 후 심판원에게 닿았습니다. 판정은?

- 심판 판정

    상황: 볼 인 플레이, 타자: 페어 볼

- 설명

    야구규칙 5.06(c)(6) [원주]① 타구가 수비수에 맞은 후 페어지역에서 심판원의 몸에 닿을 경우 수비방해에 해당되지 않으며 볼 인 플레이 상태로 경기는 그대로 진행됩니다.

8.06

베이스 코치의 방해

● 베이스 코치의 방해

Q 8.06-1 송구가 우연히 베이스 코치에 닿은 경우

A
- 심판 판정
  상황: 볼 데드, 타자주자: 2루까지 안전진루
- 설명
  야구규칙 6.01(d)[예2] 베이스 코치가 고의로 송구에 닿은 것이라면 타자주자는 아웃되지만 우연히 닿았다면 볼 인 플레이입니다. 다만 베이스 코치에 닿은 공이 관중석으로 들어갔으므로 볼 데드가 되고 **야구규칙 5.06(b)(4)(G)**에 의거, 타자주자에게 2루까지 안전진루권이 주어집니다.

Q 8.06-2 베이스 코치가 파울지역에서 아무런 고의성 없이 수비수와 부딪힌 경우

- 심판 판정
    상황: 볼 인 플레이, 타자주자: 2루 점유
- 설명
    야구규칙 6.01(d)[원주][예2] 베이스 코치가 고의로 방해했느냐의 여부는 심판원의 판단에 따라 결정됩니다. 코치가 플레이를 방해하지 않으려고 가능한 모든 노력을 했다고 심판이 판단하면 수비방해로 선고할 필요는 없습니다. 그러나 코치가 방해하지 않으려는 시늉만 했을 뿐 사실은 피하지 않은 것으로 심판원이 판단하면 고의에 의한 방해를 선고해야 합니다.

    ✕ 참고: 『풀어 쓴 야구기록규칙 | KBO 기록위원회 저』, p245, 주루 코치의 수비방해로 타자 아웃

8.06-3 주루행위 중에 넘어진 주자를 베이스 코치가 부축해준 경우

- 심판 판정
    상황: 볼 데드, 타자주자: 베이스 코치의 반칙에 의한 아웃
- 설명
    야구규칙 6.01(a)(8) 베이스 코치가 주자에게 닿거나 부축하여 주자가 베이스로 돌아가거나 다음 베이스로 가는 것에 육체적으로 도움을 주었다 심판원이 판단했을 경우 반칙에 해당하며 주자는 아웃됩니다.
    단, 타자가 홈런을 친 후 베이스 코치와 하이파이브를 하거나 작전 지시를 위해 가까이서 가볍게 몸이 닿는 정도는 육체적 도움으로 보지 않습니다.

    ✕ 참고: 『풀어 쓴 야구기록규칙 | KBO 기록위원회 저』, p258, 주루코치와의 접촉에 의한 주자아웃때, 자살기록 처리

8.06-4 베이스 코치의 타임 요청 때문에 투수가 투구를 멈춘 경우

- 심판 판정
  상황: 볼 데드, 투수: 투구 무효
- 설명
  야구규칙 6.04(a)(3) 투수가 투구동작에 들어간 후 투구를 완료하지 않고 멈추면 보크에 해당하지만 위 경우는 베이스 코치의 '타임' 요청에 투수가 방해받은 것이므로 보크를 범해도 무효로 해야 합니다.
  이때 베이스 코치의 행동이 명백히 투수 보크를 유도하기 위한 악의적 행동이었다고 심판원이 판단할 경우 베이스 코치를 퇴장시킬 수도 있습니다.

 8.06-5 파울 볼 선언이 되지 않은 타구를 베이스 코치가 잡은 경우

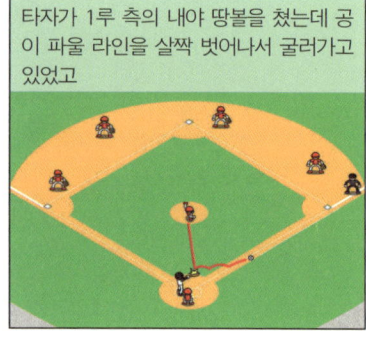  

- 심판 판정
  상황: 볼 데드, 타자: 베이스 코치의 수비방해로 인해 아웃
- 설명
  야구규칙 6.01(b) 타구가 내야 파울 라인을 벗어났더라도 불규칙 바운드 등으로 다시 내야 페어지역에 굴러 들어 올 수도 있고, 심판원 역시 파울 볼 선언을 하지 않은 볼 인 플레이 상황이므로 베이스 코치는 수비수에게 자리를 비워줘야 함에도 공을 집어 들었기 때문에 수비방해에 해당합니다. 심판원은 볼 데드를 선언한 후 그 플레이의 대상이 되었던 타자 또는 주자를 아웃시킵니다.

8.07

시합 관계자의 방해

시합 관계자의 방해

Q&A

Q 8.07-1 볼 보이가 타구를 피하려 했으나 닿은 경우

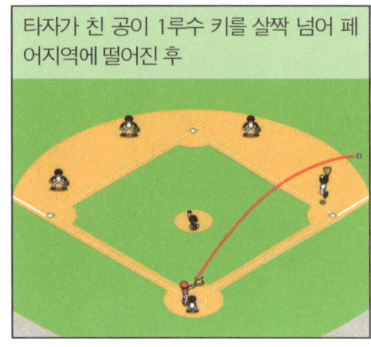
타자가 친 공이 1루수 키를 살짝 넘어 페어지역에 떨어진 후

외야 파울지역에 앉아 있던 볼 보이를 향해 굴러갔습니다.

볼 보이는 공을 피하려 했으나 불규칙 바운드가 되며 그 공에 닿았습니다. 판정은?

A

- 심판 판정

  상황: 볼 데드, 타자: 2루 점유

- 설명

  <mark>야구규칙 6.01(d), 6.01(d)[원주][예1]</mark> 볼 보이가 페어타구를 피하다가 닿았을 때는 기본적으로 방해가 아니며 볼 인 플레이에 해당하지만 KBO에서는 2021년부터 외야에 위치한 볼 보이가 타구에 닿았을 경우 고의 여부를 불문하고 2개 베이스가 주어지는 것으로 개정되었습니다.

  참고: 『풀어 쓴 야구기록규칙 | KBO 기록위원회 저』, p179, 볼보이에 의한 인정(?) 2루타

Q 8.07-2 배트 걸이 자신에게 오는 타구를 무심결에 건드린 경우

무사 2루 때 투수가 공을 던졌는데 포수의 렉가드에 맞고,

수비 측 덕아웃에 서 있던 배트 걸 방향으로 빠르게 굴러갔습니다.

2루주자는 공이 빠지는 것을 본 후 3루로 진루를 시도했는데

- 심판 판정

  상황: 볼 데드, 2루주자: 심판 판정에 따라 진루
- 설명

  야구규칙 6.01(d) [원주] [예1] 배트 걸이 고의로 공을 건드린 것이라면 당연히 볼 데드가 되며, 설사 고의가 아니었다 해도 공을 걷어차거나, 주워 올리거나, 밀거나 하였을 때는 본인의 의사와 관계없이 고의적 방해로 봅니다.

  그렇기 때문에 이 경우 배트 걸이 공을 걷어찬 순간 볼 데드가 선언되며 배트 걸의 방해가 없다면 2루주자가 어디까지 진루할 수 있었는가를 심판원이 판단하여 진루시킵니다.

8.08

관중의 방해

관중의 방해

Q 8.08-1 관중이 운동장 안으로 팔을 뻗어 (또는 도구를 이용하여) 공격 측이 방해받은 경우

A

- 심판 판정
  상황: 볼 데드, 타자: 심판 판정에 따라 진루
- 설명
  야구규칙 6.01(e) [원주] 관중이 울타리 너머 경기장 안으로 팔을 뻗어 볼 인 플레이인 공에 닿으면 그 즉시 심판원은 관중의 방해에 의한 볼 데드를 선언하며, 그 방해가 없었다면 주자가 어디까지 진루할 수 있을지를 판단하여 주자를 해당 베이스로 보내야 합니다.

8.08-2 관중이 운동장 안으로 팔을 뻗어(또는 도구를 이용하여) 수비 측이 방해받은 경우

- 심판 판정
  상황: 볼 데드, 타자: 아웃, 3루주자: 본루로 진루 후 득점 처리
- 설명
  야구규칙 6.01(e)[부기], 6.01(e)[예] 우익수가 충분히 잡을 수 있는 공을 관중이 경기장 안쪽에서 방해하였으므로 볼 데드가 되며 타자에겐 아웃이 선언됩니다(경기장 바깥쪽이었다면 방해가 아님).
  심판은 관중의 방해가 없었다면 플레이 내용이 어떻게 되었을까를 고려하여 다른 주자에게 피해가 없도록 조치해야 합니다. 그렇기 때문에 타구의 거리상 3루에 있던 주자가 리터치하기에 충분했다고 판단될 경우 3루주자의 득점은 인정됩니다.

 8.08-3 파울 펜스 바깥쪽에서 관중이 수비수의 글러브를 건드린 경우

- 심판 판정
  상황: 볼 데드, 타자: 파울 볼
- 설명
  용어의 정의 15[원주], 야구규칙 6.01(e)[원주] 파울 볼 처리됩니다. 수비수가 펜스, 난간, 로프 등의 상공이나 스탠드로 신체를 뻗어서 플라이 볼을 잡으려 하는 것은 스스로 위험을 감수하고 펼치는 플레이기 때문에 관중이 그 플레이에 방해가 되더라도 수비방해에 해당되지 않습니다.

8.08-4 수비수가 관중석 안으로 팔을 뻗어 공을 포구했으나 관중이 손으로 쳐서 떨어뜨린 경우

- 심판 판정
  상황: 볼 데드, 타자: 파울 플라이 아웃
- 설명
  용어의 정의 15, 야구규칙 6.01(e)[부기] 수비수가 파울 펜스 너머로 팔을 뻗어 확실히 포구했거나 후속동작 중인데 관중이 수비를 방해한 것이라면 심판원은 볼 데드를 선언하고 타자를 파울 플라이 아웃 처리해야 합니다. 그러나 공을 잡는 것과 동시이거나 그 직후에 관중과 부딪힌 것이라면 확실한 포구라 볼 수 없으며 이러한 상황이 경기장 안쪽이 아닌 관중석에서 일어난 일이므로 관중의 고의성 여부에 관계없이 파울 볼 처리해야 합니다.

8.08-5 페어 볼을 관중이 난입하여 집어 간 경우

무사 2루 때 타자가 친 타구가 3루수 키를 살짝 넘어갔고

페어지역에 떨어진 후 외야 파울지역으로 굴러갔습니다.

이때 외야 파울지역 관중석에 있던 한 관중이 경기장 안으로 몸을 던져 이 타구를 낚아챘습니다. 판정은?

- 심판 판정

　상황: 볼 데드, 타자·2루주자: 심판 판정에 따라 진루

- 설명

　야구규칙 6.01(e) 볼 인 플레이 중인 타구를 관중이 경기장 안쪽에서 손을 댄 것이므로 볼 데드가 선언되며 관중의 방해가 없었을 경우 경기가 어떻게 흘러갔을지 판단하여 심판 재량으로 판정합니다.

또한 경기의 흐름을 방해한 해당 관중에겐 퇴장 조치도 가능합니다.

이는 야구규칙서에 정의된 것은 아니며 각 리그마다 별도의 자체 규정에 준합니다.

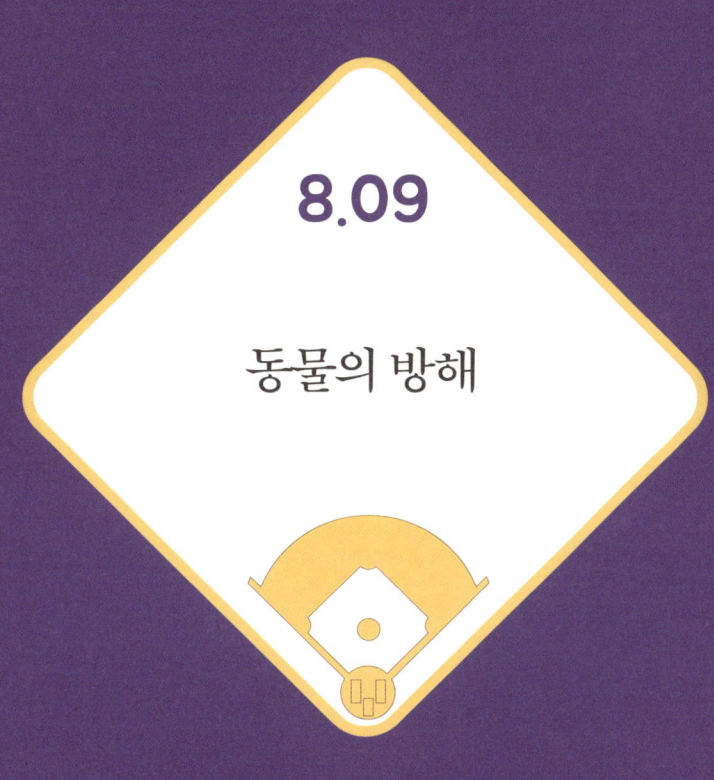

8.09

동물의 방해

동물의 방해

8.09-1 뜬공 타구가 새에 맞은 경우

- 심판 판정
  상황: 볼 인 플레이, 타자: 페어 볼
- 설명
  용어의 정의 32(d), 야구규칙 5.06(b)(4)(A)[주1] 공중에 뜬 페어타구 또는 송구가 새에 닿았을 경우에는 볼 인 플레이입니다. 다만 떠 있는 상태가 아닌 바닥에 바운드된 것과 동일하게 보기 때문에 이 타구를 수비수가 노 바운드로 잡았다 해도 아웃 처리하지 않고 경기를 그대로 진행합니다.
  이 타구가 외야 펜스를 넘어 홈런이 될 만한 타구였다면 심판원은 홈런을 선언해야 합니다.

  ✕ 참고: 『풀어 쓴 야구기록규칙 | KBO 기록위원회 저』, p171, 동물의 방해

8.09-2 투구가 동물에 맞은 경우

- 심판 판정
  상황: 볼 데드, 투수: 무효 투구
- 설명
  야구규칙 5.06(b)(4)(A)[주1] 날아가던 새가 투구에 맞았을 경우 볼 데드로 하고 그 투구는 무효 처리합니다.

  ✕ 참고: 『풀어 쓴 야구기록규칙 | KBO 기록위원회 저』, p326, 투구에 맞은 비둘기

8.09-3 개가 공을 물었을 경우

- 심판 판정
  상황: 볼 데드, 타자: 심판의 판정에 따라 플레이
- 설명
  야구규칙 5.06(b)(4)(A)[주1] 투구, 송구 또는 타구를 개가 물어 갔을 경우 볼 데드로 하고, 개가 없었다면 플레이가 어떻게 되었을지 심판원이 판단하여 조치합니다.

8.10 기타 방해

기타 방해

 8.10-1 운동장에 공격 측 선수들의 장비가 놓여 있어서 수비방해가 된 경우

- 심판 판정
  상황: 볼 데드, 타자: 수비방해 아웃
- 설명
  야구규칙 6.01(b)[주]에 의거 공격 측 선수는 자기 팀의 공격 중에는 글러브, 기타 용구를 경기장에서 덕아웃으로 갖고 들어가야 합니다. 고의로 놓고 간 것이 아니라 해도 이 용구들로 인해 수비 측이 방해를 받았다면 그 플레이의 대상이 된 타자 또는 주자를 아웃시킵니다.
  위의 경우엔 공을 친 타자에게 아웃이 선언됩니다.

9

득점의 판정

9.01 득점 판정

시간차에 의한 득점의 판정

공격팀이 제3아웃이 되어 이닝이 끝나기 전에 주자가 정규로 1루, 2루, 3루, 본루에 닿으면 1점이 기록됩니다. 그렇다면 선행주자가 본루를 밟는 시점과 후위주자의 제3아웃이 간발의 차로 이루어졌다면 득점은 어떻게 판정될까요?

이처럼 제3아웃과 홈 인이 비슷한 시점에 벌어졌을 경우 어느 쪽이 빨랐는지 시간차를 고려하여 판정합니다. 즉, 후위주자의 제3아웃보다 선행주자가 먼저 본루를 밟았다면 득점이 인정됩니다.

9.01-1 시간차에 의한 득점의 판정-1

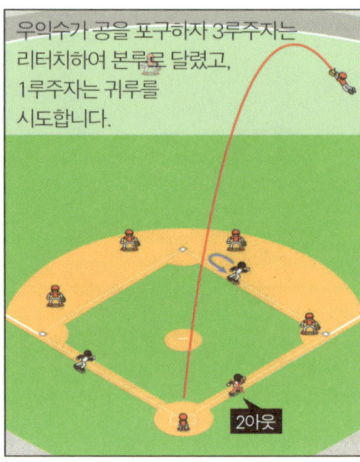
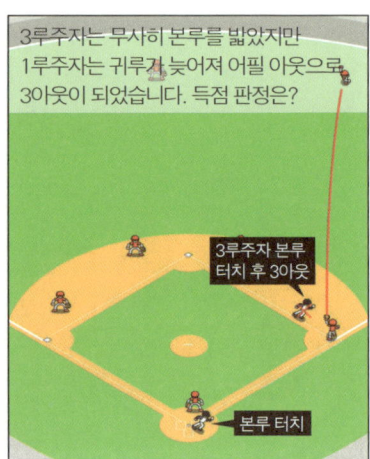

- 심판 판정
  상황: 이닝 종료, 타자주자: 뜬공 아웃, 1루주자: 어필 아웃, 3루주자: 득점 인정
- 설명
  용어의 정의 30[원주][예2], 야구규칙 5.08(b)[규칙설명][예] 1루주자의 제3아웃보다 3루주자가 본루를 밟은 것이 빨랐으므로 득점이 인정됩니다.

9.01-2 시간차에 의한 득점의 판정-2

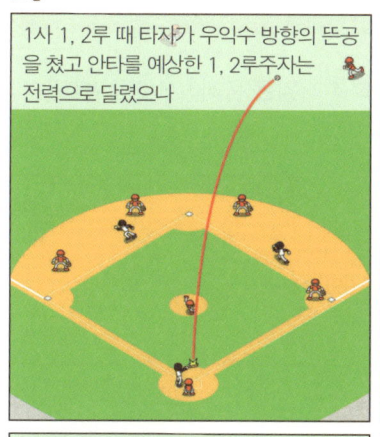

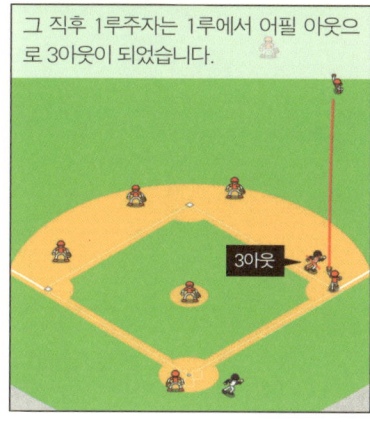

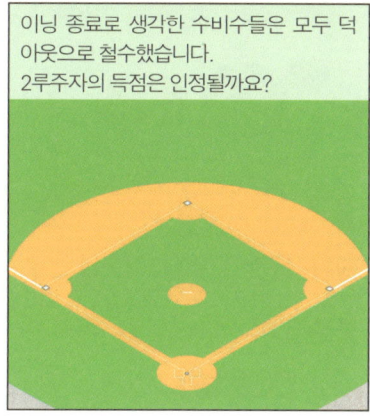

● 심판 판정
  상황: 이닝 종료, 타자주자: 플라이 볼 아웃, 1루주자: 어필 아웃, 2루주자: 득점 인정
● 설명

야구규칙 5.09(c)(1)~(4) [어필플레이] [문] [답] 타자 플라이 아웃 때 2루주자가 리터치하지 않은 것에 대한 수비 측의 어필이 없다면 제3아웃되기 전에 2루주자가 본루를 밟은 것이 되어 득점이 인정됩니다. 그러나 1루주자에 대한 어필로 제3아웃이 되었더라도 수비수들이 철수하지 않고 곧바로 2루주자에 대한 어필을 했다면 '제4아웃'이 되고, 앞선 제3아웃과 바꿀 수 있기 때문에 2루주자는 아웃되고, 득점은 취소됩니다. (어필에 의한 제3아웃이 성립된 후라도 이보다 유리한 어필 아웃을 앞의 제3아웃과 바꿀 수 있음!)

● 제3아웃 전에 주자가 먼저 본루를 밟아도 득점 인정이 안 되는 세 가지 경우

주자가 본루를 먼저 밟았더라도 **야구규칙 5.08(a) [부기]**에 의거 제3아웃이 다음과 같은 플레이로 이루어졌을 때는 득점으로 인정되지 않습니다.

> • 타자주자가 1루에 닿기 전에 아웃된 것이 제3아웃일 때 **야구규칙 5.09, 6.03(a) 참조**
> • 주자가 포스 아웃된 것이 제3아웃일 때 **야구규칙 5.09(b)(6) 참조**
> • 선행주자가 베이스를 밟지 못해 아웃된 것이 제3아웃일 때 **야구규칙 5.09(c)(1),(2), 5.09(d) 참조**
> : 반대로 후위주자가 어필플레이로 3아웃될 때 그보다 먼저 본루를 밟은 선행주자는 득점이 인정됨

Q 9.01-3 타자주자가 1루에 닿기 전에 아웃된 것이 제3아웃일 경우

- 심판 판정
  상황: 이닝 종료, 타자: 아웃, 3루주자: 득점 불인정
- 설명
  야구규칙 5.08(b) [원주] 타자주자가 1루에 닿기 전에 제3아웃이 되면 앞서 본루를 밟은 3루주자의 득점은 인정되지 않습니다.

Q 9.01-4 제3아웃에 해당하는 타자주자의 1루 공과가 발생한 경우-1

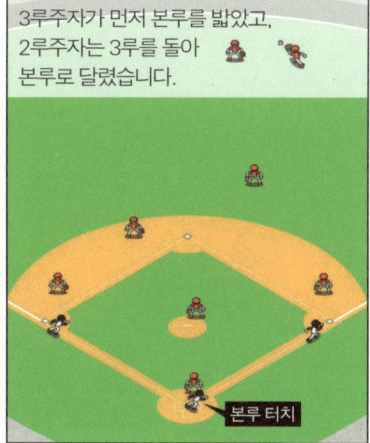
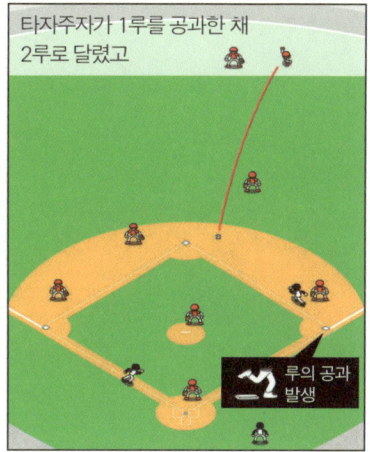
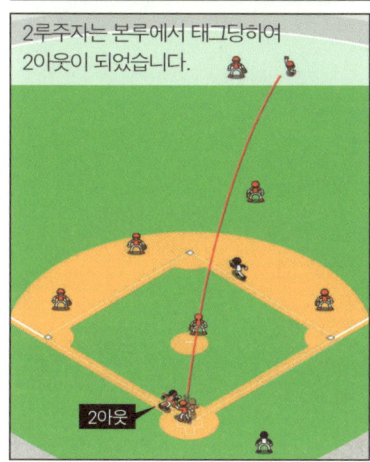
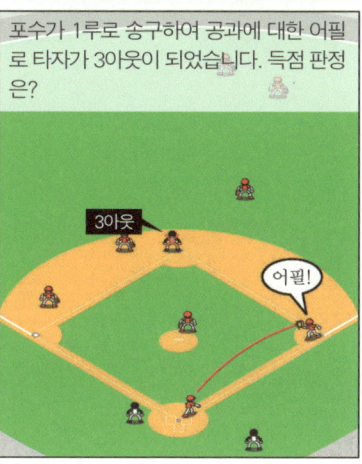

A

- 심판 판정

   상황: 이닝 종료, 타자: 어필 아웃, 2루주자: 태그 아웃, 3루주자: 득점 불인정
- 설명

   야구규칙 5.08(b)[예1] 3루주자가 2, 3아웃 전에 본루를 밟았더라도 타자가 1루에 닿지 못하고 어필 아웃된 것이 제3아웃에 해당하므로 야구규칙 5.08(a)[부기](1)에 의거 3루주자의 득점은 인정되지 않습니다.

Q 9.01-5 제3아웃에 해당하는 타자주자의 1루 공과가 발생한 경우-2

A

- 심판 판정
  상황: 이닝 종료, 타자: 어필 아웃, 선행주자들: 득점 불인정
- 설명
  야구규칙 5.08(b) [예2] 무사나 1사의 경우라면 선행주자 3명의 득점이 인정되었겠지만 2사일 경우에는 타자주자가 1루를 밟지 못하고 제3아웃이 된 것이기 때문에 모든 주자의 득점은 인정되지 않습니다.

 참고: 『풀어 쓴 야구기록규칙 | KBO 기록위원회 저』, p184, 날아간 끝내기 만루홈런

Q 9.01-6 2사 이후 타자가 1루를 오버런한 후 1루를 벗어난 경우

- 심판 판정
  상황: 이닝 종료, 타자주자: 주루 포기 아웃, 3루주자: 득점 인정
- 설명
  야구규칙 5.09(b)(11)[원주] 타자주자가 1루에 닿은 후 오버런이나 오버슬라이딩으로 지나쳐도 1루 점유는 인정됩니다.
  그러나 곧바로 귀루하지 않았을 경우 수비수의 어필로 아웃될 수 있습니다.
  다만, 1루에 도달한 것은 인정되므로 **야구규칙 5.08(a)[부기](1)** '타자주자가 1루에 닿기 전에 제3아웃'에 해당하지 않기 때문에 제3아웃보다 먼저 본루를 밟은 3루주자의 득점은 인정됩니다.

9.01-7 2사 이후 선행주자가 본루를 밟은 후 2루주자가 주루사한 경우

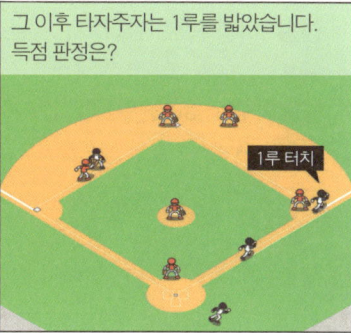

- 심판 판정
  상황: 이닝 종료, 타자주자: 1루 점유, 2루주자: 태그 아웃, 3루주자: 득점 인정
- 설명
  타자주자가 1루를 밟은 것은 2루주자가 제3아웃된 이후이긴 하지만 이는 타자주자 자체가 제3아웃이 된 것이 아니기 때문에 **야구규칙 5.08(a)[부기](1)** 에 해당하지 않습니다. 또한 태그된 2루주자 역시 포스 플레이 상태에서 아웃된 것이 아니므로 **야구규칙 5.08(a)[부기](2)** 에도 해당되지 않습니다. 결국 제3아웃보다 먼저 본루를 밟은 3루주자의 득점은 인정됩니다. 또한 타자주자에겐 타점이 부여되고, 기록상 타자주자는 1루 잔루로 이닝이 종료됩니다.

9.01-8 선행주자가 본루를 밟은 후 후위주자의 제3아웃이 포스 아웃인 경우

- 심판 판정
  상황: 이닝 종료, 1루주자: 포스 아웃, 3루주자: 득점 불인정
- 설명
  용어의 정의 30[원주][예1], 야구규칙 5.08(a)[부기](2) 포스 플레이 상태에서 2루로 달리던 1루주자가 제3아웃이 될 경우 앞서 본루를 먼저 밟은 3루주자의 득점은 인정되지 않습니다.

9.01-9 선행주자가 본루를 밟은 후 후위주자의 제3아웃이 포스 아웃이 아닌 경우

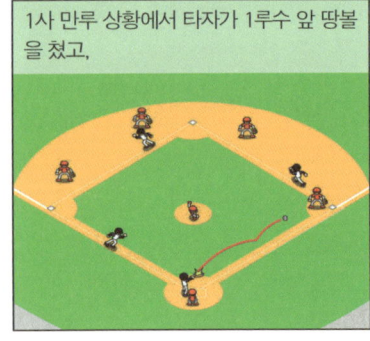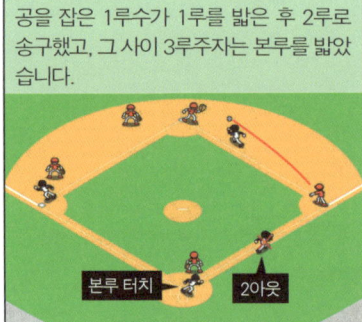

- 심판 판정
  상황: 이닝 종료, 타자주자: 땅볼 아웃, 1루주자: 태그 아웃, 3루주자: 득점 인정
- 설명
  용어의 정의 30[원주][예1], 야구규칙 5.08(a)[부기](2) 타자주자가 아웃되면서 1루주자의 포스 상태가 풀렸으므로 3루주자가 1루주자의 태그 아웃보다 먼저 본루를 밟았다면 득점이 인정됩니다.

9.01-10 선행주자의 어필 아웃이 제3아웃인 경우 후위주자의 득점 판정-1

- 심판 판정
  상황: 이닝 종료, 2루주자: 어필 아웃, 타자: 득점 불인정
- 설명
  야구규칙 5.08(b) [예4] 타자주자가 정상적으로 본루를 밟았더라도 이미 앞선 2루주자가 먼저 제3아웃이 됐기 때문에 타자주자의 득점 역시 인정되지 않으며 홈런도 취소됩니다.

  ✵ 참고: 「풀어 쓴 야구기록규칙 | KBO 기록위원회 저」, p169, 앞선 주자의 공과로 홈런을 날린 이OO

9.01-11 선행주자의 어필 아웃이 제3아웃이 아닌 경우 후위주자의 득점 판정

- 심판 판정
  상황: 볼 인 플레이, 2루주자: 어필 아웃, 1루주자: 득점 인정, 타자주자: 득점 인정
- 설명
  야구규칙 5.08(b) [예3] 2아웃 상황이므로 타자와 1루주자의 득점은 인정됩니다.

9.01-12 선행주자의 어필 아웃이 제3아웃인 경우 후위주자의 득점 판정-2

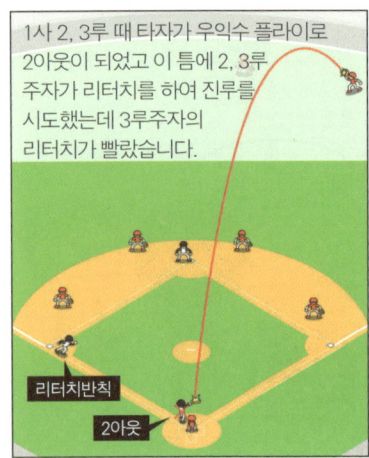

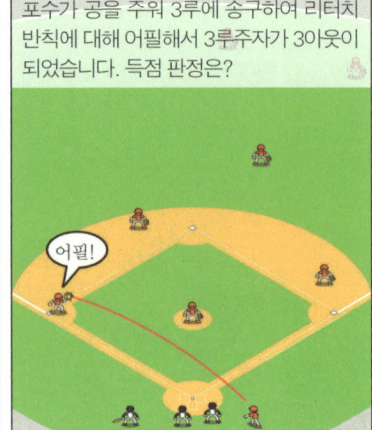

- 심판 판정
  상황: 이닝 종료, 타자: 플라이 볼 아웃, 2루주자: 득점 불인정, 3루주자: 어필 아웃
- 설명
  야구규칙 5.08(b)[규칙설명][예] 2루주자가 본루를 밟기 전에 선행주자인 3루주자가 제3아웃된 것이므로 2루주자의 득점은 인정되지 않습니다.

● 안전진루 상황에서 득점의 판정

9.01-13 홈런으로 포스 상태의 선행주자가 베이스 공과 후 어필로 제3아웃이 된 경우

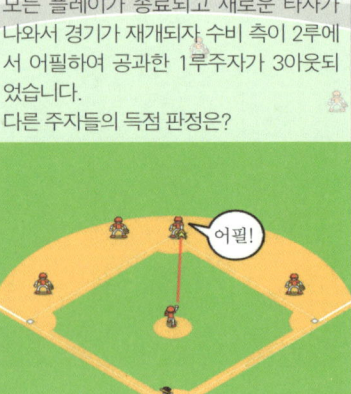

- 심판 판정
  상황: 볼 데드, 타자를 비롯한 모든 주자: 득점 불인정
- 설명
  타자의 홈런으로 인해 1루주자는 타자에게 1루를 비워주고 2루를 밟아야 하는 포스 상태인데 2루를 밟지 못한 채 어필에 의한 제3아웃이 되었으므로 야구규칙 5.08(a)[부기](2),(3)에 의거 모든 주자의 득점은 인정되지 않습니다.

9.01-14 안전진루 중에 추월 아웃으로 제3아웃이 된 경우

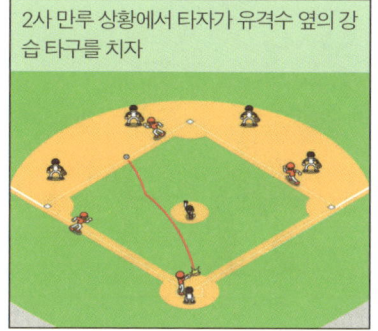

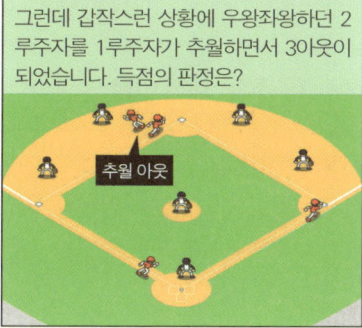

- 심판 판정
  상황: 이닝 종료, 1루주자: 선행주자 추월로 제3아웃, 제3아웃 전에 본루를 밟지 못한 모든 주자의 득점 불인정
- 설명
  페어 타구에 수비수가 글러브를 던져 타구를 맞추면 야구규칙 5.06(b)(4)(B),(C)에 의거 타자주자를 비롯한 모든 주자에게 3개루 안전진루권이 주어지지만 경기는 볼 인 플레이 상태입니다.
  이때 1루주자가 2루주자를 추월하여 제3아웃이 되었으므로 야구규칙 5.08(b)[주2]에 의거 그 아웃된 주자 뒤에 있는 타자 또는 주자의 득점이 기록되지 않는 것은 물론, 아웃된 주자보다 앞에 있는 주자라도 제3아웃이 이루어지기 전에 본루를 밟지 않으면 득점은 기록되지 않습니다.

  ✕ 참고: 『풀어 쓴 야구기록규칙 | KBO 기록위원회 저』, p166, 만루홈런이 단타로 둔갑(일본 프로야구 신조 쓰요시)

9.01-15 만루 상황에서 볼넷이 선언됐는데 선행주자가 오버슬라이딩으로 태그 아웃된 경우

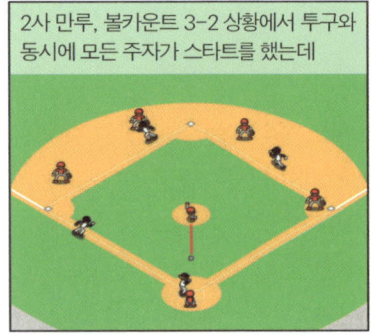

- 심판 판정

  상황: 이닝 종료, 1루주자: 태그 아웃, 3루주자: 득점 인정
- 설명

  야구규칙 5.08(b)[주2], 5.05(b)(1)[원주], 5.06(b)(3)(D)[부기], 5.06(b)(3)(B)[원주] 볼넷은 볼 인 플레이 상황이기 때문에 각 주자들이 주어진 베이스를 지나서 오버런했을 경우 태그되면 아웃됩니다. 그러나 비록 아웃된 뒤라 하더라도 4구와 동시에 득점이 이루어지고 모든 주자는 다음 베이스에 닿기만 하면 된다는 규칙에 따라 3루주자의 득점은 기록됩니다.

  ✕ **야구규칙 5.08(b)[주2]**는 오직 만루 상황에서 볼넷을 얻었을 때만 적용됩니다.

10

선수 교체 규정

10.01
선수 교체 규정

프로야구 1군 선수 구성 (2019년 기준)

축구나 농구 등 다른 스포츠에 비해 야구가 체력 부담이 적은 스포츠인 것은 사실입니다.

그러나 여타 스포츠와 달리 야구에는 패스라는 개념이 없으며 타격도 수비도 타인의 도움 없이 스스로 상황을 해결해야 합니다. 그런 만큼 선수들에게 집중력은 매우 중요합니다.

야구가 체력 부담이 적은 스포츠라 해도 잦은 경기수와 긴 경기 시간 때문에 피로의 누적은 피할 수 없고 이는 집중력 저하로 이어집니다. 또한 시합의 승패를 가를 분수령의 순간이 찾아오게 마련인데 이때 감독의 역할이 중요합니다.

집중력이 저하된 선수를 쉬게 해주고 여러 상황을 고려하여 적재적소에서 선수를 교체해주는 용병술이 필요한 것이죠. 이 선수 교체에도 지켜야 할 나름의 룰이 있는데, 지금부터 야구에서의 선수 교체 규정을 알아보겠습니다.

야구규칙 4.03 시합이 있는 날이면 감독은 선발투수 1명, 타자 9명(지명타자 포함)으로 구성된 선발출전 선수명단(타순표)을 4부 작성해야 합니다. 대회 규정에 따라 시합 시작 전에 주심과 양팀 감독이 본루 뒤에서 만나 1부는 주심에게, 1부는 공식기록원에게, 1부는 양팀 감독에게 주어 양팀의 선발출전자와 타순을 확정합니다.

KBO리그는 2019년 기준 1군 엔트리 27명 등록에 한 경기에 25명까지 출전합니다(확대 엔트리 기간엔 5명 추가). 이 25명 중 10명의 선발출전(지명타자 포함) 인원이 정해지면 나머지 15명은 후보 선수가 됩니다.

야구규칙 5.10(a) 이 후보 선수들은 교체 선수로 출전 가능한데 교체하여 출전한 선수는 그 팀의 타격순에 따라 물러난 선수의 타순을 이어받습니다. 한 번 교체되어서 물러난 선수는 그 경기에 다시 출장할 수 없습니다.

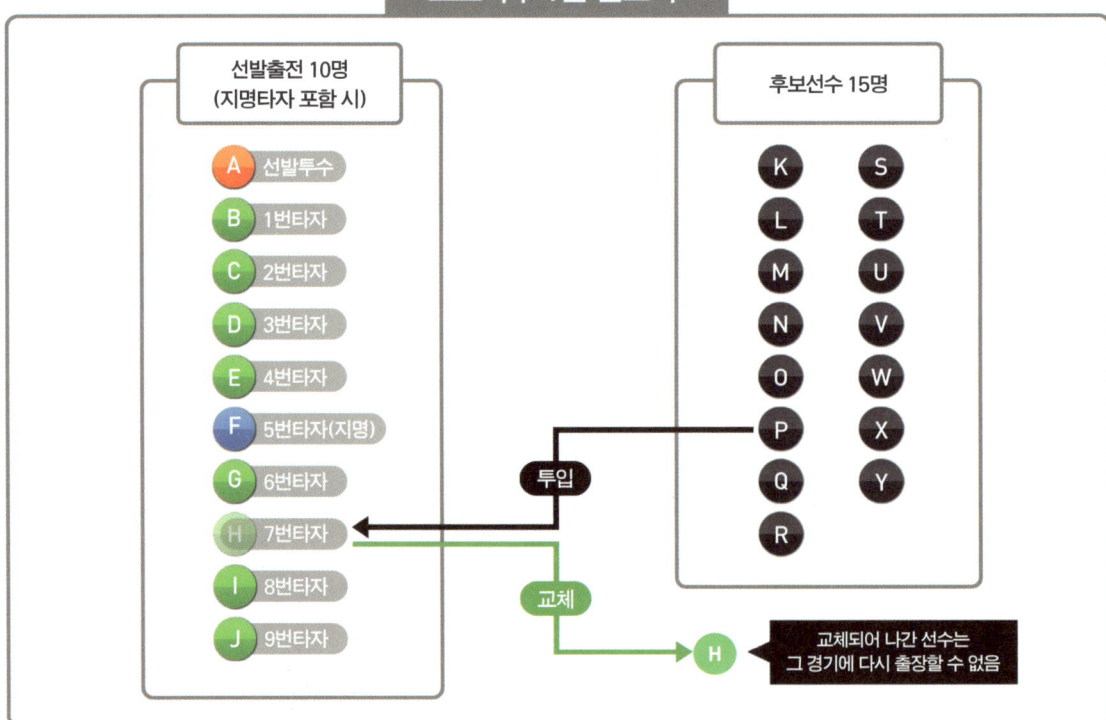

야구규칙 5.10(b) 감독은 선수의 교체가 있을 때 이 사실을 곧바로 주심에게 통고하고 타순표의 순서를 명시하여야 합니다.

만약 수비팀 선수가 2명 이상 동시에 교체출전하였을 때는 교체 선수가 수비위치에 도달하기 전에 감독은 곧바로 선수의 타순을 주심에게 통고하고, 주심은 이를 공식기록원에게 통고해야 합니다. 이 통고가 없을 때에는 주심은 교체출전한 선수들의 타순을 지정할 권한을 갖습니다.

일반적인 1군 엔트리 구성을 보게 되면 선발투수 5명은 지정된 날짜에만 던지게 되므로 교체 투입되는 경우가 드물며 선발투수 5명을 제외한 교체 가능한 투수가 5~7명, 포수를 비롯한 선발타자 9명을 제외한 교체 가능한 타자가 5~7명이 됩니다.

지명타자 제도하에서 투수가 타석에 선다거나 타자가 투구를 하는 것은 상식적으로 비효율적인 선수 운용이므로 투타 양측에서 운용할 수 있는 교체 인원은 각각 5~7명이라는 것이죠.

야구에선 점수 1점이 승부를 가르는 승부처가 수시로 생겨나는데 이 한정된 인원 안에서 감독은 선수 교체를 통해 작전을 구사해야 합니다. 아무리 주전 경쟁에서 밀렸다고 해도 프로선수들은 저마다 하나쯤 특화된 능력이 있게 마련인데 예를 들어 경기 종반 1~2점 차의 근소한 시합이 펼쳐지고 있을 때

화끈한 타격을 자랑하는 거포가 안타를 쳐서 진루했지만 덩치가 크고 발이 느릴 경우

타격은 약하지만 발이 빠른 선수를 대주자로 교체하기도 하고,

선발투수가 특정 타자에게 약한 면모를 보일 때는 그 타자만을 상대하기 위해 구원투수로 교체하기도 합니다.

⚾ 선발투수 교체

야구규칙 5.10(f) 시합 시작 전 주심에게 타순표를 건네주고 양팀 감독이 타순표를 교환하고 나면 여기에 기재되어 있는 선발투수는 등판하여 상대팀의 첫 타자 또는 그 대타자가 아웃되거나 1루에 나갈 때까지 투구할 의무가 있으며 그전에는 교체할 수 없습니다.

✖ 참고: 『풀어 쓴 야구기록규칙 | KBO 기록위원회 저』, p59, 예고된 선발투수의 의무를 다하지 못한 김○○

구원투수 교체

야구규칙 5.10(g) 구원투수 역시 선발투수와 마찬가지로 일단 등판하고 나면 한 명의 타자를 상대할 의무가 있으며, 부상이나 질병 시 주심이 인정하였을 때는 교체할 수 있습니다. 다만, 선발투수와의 차이점은 반드시 한 명의 타자를 상대하지 않더라도 그 이닝이 종료되어 공수교대가 이루어진 후 다음 이닝에서야 교체가 가능합니다.

예를 들어 2아웃, 주자 1루 상황에 구원투수가 등판하여 견제구로 1루주자를 아웃시키고 3아웃으로 이닝이 종료되어 공수교대가 이뤄지고 나면 타석의 타자를 상대하지 않아도 다음 이닝에 교체가 가능하다는 것입니다.

한 가지 염두에 둘 것은 타자를 상대하는 도중에 구원투수로 교체되는 경우입니다.

구원투수가 올라와서 이 타자를 볼넷으로 출루시켰을 때 아래의 볼카운트였던 경우에는 그 볼넷의 책임을 전임 투수가 지게 됩니다.

	경우 1	경우 2	경우 3	경우 4	경우 5
스트라이크	0	0	1	1	2
볼	2	3	2	3	3

야구규칙 5.10(h) 규칙에 의해 교체가 허용되지 않는 투수가 출전하였을 때 심판원은 이 규칙에 합당한 준비가 이루어질 때까지 정규투수에게 다시 등판하도록 명하여야 합니다.

타자의 교체

야구규칙 5.10(a) 타순을 바꿀 수는 없지만 타자의 교체는 주심의 '플레이 볼' 선언 이후 곧바로 '타임'을 불러 볼 데드 상황을 만들면 언제든 새로운 타자로 교체할 수 있으며 교체출전 선수는 물러난 선수의 타순을 그대로 이어받게 됩니다.
야구규칙 5.11(b)(3)(A) 단, 지명타자의 경우 상대팀 선발투수가 교체되지 않는 한 그 투수에 대하여 한 번은 타격을 끝내야 합니다.

수비수의 교체

야구규칙 5.10(b) 수비수도 타자와 마찬가지로 볼 데드 상황에서 언제든 교체가 가능합니다.
만약 2명 이상의 수비수를 동시에 교체할 경우엔 해당 수비수들이 수비위치에 도착하기 전 감독은 주심에게 해당 선수들의 타순을 통고해야 합니다. 이 통고가 없을 경우 교체출전한 선수들의 타순을 지정할 권한은 주심이 갖게 됩니다.

대주자

안전진루권을 얻은 주자가 다친 경우
야구규칙 5.12(b)(3) 타자가 몸에 맞는 볼이나 홈런 등으로 안전진루권을 얻었으나 뜻밖의 사고로 그 권리를 행사하지 못할 때는 대주자가 플레이를 끝내도록 할 수 있습니다.

교체 발표가 없었던 선수의 취급

야구규칙 5.10(j) 선수 교체 사실이 발표되지 않았더라도 다음과 같은 경우 교체 선수가 경기에 출전한 것으로 봅니다.
- 투수라면 투수판 위에 섰을 때
- 타자라면 타자석에 섰을 때
- 야수라면 물러난 야수의 통상 수비위치까지 나간 후 경기가 재개되었을 때
- 주자라면 물러난 주자가 있던 베이스에 섰을 때

교체가 발표되지 않은 선수가 하나의 플레이를 펼치거나 그 선수에 대하여 플레이가 이루어지면 모두 정규의 것으로 인정됩니다.

수비 포지션의 변경

야구규칙 5.04(a)(2)에 의거 타순은 바꿀수 없지만 수비 포지션 변경은 **야구규칙 5.10(d)**에 의거 투수를 제외하고는 제한이 없습니다. 외야수가 1루수로, 3루수가 우익수로 얼마든지 역할 변경이 가능합니다.

10.01-1 출장 중인 투수의 교체-1

- 심판 판정

  상황: 볼 데드, 투수 교체 불가

- 설명

  야구규칙 5.10(i) 이미 경기에 출장하고 있는 투수가 이닝의 처음에 파울 라인을 넘어서면 그 투수는 첫 번째 타자가 아웃되거나 1루에 나갈 때까지 투구해야 합니다. 단, 그 타자의 대타가 나온 경우 또는 그 투수가 부상 혹은 부상에 의해 투구가 불가능하다고 심판이 인정할 경우는 제외합니다.

  ✕ 참고: 『풀어 쓴 야구기록규칙 | KBO 기록위원회 저』, p58, 불가능한 투수교체가 일어난 사례

10.01-2 출장 중인 투수의 교체-2

- 심판 판정
  상황: 볼 데드, 투수 교체 가능
- 설명
  야구규칙 5.10(i) 투수가 주자로 루상에 있거나 타자로 타석에 등장하여 이닝이 종료되고 덕아웃으로 들어가지 않았을 때 곧바로 준비 투구를 던지기 위해 마운드로 갈 경우 마운드를 밟기 전까지는 투수 교체가 가능합니다.

10.01-3 투수가 등판 후 첫 타자를 끝까지 상대하지 못하고 교체하는 경우

- 심판 판정
  상황: 투수 교체 가능
- 설명
  공식 야구규칙에서 투수 교체 시 같은 유형의 투수로 교체해야 한다는 조항은 없습니다. 다만 리그별로 자체적인 규정을 만들어 적용하기도 합니다. KBO리그의 경우 KBO 리그규정 제15조 2항 나, 다에 의거 등판 후 첫 타자를 끝까지 상대하지 못하고 중간에 교체할 경우 같은 유형의 투수로 교체하도록 규정하고 있습니다.

10.01-4 부상당한 타자의 교체

- 기록원 판정

  대타자에게 삼진 아웃 기록
- 설명

세 번의 스트라이크 중 두 번째 스트라이크까지 허용한 타자가 그 삼진 아웃의 책임을 짊어지게 됩니다.

예를들어 첫 번째 타자가 1스트라이크를 허용한 뒤 교체되고, 두 번째 타자가 2스트라이크를 허용한 뒤 교체되고, 세 번째 타자가 3스트라이크를 허용하여 아웃되었을 경우 2번째 스트라이크를 허용한 두번째 타자에게 삼진이 기록됩니다.

단, 안타, 홈런, 포볼, 고의4구 등 삼진을 제외한 모든 기록은 볼카운트에 상관없이 마지막 타자에게 기록됩니다.

 10.01-5 투수의 수비위치 변경

- 심판 판정

  상황: 포지션 변경 불가
- 설명

  야구규칙 5.10(d) 한 이닝에서 투수는 한 번만 다른 수비위치로 갈 수 있습니다. 투수가 한 번 다른 수비위치로 가면 그 이닝에서는 투수 외에 다른 수비위치로 가는 것은 허용되지 않습니다.

  > 한 이닝에
  > 투수 → 야수 → 투수 (허용)
  > 투수 → 야수 → 야수 (불허)
  > 야수 → 투수 → 야수 (허용)
  > 야수 → 투수 → 야수 → 투수 (불허)

※ 참고: 『풀어 쓴 야구기록규칙 I KBO 기록위원회 저』, p63, 투수의 수비위치 이동에 따른 규칙

※ 참고: MLB 심판 매뉴얼 40

10.01-6 투수 타순 때 대타자를 한 선수의 구원투수 의무 여부

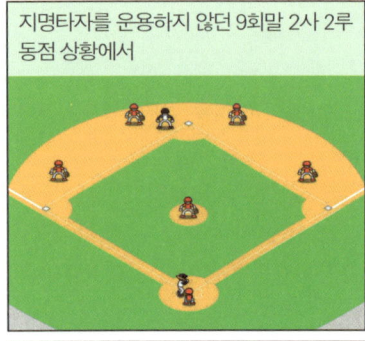

- **설명**

투수의 타순을 이어받았다고 해서 반드시 투수를 해야 할 의무는 없습니다.
야구규칙 5.10(g)에 의거 구원투수로 등판하면 한 명의 타자를 상대해야 할 의무가 있지만 위의 경우 대타자가 투수의 타순을 이어받았을 뿐 수비 포지션까지 정해진 상태는 아니기 때문에 곧바로 다른 구원투수로 교체가 가능합니다.

⚾ 더블 스위치(double switch)

❌ 참고: 『풀어 쓴 야구기록규칙 | KBO 기록위원회 저』, p83, 더블 스위치

그래서 내셔널리그 투수들은 대체로 제일 끝 타순인 9번타자를 맡게 됩니다.

이처럼 지명타자 제도가 없는 내셔널리그나 일본의 센트럴리그에서는 지명타자 제도가 있는 국내 프로야구와 달리 더블 스위치라는 교체법을 흔히 사용합니다.

예를 들어 팽팽하게 이어지는 경기 종반 득점권에 주자가 출루했는데 공격력이 약한 류○○이 타석에 선다고 가정해보겠습니다. 감독 입장에선 공격력이 강한 4번타자와 타순을 바꾸고 싶겠지만 한 번 정해진 타순은 **야구규칙 5.04(a)(2)**에 의거 변경이 불가능합니다.

 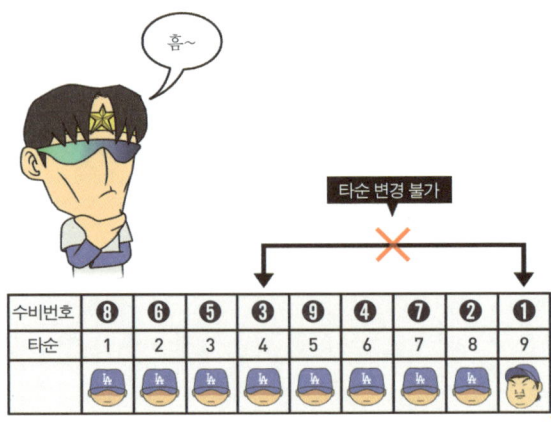

다만 이 대타자가 수비 능력이 출중해서 그대로 수비에 투입하려 할 경우 다른 구원투수를 올리는 방법이 있는데 이러한 교체법을 더블 스위치라 합니다.

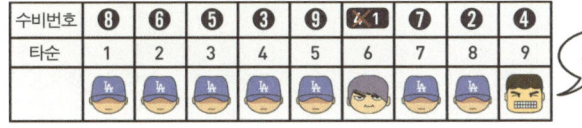

이렇게 되면 수비력을 강화함과 더불어 투수의 타순이 9번에서 6번으로 바뀌면서 공격력이 약한 투수의 타순을 늦추는 두 가지 효과를 갖게 됩니다.

이러한 더블 스위치는 수비 상황에서도 가능합니다.

2사 1, 2루 수비 때 류OO 선수(9번타자)가 던지고 있고, 다음 이닝 공격이 7번타자부터 시작되는 상황에서 류OO 선수를 대신해 구원투수를 올리려 한다고 가정해보겠습니다.

수비번호	❽	❻	❺	❸	❾	❹	❼	❷	❶
타순	1	2	3	4	5	6	7	8	9

먼저 구원투수를 6번타자인 2루수와 교체합니다.

수비번호	❽	❻	❺	❸	❾	❹	❼	❷	❶
타순	1	2	3	4	5	6	7	8	9

그리고 교체된 투수와 류OO의 수비를 다시 맞바꿉니다.

수비번호	❽	❻	❺	❸	❾	❹→❶	❼	❷	❶→❹
타순	1	2	3	4	5	6	7	8	9

마지막으로 류OO 선수를 다른 야수로 교체합니다.

수비번호	❽	❻	❺	❸	❾	❹	❼	❷	❶
타순	1	2	3	4	5	6	7	8	9

이렇게 되면 다음번 공격 때 9번타순에 투수 대신 타자가 타석에 설 수 있고 공격력이 약한 투수의 타순이 9번에서 6번으로 바뀜으로써 공격 차례를 최대한 늦추는 효과를 갖게 되는 것입니다.